貧困と自己責任の近世日本史

木下光生
Kinoshita Mitsuo

人文書院

貧困と自己責任の近世日本史　目次

終章 ……… 299

あとがき　319

貧困と自己責任の近世日本史

序章

第一節　本書の問題意識

著者をして、『貧困と自己責任の近世日本史』と題する本書の執筆へと駆り立たしめているのは、現代日本社会に対する怒りである。二一世紀日本は、なぜ、かほどまでに生活困窮者の公的救済に冷たい社会となり、異常なまでに「自己責任」を追及する社会となってしまったのか。それを、近世日本の村社会を基点として、歴史的に考察してみよう、というのが本書を貫く問題意識である。

一九五〇年に制定された（新）生活保護法にもとづく現在の生活保護制度は、日本国憲法第二五条で謳われる「健康で文化的な最低限度の生活」を、国の責任として、全国民に対して無差別平等に保障したものである。法の原理としては、ほぼ完璧に近いわけであるが、その実態はというと、多く見積もっても要保護世帯の二割程度しか捕捉できておらず、支給される保護費も「健康で文化的」どころか、「日常生活で寝起きするのに必要な程度の栄養充足」――つまりは、息をひそんで生きる程度の生活水準――を保障するものでしかない。[1]それでいて人びとの関心は、全受給件数のたかだか一～二％、支給額でみれば一％にも満たないような「不正」受給の事例にすぐに向けられ、[2]二〇一三年に兵庫県小野市で制定された「小野市福祉給付制度適正化条例」のごとく、官民あげて受給者の日常生活を監視することに躍起となり、[3]受給者を「努力不足の、怠け者」扱いする発想はあとを絶たない。そのため、本来ならば生活保護を受給してしかるべき人であっても、受給を「恥」とみて生活保護申請に二の足を踏み、結局貧困状態から抜け出せないでいる。[4]加えて、生活保護費を抑制しようとする行政の「水際作戦」[5]によって、この二一世紀日本にあって、路上ではなく、自宅のなかで餓死する例すら発生している。これらの現象に共通しているのは、貧困の公的救済に対して異様に冷たく、貧困をもたらす原因として極度に自己責任を重視する、という社会全体の姿勢であろう。

このような冷たさは、すでに先行研究でも指摘されているように、国際的にみて抜きん出ている。たとえば、二〇〇七年に実施された国際世論調査 The Pew Global Attitudes Project 2007 Survey によれば、「国家ないし政府には、自活できない貧困者を救済する責任がある」という質問に対し、日本は、「絶対賛成 completely agree」一五％、「ほぼ賛成 mostly agree」四四％、あわせて五九％と、賛成回答率としては調査対象国四七ヵ国中、最低の数字をはじき出している。[6]同じく二〇〇六年の国際アンケートＩＳＳＰ（International Social Survey Programme）でも、「収入が少ない家庭の大学生に経済的援助を与えること」を「政府の責任」とみなす率が、日本では二割強、「どちらかと言えば政府の責任」をあわせても六割に満たず、これまた調査参加国三三ヵ国中、最低の数値をあらわしている。[7]さらに井手英策によれば、現代日本の税負担率は、いわゆる先進諸国のなかでも最低水準にあるにもかかわらず、人びとの「痛税感」だけは高く、その一方で、他者に対する信頼度（社会的信頼度）は、先進諸国のなかでも最低に位置するという。[8]普段、納税の見返りを実感できず、他者も信用できない人びとが、税金を用いて見ず知らずの人を救うことに対して、肯定的な態度をとるはずがあるまい。

このように貧困の公的救済に対し、日本社会が、世界的にみて突出した冷たさを示し、強烈な自己責任観を内面化するようになったのは、一体いつ頃のことなのか。「一億総中流」の幻想が崩壊して、「新自由主義」的な風潮がはびこるようになったといわれる、この二〇年ほどの新しい事態なのか。あるいは、前近代に培われた「村落の相互扶助」が期待できなくなって、人びとが「自らの刻苦と才覚だけを頼りに生活していくほか」なくなったという、一九世紀後半以降の近代的な現象なのか。はたまた、もっと根深い歴史的伝統が潜んでいるのか。本書は、この三つ目の立場にたつものであり、貧困救済に対する現代日本社会の向き合い方を歴史的に解く鍵は、近世日本の村社会にあるのではないかと仮定していく。そしてそのためには、村人の世帯経営と村社会の特質、および公権力（個別領主と幕府）の特徴という、近世日本社会全体の理解に関わる諸問題について、従来の歴史像を大幅に書き改める必要があると考えるものである。[9]

貧困の歴史研究に取り組む際、なぜ、いかにも貧困が社会問題化しそうな都市ではなく、あえて村を選ぶのか。現在の貧困問題が、どちらかといえば村というよりも、都市化された社会のなかで顕在化していることをふまえると、都市における貧困史を追究した方が、現代的要請に応え得るかにもみえる。たしかに近世日本史でも、都市の貧困・貧民をあつかった研究は、町方における施行や、江戸の町会所による救済活動、あるいは都市の非人（物乞い）に注視したものなど、それなりの蓄積がある。[10]近代史ともなれば、それこそ都市下層やスラム、あるいは都市の貧困対策など、関連する研究は枚挙にいとまがない。[11]貧困を歴史的に追究するとき、そうした都市史の成果が一定度の意義を有することは間違いなかろう。

だがそれでもなお、本書では「村の貧困史」にこだわっていきたい。近世日本社会で人口の圧倒的多数を占めていた村人の貧困をあつかった方が、社会全体の特徴をあぶり出せる、という単純な理由もそこにはある。しかしそれ以上に、非人やスラム、都市下層といった「わかりやすい」問題ではなく、一見わかりやすそうで、実はそうでもない村の貧困の方が、はるかに貧困の歴史にまとわりつく複雑さに迫っていけるのではないか、そしてその複雑さにこそ、現代日本社会が抱える「病巣」の歴史的背景を探る鍵が潜んでいるのではないかという想定が、都市ではなく村を選択させる大きな要因となっている。助け合いの精神が息づいているはずの村社会で、なにゆえ一家総出の夜逃げや、流浪的な物乞いが生じ、なにゆえ村の救済費を受給すると厳しい社会的制裁が待ち受けているのか（第四〜六・八章）。村のなかで大赤字の世帯が潰れない一方で、なにゆえ健全経営の世帯が破産してしまうのか（第三章）。近世史側では、すでに一九九〇年代半ばには、百姓の「貧しさ」を強調しすぎることへの批判が出されながらも（第一章）、なにゆえ近現代史側では、「戦前から戦後にかけて日本の農村に多数存在した「貧農層」（傍点引用者）が、「基本的に消失した」のは一九六〇年代の終わり、という歴史像が二〇〇〇年代に入ってからも提示されてしまうのか[12]。本書では、こうした村の貧困史をめぐる諸種の複雑さをあぶり出す一方で、その複雑さに向き合うことを通して、貧困の歴史を複眼的に追究する力を鍛え上げていきたい。

村をあつかうにしても、なぜあえて一七〜一九世紀の近世という時代を選ぶのか、という疑念にも答えておこう。第八章でも言及するように、まがりなりにも恒常的な救済を可能にした救貧法（恤救規則）を生み出した点で、均質的な全国行政を原理とする近代国家の誕生が、日本の貧困救済史のうえで一つの画期となることは間違いない。逆に、近世日本の公的救済は、根本的には村がその責務を担っていて、公権力の救済（御救）は臨時的にしか発動されないところに、大きな時代的、比較史的特徴があった（第七章）。公権力の立ち位置や、救済責任の置きどころからして、近世と、近代以降現代に連なる社会を単純に一緒くたにできないのは当然であり、近代以降の歴史分析の方が現代的要請にかなうという見方は、一面ではあり得る。

だが、それでもあえて近世という時代に注視するのは、次のような理由による。すなわち、生活困窮者がいた場合、どこまでを社会の公的責任として彼らに救いの手をさしのべ、どこからを自己責任として突き放すのかという、まさしく現代的課題の根幹に位置づく事柄を、実は近世の村社会もまた、一七世紀以降、延々と悩み続けていたからである（第五章）。村の自治（村請）を通して貧困救済に向き合うなかで、近世の村人たちがみせた苦悩とせめぎ合い、そしてそこで培われた試行錯誤――受給者に対する制裁もその一環――こそ、その後の日本社会を大きく規定していくことになるのではないか。そうした想定に、貧困史における近世史研究の意義を見出していきたい。

貧困とは、「戦中・戦後の食うや食わずの時代と比べれば、今の時代の貧困など大したことはない」、「バングラデシュの最貧層と比べれば、日本の貧困など大したことはない」などといった具合に、たえず過去や他地域（国）との比較に晒される運命にある。第Ⅰ部で指摘するように、本書の眼目の一つは、旧来の近世日本史研究における村の「貧困」「貧農」の実証法と論法を批判して、近世の村社会において「貧しさ」を析出することが、いかに難しいことなのかを明らかにする点にある。そうした姿勢の本書に対して、いくら従来の貧困・貧農像を相対化してみせたところで、平均余命や死亡率などからみて、今より近世の方が貧しかったのは間違いなかろう、という批判は容易に想像されるところである。

すでに国際的に試みられているように、生活水準の歴史的推移を各種の指標から検証し、それを長期的、比較史的に考察していく作業は、貴重な行為である（第一章）。だが、この手の「過去との比較」論で注意すべきは、議論が堂々巡りになりかねず、結果として、各時代の貧困をめぐる深刻さに目をつぶることになりかねない、という点である。江戸時代より今の方がまし、ゆえに今の貧困は大したことはない、という物言いは、縄文時代より江戸時代の方がまし、ゆえに江戸時代の貧困は大したことはない、と言っているに等しいのであり、昔と比べれば今の方がましという歴史観では、なぜそのましになっているはずの二一世紀日本にあって自宅内餓死が生じてしまうのか、まったく議論できなくなるであろう（せいぜい、豊かな日本における特殊事例、という論法で逃げるほかない）。近世日本の貧困史をあつかう本書で重視するのは、近世は前後の時代（もしくは他国）と比べて、貧困がましだったのか否か、あるいは貧農が多かったのか否か、といった不毛な議論ではなく、生活が苦しくなった人に対し、社会はどう向き合っていたのか、その歴史的特質を追究する視角である[13]。そうした発想にたつことで、近世の村民生活を一面的に「貧しい」とみなさないのと同様、二一世紀の自宅内餓死を例外視しないような歴史観――近世村民を「貧しい」と決めつけるのも、二一世紀の餓死を特殊視するのも、いずれも「今の日本の貧困は大したことはない」という認識につながる――を鍛え上げていきたい。

第二節　本書の視角と構成

以上のような問題意識のもと、本書では次のような研究視角と分析手法によって、近世日本の村社会における貧困史研究を進めていく。

第Ⅰ部では、村の貧困史に取り組むうえで必要となる土台づくりを、村人の世帯経営を意識しながら実施するとともに、個別世帯の視点から貧困の実像に迫っていく。

ヨーロッパ史では、前近代史だけでもヨーロッパ全体を見渡すような貧困史の入門書・概説書がつくられるほど、貧困史研究の成果が分厚く蓄積されているが[14]、近世日本史研究、とりわけ村落史研究では、貧困史を真正面から取り上げた研究は皆無に近い。にもかかわらず、「貧農」という用語や、村の「困窮／貧窮」という歴史像は、戦前以来、繰り返し使用され、叙述されてきた。貧困史に正面きって向き合わないまま語られてきた「貧農」や「困窮」とは、いったい何を基準としたものだったのか、そしてそこにどのような問題点が孕まれているのか。第一章では、近世・近代の日本史研究から、現代日本の貧困研究にいたるまで、諸種の研究成果を整理しながら、村の「貧困」「貧農」をめぐる従来の実証方法と歴史観を批判するとともに、村の貧困史研究を一から創り上げるうえで、どのような研究視角と基礎的な実証作業が必要となるのかを提起していく。

ある世帯が貧しいか否かを判断するうえで、まず着手しなければならない作業とは、当該世帯の収入と支出、および世帯規模の把握である。ところが従来の研究では、史料の残存状況に阻まれて、右のような基礎作業を進められないでいた。

そうした状況を打破する史料が、一八〇八年（文化五）、大和国吉野郡田原村で作成された『去卯年御田畑出来作物書上帳』という世帯収支報告書である。この史料は、田原村の全世帯四一軒分について、一八〇七年（文化四）の一年間における各世帯の収入と支出を、世帯規模とあわせて書き上げたものであり、村の貧困史を新たに立ち上げていくうえで、決定的に重要となる史料である。第二章では、この、日本史のみならず世界史的にみても画期的な史料の情報を学界全体で共有するため、当該文書が作成された細かな経緯と史料の性格、および内容の信憑性如何を整理、検証するとともに、全世帯の世帯収支表を掲載する。

右の世帯収支報告書から得られる細かな情報にもとづいて、総収入や持高、経営健全度（赤字率）、あるいは等価可処分所得といった諸種の指標から、一九世紀初頭の田原村における世帯間比較を試みたのが第三章である。この作業によって、詳細な世帯情報が得られる一八〇八年の『去卯年御田畑出来作物書上帳』をもってしてもなお、「普通」の世帯と「貧しい」世帯を選び出すことがいかに難しいことなのか、実感してもらえるであろう。さらに本章では、田原村の宗門改帳の情報とかけ合わせることで、どのような経営状況にあった世帯が破産や夜逃げの憂き目に遭ったのかも検証していく。現代日本とは異なり、近世の村社会にあって、「貧困への道」を構造的、科学的に予測することがどれほど困難なことなのか、明らかにされるであろう。

個別世帯の動向に寄り添いながら、貧困の実像に迫っていく際、夜逃げや流浪的な物乞いといった、路頭に迷ったかにみえる人びとの行く末を追うのも、一つの手である。物乞いや夜逃げに貧困を象徴させるのは、貧困の理解としては極めて狭いものであるが、逆に言えば「わかりやすい」指標でもある。そこで第四章では、物乞いや夜逃げの実相に着目して、生きるか死ぬかのギリギリの生活を余儀なくされた人びとに、どのような生き抜く術が備わり、どのような「敗者復活の道」が社会から与えられていたのか、追っていくこととしよう。その作業はきっと、困難な生活のなかでも生き抜くことのできる人びとの強かさと、あかの他人にすら、やり直しの機会を与える村社会の包容力を明らかにするに違いない。と同時に、厳しい生活水準にある人にまで深く内面化されていく自己責任観の深刻さと、その自己責任観に裏打ちされた村社会の冷徹さをもあぶり出すことになるであろう。

第Ⅰ部が、個別世帯に視点をおいて、貧困の実像に接近するものであるのに対し、第Ⅱ部では、近世の村社会と公権力が、村人の貧困にどう向き合っていたのかを、長期的、比較史的な目線も意識しながら検討していく。

一般に、近世の村社会は相互扶助を基本としているのに対し、近代以降は、それが徐々に崩れていって自己責任が強調される社会となる、と捉えられがちである。だが第四章で明らかになるように、相互扶助のなかで生きているはずの近世の村人たちもまた、自己責任観に苛まされていたのであり、村社会に対する従来の見方を大きく変える必要がある。そこで第五章では、近世の村社会が、自村民の没落や貧困を目の前にしたとき、どこまでを村の公的な責任（社会責任）として彼らの救済を引き受け、どこからを当該村民の私的な自己責任[15]に属する問題として見放していくことになるのか、その線引きのありようを追究していくこととしよう。それによって、相互扶助か自己責任か、あるいは相互扶助から自己責任へ、という二項対立的、単線的な歴史観を乗り越えて、新たな村社会像を提起していきたい。

第五章が、そもそも村の責任として自村民を救済するかどうかの判断問題に着目した論考であるのに対し、第六章では、ひとまずは救うことが前提とされた、村の難渋人対策の実情に迫っていく。近世日本では、とりわけ一八世紀後半以降になると、村の「難渋人／困窮人」と呼ばれる世帯の人数や家族構成を書き上げたり、備荒貯蓄など彼らに対する救済策を講じる文書が大量につくられていく。そうした史料を用いた備荒貯蓄や救荒策の研究は一定度あり、備蓄穀の集め方など、主として救済する側（救済費を負担する側）の実態解明が進んでいる。一方、村内の備蓄穀や、難渋人救済用に領主から獲得した御救金穀が、どのような基準で誰に配分されたのかという、救済される側に着眼した研究は意外にも少ない。加えて、これほど多くの難渋人調査史料が残されているにもかかわらず、そもそもそこで書き上げられる難渋人とは何なのか、あるいはその人数はどこまで信用できるのかなど、難渋人の調査史料そのものの性格を検討した研究も皆無に近い。第六章では、一八六六年（慶応二）という特定の時期ではあるが、領主から得た御救銀と村内貯穀の配分が詳細にわかる河内国丹北郡六反村の史料を用いて、右の研究史上の課題を克服していきたい。その作業によって、難渋人の人数や区分がいかに操作され得るものであり、そうした操作性そのものに、いかに村社会における救済の特質があらわされているか、示していくこととしよう。と同時に、当時の人びとが、救済される際、いかに「買う／借りる」という行為を選好して、「もらう／施される」という救われ方を忌避しようとしていたのか、明らかにしていくこととしよう。

第五・六章が示すように、近世日本の村人に対する公的救済は、基本的に村社会がその責を負っていた。一方、第六章でみる領主御救銀のごとく、個別領主や幕府といった公権力が救済費を村に対して支給することもある。では、近世日本の貧困救済において公権力とは、いったいどのような立ち位置にあったのか。従来の研究では、一七世紀段階では、幕府も領主も人びとの生活保障にやる気をみせていたが、一八世紀以降、徐々に公権力としての御救機能を後退させていき、民間に救済責任を転嫁していく、という歴史像が描かれてきた。だがそのような見方で、救済をめぐる多様な史実を整合的につなぎ合わせることができるのか。第七章では、近世イングランドにおける救貧体制との比較も意識しながら、こうした旧来型の「御救後退」史観を批判し、貧困救済と生活保障に対する公権力の姿勢が、常に臨時的であったことの意味合いを追究していきたい。

難渋人の名前、年齢、人数などを書き上げた調査史料の存在が象徴するように、近世日本の公的救済は、「個別具体的な個」を対象とするところに大きな特徴がある。現在の生活保護制度を念頭におけば、個別具体的な個に対する救済など当たり前のことではないかと思われるかもしれないが、長期的な視野にたつと、それが決して当たり前のことではなかったことに気づかされる。また、個別具体的な個を救済するということは、誰が救済に値する者で、誰がそうでないのか、その選別と排除をおこなうことも意味する。貧困研究では、こうした救済対象者の選別と排除を、「選別主義」あるいは「制限主義」と呼んでおり（英語では selectivism ないしは targetism）、「普遍主義 universalism」的な政策との関係が、たえず議論の的となっている[16]。そのような個別具体的な個に対する救済と制限主義は、日本史の文脈では、どのように登場し、展開していくのか。第八章では、それを八世紀から二一世紀にいたる、長い時間軸のなかで検討し、救貧史からみた新たな時代区分像を提起していくこととしたい。

終章では、村の貧困史にこだわればこそ見えてきた、新しい近世日本の歴史像を整理するとともに、その歴史像が、前後の時代、および他地域（国）との比較議論にとって、どのような意義を有するのかを模索していく。日本の貧困史については、古代から戦後までを網羅した、吉田久一『日本貧困史』、および池田敬正『日本社会福祉史』という先駆的な通史がある[17]。三〇年以上も前の作品でありながら、本書でも重視する長期的かつ比較史的な目線がすでに意識され、貧困史をめぐる基礎的な史実や数値が列挙されている。本書は、網羅性という点では、とても両作品に取って代わるものにはなり得ていないが、近世日本の貧困史像を大きく変えることによって、通史的な理解についても、これまでとは異なる歴史像を提起していくこととしたい。

最後に、本書を構成するにあたって土台とした旧稿と、各章との関係を紹介しておこう。

序章　新稿
第Ⅰ部　世帯経営から見つめる貧困
第一章「村の「貧困」「貧農」と日本近世史研究」（奈良大学史学会『奈良史学』二九、二〇一二年）
第二章「一九世紀初頭の村民世帯収支—大和国吉野郡田原村の事例から」（奈良大学史学会『奈良史学』三〇、二〇一三年）
第三章「「貧しさ」への接近—一九世紀初頭、大和国田原村の家計から」（平川新編『通説を見直す—一六～一九世紀の日本』清文堂出版、二〇一五年）
第四章「没落と敗者復活の社会史—近世の「物乞い」「家出」再考」（世界人権問題研究センター編『救済の社会史』同センター、二〇一〇年）
第Ⅱ部　貧困への向き合い方
第五章「せめぎ合う社会救済と自己責任—近世村社会の、没落と貧困への向き合い方」（奈良歴史研究会『奈良歴史研究』七六、二〇一一年）
第六章　新稿。近世史フォーラム島根例会（二〇一四年四月一九日）、および法制史学会近畿部会例会

（二〇一四年五月一七日）における報告をもとにしている。

第七章　「近世日本「御救」史観の再検討―比較史の刺激から」（歴史学フォーラム二〇一四実行委員会『歴史学フォーラム二〇一四の記録　政治権力への期待と回路』同実行委員会、二〇一五年）

第八章　「個の救済と制限主義―救貧から八～一二世紀の時代と地域を重ねる」（近世史サマーフォーラム二〇一三実行委員会『近世史サマーフォーラム二〇一三の記録　地域と時代を重ねる』同実行委員会、二〇一四年）

終章　新稿

本書と各旧稿の間に、論旨の大幅な変更はみられないが、実証をより確固たるものにするために、事例の補強をおこなっている箇所が少なくない。とりわけ、本書の核となる第二章の世帯表については、宗門改帳の情報を全面的に更新させている。したがって著者の最新見解は、本書によって書き改められたものと理解していただきたい。

註

（1）岩永理恵『生活保護は最低生活をどう構想したか―保護基準と実施要領の歴史分析』（ミネルヴァ書房、二〇一一年）、二～五・三〇二ページ。

（2）今野晴貴『生活保護―知られざる恐怖の現場』（ちくま新書、二〇一三年）、二六～三〇ページ。

（3）小野市の同条例では、受給者が「給付された金銭をパチンコ、競輪、競馬その他の遊技、遊興、賭博等に費消」していた場合、その情報を市に提供することを、「市民及び地域社会の構成員の責務」としている。

（4）生活困窮者自身が、生活保護受給を「恥」とみなす事例は、枚挙にいとまがない。たとえば『朝日新聞』二〇一二年七月六日付朝刊では、子どもを育てながら離婚と病気を経て生活が苦しくなった当時五〇歳の女性が、「当初は「生活保護は恥」と思い、受給を考えもしなかった」という事例や、無年金で持病を抱えているにもかかわらず、収入は同居する長女のパート代程度しかない七〇歳代の夫婦が、「福祉の世話になるのは、昔は恥ずかしいことやった。できるなら（生活保護受給は――引用者注）考えたくない」と語る例が紹介されている。

（5）註2今野前掲書第二章、全国「餓死」「孤立死」問題調査団編『「餓死・孤立死」の頻発を見よ！』（あけび書房、二〇一二年）など。

（6）*World Publics Welcome Global Trade — But Not Immigration: 47-Nation Pew Global Attitudes Survey*, Pew Research Center, 2007, p.18, 95. http://www.pewglobal.org/files/2007/10/Pew-Global-Attitudes-Report-October-4-2007-REVISED-UPDATED-5-27-14.pdf よりダウンロード可。とりわけ「絶対賛成」の回答率が、異常に低いのが日本の特徴である。同アンケートに言及した研究としては、大竹文雄『競争と公平感―市場経済の本当のメリット』（中公新書、二〇一〇年）、山田壮志郎・斉藤雅茂「生活保護制度に対する厳格化志向の関連要因―インターネットによる市民意識調査」（『貧困研究』一六、二〇一六年）など。

（7）中澤渉「日本の公教育費が抱える問題」（『貧困研究』一五、二〇一五年）。

（8）井手英策『日本財政　転換の指針』（岩波新書、二〇一三年）、七～一五ページ。井手が整理した二〇〇六年のISSPデータによると、税負担が大きいことで知られる北欧四ヵ国（デンマーク、フィンランド、ノルウェー、スウェーデン）では、中間層の税負担を「妥当」とみなす率が五割前後であるのに対し、日本では「高すぎる／あまりに高すぎる」と感じる人が六割を超える。一方、二〇〇四年のISSPでは、「一般的に言って、人びとは信頼できると言えるか、慎重に接するに越したことはないと言えるか」という質問に対し、デンマーク、ノルウェーでは七割以上、スウェーデンでは六割以上、フィンランドでは五割以上が「いつも／たいてい信頼できる」と答えるが、日本では逆に「いつも／たいてい用心する」が七割近くにもおよぶ。

（9）牧原憲夫『シリーズ日本近現代史②　民権と憲法』（岩波新書、二〇〇六年）、viiページ。

（10）池田敬正『日本社会福祉史』（法律文化社、一九八六年）、吉田伸之『近世巨大都市の社会構造』（東京大学出

版会、一九九一年)、北原糸子『都市と貧困の社会史—江戸から東京へ—』(吉川弘文館、一九九五年)、塚田孝『近世日本身分制の研究』(兵庫部落問題研究所、一九八七年)、「特集〈弱者〉の生存と「共同性」」(『人民の歴史学』一九三、二〇一二年)など。

(11) 註10池田前掲書、註10北原前掲書、日本社会事業大学救貧制度研究会編『日本の救貧制度』(勁草書房、一九六〇年)、吉田久一『日本貧困史—生活者的視点による貧しさの系譜とその実態』(川島書店、一九八四年)、中川清『日本の都市下層』(勁草書房、一九八五年)、杉原薫・玉井金五編『増補版　大正・大阪・スラム—もうひとつの日本近代史』(新評論、一九九六年、初版一九八六年)、布川弘『神戸における都市「下層社会」の形成と構造』(兵庫部落問題研究所、一九九三年)、小林丈広編著『都市下層の社会史』(解放出版社、二〇〇三年)、「特集　歴史のなかの「貧困」と「生存」を問い直す—都市をフィールドとして(I)〜(III)」(『歴史学研究』八八六〜八八八、二〇一一〜一二年)など。

(12) 暉峻衆三編『日本の農業一五〇年—一八五〇〜二〇〇〇年』(有斐閣、二〇〇三年)、一九四ページ。武田晴人『シリーズ日本近現代史⑧　高度成長』(岩波新書、二〇〇八年)一七四ページでも、暉峻前掲書の記述が引き継がれている。

(13) 現代日本の貧困研究を進める岩田正美も、「貧困はどのくらい日本にあるのですか?」や「貧困は増えているのですか?」といった「素朴」で「お気楽」な質問を受けて、答えに窮することがあるという。なぜなら、「貧困が増えたかと聞かれても、以前はどうだったかが、日本ではほとんど分かっていない」からだけでなく、「増えているのか減っているのかは、貧困の境界をどう設定するかによって変わってくる」からであり、「境界の設定は、社会の価値判断と関連してくる」からである(『現代の貧困—ワーキングプア／ホームレス／生活保護』ちくま新書、二〇〇七年、三二・二一七ページ)。本書第一章でも指摘するように、貧困の歴史研究でも肝に銘ずべき問題である。

(14) Robert Jütte, *Poverty and Deviance in Early Modern Europe*, Cambridge University Press, 1994.

(15) 本書では村を、所属構成員同士で利害を共有する組織という意味で、村人たちにとって「公的」な存在としてとらえており(自治経費である村入用も、村人たちにとって「公費」という位置づけ)、自己責任という概念も、その公的な組織が、所属構成員に対して有する責任＝社会責任の対概念としておいている。近世日本の村人にとって「自己」とは何か、という議論から出発した概念規定というよりも、村の公的責任＝社会責任の埒外にある責任を、広く「自己責任」ととらえた見方である。具体的には、当事者本人という「個人」のみならず、その家族や親類といった血縁者にまで広がる責任を、「自己責任」としてとらえている。

(16)　註8井手前掲書二四〜三四ページ、阿部彩『子どもの貧困Ⅱ—解決策を考える』（岩波新書、二〇一四年）第四章など。

(17)　註11吉田前掲書、註10池田前掲書。

第Ⅰ部　世帯経営から見つめる貧困

第一章　村の「貧困」「貧農」と近世日本史研究

はじめに

「多くの百姓は、衣服は麻（布）や木綿の筒袖がふつうで、日常の主食は麦・粟・稗などの雑穀が中心で米はまれであり、住居は萱やわら葺の粗末な家屋であるなど、衣食住のすべてにわたって貧しい生活を強いられた」――これは、山川出版社の二〇一六年検定済み高校日本史教科書『詳説日本史　改訂版』（一八九ページ）における、近世日本の百姓像である。また、小学館の『全集日本の歴史』シリーズでも、近世後期〜幕末の社会状況について、「富の偏在はますます大きくなり、社会の矛盾は深刻の度を深めた。貧しい農民たちは、極度の貧窮のなかで、「世直し」をスローガンに国家の転換を希求するに至る。こうして、「御一新」への政治情勢が用意されたのである」「江戸後期に始まる富の偏在によって生まれた貧農たちが、村を離れ雑業層化して、四民の周囲で多様な活動をしはじめ、その存在が無視できない状況となった。これまでの強固な身分制社会そのものの土台をゆるがすに至ったのである」と述べられている。(1)

このように、近世日本の村社会における「貧困」や「貧農」の実在は、今なお教科書でも一般向けの歴史書でも、当たり前のように説き続けられている。

だが、ここで言う村や村人の「貧しさ」とは、一体何を基準とした「貧しさ」なのであろうか。麻や木綿の服を着たり、雑穀を主食としたり、萱葺きの「粗末」な家に住むことが、なにゆえ「貧しい」ことなのか。「富の偏在」がもたらした「極度の貧窮」とは、どのような生活実態を意味しているのか。本章では、教科書におけるこの一見もっともらしい「村の貧しさ」の説明の仕方や、一般書で所与の前提とされている「貧農」の規定方法について、あらためて近世日本史研究（以下、近世史研究とする）における その研究史的経緯を整理し、そこに孕まれている問題点をあぶり出すとともに、村の貧困史を新たに立ち上げていくうえで必要となる研究視角と分析手法を提起していきたい。

まず第一節で、従来の近世史研究が、「貧農」や村の「困窮／貧困」をどのような指標で規定し、測定しようとしてきたのかを整理する。そのうえで第二節では、そうした既往の「貧農」と「困窮」の指標に対し、これまでどのような批判が向けられてきたのかを紹介し、旧来型の実証法が現時点で成り立ち得るのかどうかを検証する。そして第三節で研究史の目線を、生活水準の歴史研究をめぐる世界的な取り組みや、現代日本における貧困研究の動向にまで広げ、そうした分野の研究水準にも耐え得るような、新たな研究手法を考えていきたい。

第一節　「貧農」の基準、「困窮」の基準

（1）農民層分解論と「貧農」

戦後の近世史研究における「貧農」への言及は、いわゆる農民層分解論のなかでなされることとなる。農民層分解論とは、日本封建社会の近代化、資本主義化が展望されるなかで、商品経済の進展によって、

農民層がいかに分解し、そこから、いかに資本（あるいは富農）―賃労働、ないしは地主―小作（寄生地主制）という新たな生産関係が立ち現れてくるのか、という問題意識をもった歴史論であった。そうした農民層分解論において、「貧農」がどのように位置づけられていくのか、その典型的な説明方法を中村哲の仕事からみてみよう[2]。

中村は、「一七世紀から一九世紀にいたる幕藩領主的全国市場の漸次的な変質、転換の過程としてあらわれる」「国内市場の形成過程」が、農村内の生産関係にどのような影響をおよぼすのかを、「後進地帯」と「先進地帯」にわけて説明する。すなわち、関東・東北の「後進農村」にあっては一八世紀末以降、「幕藩体制の矛盾と、そのもとでのブルジョア的発展の矛盾の集中点」として、「農村の大規模な荒廃」が到来する。その内実とは、「年貢過重と高利貸」によって大量に没落した農民たちの「小作・貧農化」、および「農村における人口減少、耕地の荒廃、飢饉の頻発、農民の流民化、前期的プロレタリア化」の進行であり、その背景には、①「全国的な農民的商品生産の発展による財政窮乏」で強化された領主の「年貢収奪」、②「商品生産の生産力基盤の拡充」がないまま、「先進地帯の商品経済発展にまきこまれ」、「窮迫販売を強制」されることとなった農民生活の「窮乏」化、③「高利貸によって軽租地を集中」していく「質地地主」や「高利貸資本」の「自立的発達」、といった問題が横たわっていた。

一方、「全国でもっとも商品経済、商業的農業の発達した」摂津・河内・和泉の農村に代表される「先進地帯」では、「商品生産の発展」によって、「農民層の富農と貧農への分解」、および「初期プロレタリアの形成」がみられるようになる。そして、「とくに、農村工業の発達した地帯では、農業から完全にきりはなされた賃労働者や専業の営業者、商業資本をも生みだし、農村工業の中心地、商工業村落も形成された」という。商品経済への巻き込まれ方では差異をみせつつも、先進地帯も後進地帯もともに、商品経済の進展によって農民層分解が生じ、そこから貧農が生み出される、という点では共通しているといえよう。

では、こうした歴史認識を前提として、先行研究ではどのような指標で「貧農」を析出してきたのであろうか。

第一は、所持石高（持高）の有無や多寡で「貧農」を規定する、という方法である。たとえば、「日本の近代社会を準備した」一例として、摂津国住吉郡平野郷町（大阪市）の綿作に着目した高尾一彦は、同町の延宝検地帳などをもとに、平野郷町における「土地所有広狭別階層構成」を整理し、そのうち「耕地を全く持たず一反以下の屋敷のみで、いわゆる高持ではな」く、「「綿稼ならびに下作等あいかね渡世」するような半農半商的小作人を多く生み出している」「水呑小百姓」を、「小作貧農層」と規定している。[3] また古島敏雄と永原慶二は、こうした高尾の指摘もふまえながら、河内国若江郡下小坂村（大阪府東大阪市）の検地帳・名寄帳類を分析し、そこから慶長から明治期にいたる長期的な所持石高別戸数の変遷を整理して、持高五石以下の「零細貧農層」が天保期になると急増する、とした。[4] このほか、一八世紀半ば〜一九世紀半ばにおける摂津国村々の「土地所有別農民層構成」を検討した山崎隆三も、持高五石以下の「零細農民」「下層農民」を「貧農層」と規定している。[5]

一方、このような「どれだけ石高をもっているか」という「持高」主義ではなく、小作地も含めて「どれだけの面積の農地を実際に作付（経営）しているか」という「作付規模」（経営規模）主義で「貧農」を規定する研究もあらわれるようになる。その代表的な論者が中村哲であり、[6] 中村は幕末の和泉国村々を素材に、各戸の作付面積に占める小作地の割合や、「無作」戸数（≒賃労働者戸数）を算定し、そこに村内「余業」の展開状況も加味して、当該地における「富農」と「貧農」への分解度合い、および「貧農・半プロ層の完全な脱農化＝プロレタリア化」の進行具合を検討する。そしてそのなかで、「三反以下のむしろ農業以外の賃労働や営業によって再生産をかろうじて維持している貧農・半プロ層」、あるいは「五反未満の零細農業経営を行なう小作貧農」、「(「小作地を借入れる農民」のなかでの――引用者注)五反未満、とくに三反未満の貧農層」とあるように、作付規模が三反ないし五反未満の農民を「貧農」と規定したのであった。

中村の議論の特徴は、そもそも小作地の高が勘案されない持高という単位の多寡や、小作という行為そのものから、即「貧(農)」を導き出すのではなく、まずは小作地も含めた作付面積全体の大小で貧富差を見極めようとする姿勢にある(「小作=貧農」という表現もあるが、それはあくまでも、「作付規模が小さくなるほど作付地にしめる小作地の割合が多く」なる、という見方を前提にしている)。したがって、作付地に占める小作地率が四~八割近くに達していても、実際の作付規模が八反から一町以上もあり、年雇(年季奉公人)も雇うような「自小作、小作の中農上層、富農」の存在にも目が行き届くことになる し――「小作富農」という言い方は、中村の視点を象徴している――、逆に、自作であっても作付規模が小さければ「貧農」であり得る、という論法が可能になっているわけである(三反以下の自作農でも、賃織などの賃労働者を雇うような「マニュファクチュア・ブルジョアジーおよび小営業者」は「一般に貧農層ではない」ともする)。単純な持高主義(しかも居村内だけの)と比べれば、はるかに経営規模の実際に迫り得る方法だといえよう。

なお、小作地も含む経営規模五反未満(以下)層を「貧農」ととらえる見方は、近代史研究でもみられるものであり、たとえば庄司俊作は、大正・昭和期の「近畿地方などでは経営耕地五反歩以下、東北地方では八反歩以下を貧農・半プロ層ととらえて大過ない」[7]と述べる。また坂根嘉弘も、一九二〇~三〇年代における京都府南桑田郡村々の分析から、「自小作、小自作両層では、一町以上経営を中農上層、五反~一町経営を中農下層、五反未満層を貧農層」とし、小作層では「一・三町以上経営を中農上層、八反~一・三町経営を中農下層、八反未満層を貧農層」と、より細かい区分で「貧農層」を設定している。[8]

このように、農民層分解論を中心とした従来の研究にあっては、近世史・近代史を問わず、作付面積でいえば五反、持高でいえば五石あたりが「貧農線」として設定されていた。[9]そして中村が、そうした「小作・自小作・自作の貧農層」が、諸種の仕事を兼ねることで「かろうじて最低生活を維持して」いたと述べたり、[10]庄司が、「貧農・半プロ層」の「生活は貧しく」、彼らは「村の最下層に沈殿して農村は貧困問題にあえいでいた」と記すように、[11]その貧農線は、単なる相対的な所得格差を示すものではなく、明らかに生活水準上の貧困線と同意義を託されたものであった。

ただしここで注意すべきは、中村にしろ庄司にしろ、何をもって「最低生活」とし、どのような生活実態を「貧しい」とみなすのか、必ずしも明示的ではない点である。このことは中村や庄司だけでなく、貧農に言及してきた多くの研究について言えることであり、あえていえば、経営規模が五反未満であればその生活は「貧しい」ことは、自明の理になっていた、とさえ言えよう。[12]この問題はおそらく、戦前の日本資本主義論争段階にまで遡るほどの根深さをもっているのではないかと想定しているが、[13]いずれにしろ右の課題は、貧困の規定方法に関わる重要な論点なので、またのちほど検討することとしよう。

(2) 農村荒廃論と村の「困窮」

前述の貧農研究は、個別農家の次元で近世の貧困を問うものであったが、近世史研究ではそれと並んで、村という次元でも貧困が言及されてきた。その代表例がいわゆる農村荒廃論であり、さきの中村哲の文章にみられるごとく、同論は、農民層分解論とも密接に絡みながら、「農村における人口減少」や「耕地の荒廃」を指標に、農村の「荒廃」と農民生活の「窮乏」を追究してきた。とりわけ北関東がその象徴的な地域として注目され、たとえば長倉保は、常陸国や下野国の村々で一八世紀半ば以降、潰れ百姓が増加して村内人口が減少し（馬数も減少）、荒れ地・手余り地が増えていく様子を跡づけて、「後進地」たる関東農村の「荒廃／困窮／窮乏」ぶりを描き出したのであった[14]。

ただしその長倉自身、「一般的には貢租の過重化と前期的資本の介入を契機とした農村人口の停滞あるいは減少、荒地、手余り地の増大は全国を蔽う十八世紀後半期におけるいわば「一般的窮乏」の現象である[15]」とも述べているように、農村荒廃論そのものは、北関東のような「後進地」だけでなく、全国的な問題としても位置づけられていた。現に、大和国を対象とした谷山正道の仕事にみられるごとく、「先進地」畿内でも農村荒廃現象は追究されている。谷山は、細かい時期区分を設けて、一八～一九世紀における大和農村の「荒廃」と「困窮」を詳細に論じているので、以下それを整理しておこう[16]。

まず、一七四〇年代を中心とする享保改革末期では、勘定奉行神尾春央の主導のもと、いかに露骨な年貢増徴策が大和国の幕領村々に課せられ、その収奪がいかに苛酷であったかが確認される。そして、それに反発する村側の嘆願文言、たとえば「高免」（高税率）のせいで「惣百姓困窮」しているとか、「困窮」して「御田地も荒作ニ成」っているとか、潰れ百姓が増加して戸口が減少しているといった主張内容に依拠して、「農民経営がきわめて悪化」している状況や「農村の疲弊」が説明される。

ついで一七六〇～七〇年代（田沼期）になると、①前代ほどではないにしろ、なお高水準にある年貢収奪、②幕府の在方商品流通統制策（綿・菜種の株仲間設立）による商業的農業経営への新たな圧迫、③他国における綿作の興隆、といった諸問題を歴史的背景として、奈良盆地農村が「困窮」していくさまが描かれる。そこでは、「当村百姓困窮致詰り、潰百姓数多出来」、あるいは「困窮仕、百姓相続難相成、村方へ田地押出し沽却仕候者共多ク、中地相増申候」などと、潰れ百姓や「沽却」人（破産者）の増加、およびそれにともなう「中地」＝村惣作地の増大を訴える村側の嘆願史料が数多く引用されるとともに、実際に複数の村々では戸口が減少し、中地が増えている様子が数字で確認される。そしてこれらのことをもって、「農民層の窮乏」と「村方困窮の様相は明瞭であろう」と結論づけられていくのである。

村側の「困窮」主張史料を具体的な数字で跡づけていく実証法は、続く一七八〇年代末(寛政改革期)、および一八〇〇〜二〇年代(化政期)の分析でも用いられ、とりわけ国訴という一国規模の訴願運動が広汎に展開した化政期については詳しい検討がなされる。すなわち、当該期の国訴の背景には、この時期に惹起した農業経営の不振があり、それは、①大和農村にとって重要作物であった綿・菜種の価格下落、②肥料代や労賃(奉公人給銀)の高騰、③化政期に入ってもやまない領主の収奪、によって引き起こされたものであった。その結果、潰れ百姓と出奔人、および荒れ地・手余り地・村惣作地の増加を訴える嘆願史料が数多く登場することとなり、現に多くの村では人口の減少と、村高・毛付高の二〇〜六〇%にもおよぶ高い村惣作地率、さらには「高持農民の土地所持の減少・停滞」現象が数値で確認されるのであった。またこうした「困窮」状況は、農民・村方相手の「高利」な名目銀貸付を呼び込むことにもなり、その「高利貸的収奪」に遭った農民・村方が、返済の滞りでさらに「困窮」していくという、悪循環が生じることにもなった(「前期的高利貸資本による農村窮迫促進過程」)。まさに、とどまることを知らない「村方困窮」と「農村「荒廃」」現象だといえ、こうした状況をみた谷山は、「田沼期〜化政期の奈良盆地農村は、潰百姓の増加、村惣作地・村借銀の増加といった事態に端的に示されるような「荒廃」現象(耕地荒廃)のもとに置かれていた」と結論づけていくのである。

従来の農村荒廃論が、困窮を主張する村々の嘆願史料に注目してきたように、農村荒廃を背景とした村と村人の困窮化論は、民衆運動史の議論とも連動していく。たとえば、最新の民衆運動史研究を牽引する須田努は、幕藩体制が崩壊していく背景に、①一八世紀における貨幣経済の進展と幕藩領主財政の悪化、および②一八世紀後半以降、「幕府から始まり、社会全体に広がっていった」「私慾の公認とでも言うべき儲け優先主義」を読み取り、③そうした「儲けを重視する風習」が、「農村荒廃」の深刻化と、「富裕百姓と小百姓との経済格差」の拡大(小作人に没落/転落し、高利の貸付に苦しむ小百姓と、地主経営を安定化させていく富裕百姓)をもたらして、やがて④寛政期には、「幕藩領主と特権商人との私欲の連鎖と、これに対抗する百姓一揆という構図」を全国レベルで展開させ、⑤幕末開港後には、さらなる経済格差の拡大によって、「社会的弱者となった貧農・小作農、諸稼ぎに従事する人びと」が、豪農・商に対する打ちこわし(世直し騒動)に邁進していく、とする。[17] 百姓一揆をはじめとする民衆運動史研究はこの間、相当な「進展」をみせたはずだが、その根底部分では結局、一七世紀末〜一八世紀前半の元禄・享保期以降、「商人の農村への侵入、地主の高利貸化、貢租負担の加重等」によって、「農民の零細化・貧窮化」に拍車がかけられ、「農民は窮乏し、人口増加は停滞し、農地は荒廃せしめられ」、「窮地に追い込まれた農民はやがて鎌・鍬を執り、竹槍を携え、筵旗を樹てて、領主に対して反抗運動を起こすに至った」とした、一九四一年段階の古島敏雄[18]と何ら変わるところはない。村人の「貧しさ」を前提としなければ、百姓一揆や打ちこわしを理解できない、ということであろう。

第二節　反「貧農」「荒廃」史観の登場

このように、「貧農」や村の「荒廃/困窮」を析出してきたこれまでの研究には、分厚い蓄積があり、その実証成果は揺るぎないものであるかにみえる。だが一方で、右のような「貧農」「荒廃」史観に対する批判もかねてより出されており、しかもその批判は、従来の実証方法そのものを問うような、極めて根源的な次元にいたっている。そこで以下、それらの成果を整理して、旧来型の実証法の問題点を洗い出すこととしよう。

（1）「重税」史観への批判

先述した中村哲、長倉保、谷山正道、古島敏雄らの叙述にみられるごとく、これまでの貧農・農村荒廃研究では、村人たちが領主から重い税負担をかけられ収奪に遭っていたことが、論の構成上、かなり重要な位置を占めていた。たしかに、領主から村に発給された免定をみれば、免率（公定年貢率）が五〇〜七〇％台にもおよぶ例はザラにあるし、「高免」の撤廃を訴える嘆願史料も数限りなくある。それだけをみれば、百姓たちが重税にあえいでいたことは、事実であるかのようにみえる。だが果たして、この史料上で確認できる公定年貢率は、実質税率だったといえるのであろうか。

そのことに早くから疑問を投げかけていたのが、トマス・C・スミスである。[19] スミスは、年貢の「重圧」性を説く通説を再検討するため、出羽、越後、遠江、近江、和泉、播磨、紀伊の七ヵ国、計一一ヵ村の免定類を長期にわたって分析した。その結果、多くの村では一七〇〇年以降、一九世紀半ばにいたるまで、課税基礎たる村高にほとんど変化がみられず、また年貢率についても、長期的な上昇傾向をもつ村はほとんどなく、むしろ一定率で固定、ないしは下降傾向を示す村さえあったことを突き止める。

実際の農業生産力は上昇傾向にあったわけだから、こうした村高と年貢率の「驚くべき安定性」は、年貢が「時とともにますます現実の生産性と関連が薄くなった数値（＝村高——引用者注）に基礎をおいて」いくことを意味した。したがって、「貢租は時々いわれるほど重圧的ではなく（中略）少なくともある地域のある人々にとっては時とともに軽くなった」とさえ言えるわけである。スミスはこうした実証が、即座に貢租の「重たさ」そのものを否定したり、農村の「困窮」や「貧困」それ自体を否定するものではない、と注意をうながしたが、それでも、免定類にみえる公定年貢率は鵜呑みにできず、実質の税率は別のところにある、ということを研究者に気づかせた点で、彼の仕事は決定的であったといえよう。

はたせるかな、スミスの問題提起はその後、後続研究者の手によって見事に実証されていくこととなる。たとえば、長州藩が一八四〇年代（天保期）に実施した領内調査の報告書『防長風土注進案』を分析した穐本洋哉は、①田高に対する税率は四〇％台で、たしかに「重課」だったといえるが、②非農業部門も含めた領内全体の生産高（出来高）でみると、平均税率は二〇％台にまで落ち込み、③とりわけ非農業部門の出来高が多い地域では、平均税率が一五％未満ですらあった、ということを突き止めた[20]。また、信濃国村々の年貢率を検討した佐藤常雄も、形式年貢率（村高に対する年貢米の比率）が四〇～五〇％台であったこれらの村々でも、明治初年に生産された米、大麦、小麦、大豆、菜種すべてを米穀生産量に評価替えしてみると、実質年貢率が実に一七～二八％にまで下がることを明らかにした（しかも右の生産量には、生糸、実綿、小豆や、酒造産出額、農閑稼ぎ賃銀などは含まれていないのだから、実質税率はさらに低くなる、と推測される[21]）。

加えて中山富広も、「重税」の「封建貢租」を引き継いだと言われてきた地租改正の実態を検証するため、地租改正期の広島県恵蘇郡奥門田《おくもんで》村（庄原市（旧高野町））を分析し、①一八七七年に調査された各村民の旧石高（近世段階の持高）と収穫高を比べてみると、両者の懸隔が甚だしく、なかには収穫高が旧石高の七倍近くにもおよぶ例すらあったこと、②一八七三年の定物成（本途物成、近世段階の年貢米に相当）と、一八七一・七二年の収穫米（田地のみの収穫）の平均値を比較してみると、全村民三九軒の実質年貢率が、高くても三三％、一〇～二〇％におさまるのが一九軒、一〇％以下が一七軒で、平均するとわずか一〇％であったこと、③「したがって旧貢租の水準を継承したという地租改正の原則は、重税を継承したということには何らならない」ことを証明した[22]。穐本・佐藤・中山の仕事により、免定や検地帳といった公文書に登録・表記された村高・持高や年貢率は、実際の生産量や税率を計るうえで、まったくあてにならず、ゆえに、そこから幕藩権力による「重税」の賦課や「収奪」を主張することも、実証方法として完全に破綻したといえよう（村側が主張する「高免」文言も、鵜呑みにはできないことも判明する）。

旧来型の実証法に、唯一生き残る道が用意されているとすれば、それは、「当初は重税であったが、農民的商品生産が発展するにしたがい、幕藩権力が次第に村の生産力を把握できなくなり、時代が下ればで下るほど実質税率は低下していった」、という論法であろう。[23] 事実、稘本・佐藤・中山の仕事も、一九世紀半ば以降をあつかった実証研究であった。だがこの逃げ道も、太閤検地をめぐる池上裕子の研究によって閉ざされることとなる。[24]

従来、秀吉が実施した太閤検地は、全国の土地生産力を石高制でもって把握した、画期的な政策として位置づけられてきた。そこでは、村の石高を算出するための斗代（石盛）——上田一反あたり一石五斗など——は、実際の生産力に近い値であろうことが暗黙の前提とされ、ゆえに同検地で確定された村高も生産高に近似しており、そこに掛けられた近世前期の高税率[25]も、農民からの「全剰余労働の搾取」を象徴するものとして評価されてきた。

しかし池上は、こうした斗代＝生産高という理解は、そもそも何ら厳密な実証を経ていないとして、一三世紀以来の長期的な視野でもって、これまでの暗黙の前提を切り崩しにかかっていく。その結果、斗代とは、一三世紀の荘園制の時代から、一六世紀末の太閤検地にいたるまで、ずっと年貢高を意味していたことが明らかにされ、したがって太閤検地で算出・登録された村高も、実際の生産高でも何でもなく、あえていえば、「年貢賦課基準高」としか言いようがないことが解明されたのであった。[26]

池上が指摘するように、斗代＝年貢高である以上、そこから算定された年貢賦課基準高も、「その一〇〇％を年貢として収取することも可能な数値であった」（実際は、そこから免除分が差し引かれて年貢高が決定する）。であれば、仮にその年貢賦課基準高＝村高に、八〇〜九〇％近い年貢率が掛けられたとしても、それ自体は不思議でも何でもなかったと言えるわけで、そうした高い税率表記でもって、ただちに「重税」あるいは「全剰余労働の搾取」と即断することは、実証的にみてまったく不可能になってしまったといえよう。「最初は重税であったが……」という逃げは、もはや許されないのである。

このように、これまでの貧農・農村荒廃研究にとって極めて重要な柱であった重税論は、実質年貢率の検証、およびそもそもの分母（課税基礎たる村高・持高）の理解からして、完全に崩壊してしまった。我々は、実質税率が一〇～二〇％台だったのに、なにゆえ潰れ百姓は生まれ、村は困窮を主張するようになるのか、という新たな次元で近世の村社会に向き合わなければならないのである。

（2）農村荒廃指標への批判

税率の理解と並んで、農村荒廃現象の見方についても、鋭い批判が寄せられている。その代表格が平野哲也であり、平野は、「関東農村荒廃」の象徴地とされてきた下野国を対象に、それまでの農村荒廃指標を、細かな実証で一つずつ綿密に潰していく。(27)

まず、一八世紀半ば以降に大量に発生した荒れ地については、そもそもどのような耕地が放棄されたのかを丁寧に検証する。その結果、下野の百姓たちが、畑地よりも水田を優先的かつ多量に放棄し、畑地についても生産条件の劣る新畑から真っ先に放棄していった事実を明らかにした（田地についても、たとえ等級が上田であっても、「作徳少キ」と判断されれば放棄された）。そしてその背景に、同時期に米価が長期的に低落し、魚肥が高騰して、米作が市場的に不利になるなかで、「よりよい収入源を確保するために、相対的に有利性を増した畑作物生産を優先する百姓の生産意欲の変化」を読み取ったのであった（したがって、米価が高騰する一九世紀半ば以降の天保～幕末期になると、村人たちは再び米穀生産に力を入れていくようになる）。従来の研究が、極めて消極的な意味合いしか与えてこなかった荒れ地の増加を、むしろ「百姓の戦略的な耕作放棄」を示すものとして、その評価を一八〇度ひっくり返したわけである。百姓たちは、泣く泣く耕地を放棄したのではなく、儲からない農地をわざと荒らしていたのであった。

ついで平野は、村の人口減少をもたらした村民の離村現象や潰れ百姓の出現についても、従来の評価を逆転させていく。すなわち、下野の百姓たちに与えられたさまざまな生業選択肢やその労働条件（賃金など）をふまえると、彼らの離村現象（「潰れ」からくるものも含む）を、ただちに「生活難」ゆえに引き起こされた「やむにやまれぬ」ものだったとは即断できず、むしろ、「町場の稼ぎや生活様式に惹かれ、安定的な収入を得たいとする積極的なもの」、あるいは「村外での暮らしに当てがあり、豊かさを享受できるという確信がもてたからこそ」の行動、としてみる必要も出てくる。しかもその離村が、仮に一家総出の挙家離村であったとしても、それは居村との「絶縁」を意味したのではなく、むしろ、所持田畑の一部や百姓株を親類や五人組に預けておくことで、のちのち帰村し、跡式（家産、百姓株）を再興し得る余地も残された離村であった。さらに村側も、無理に潰百姓式を再興することはなく、「百姓家をあえて潰しておくことも、社会状況に適応した村の選択であった」。荒れ地の場合と同様、ここでも平野は、村の人口減少の背景に、下野の百姓と村社会の主体性を見出していくのである。

このように、平野の詳細な実証研究によって、農村荒廃現象に対する見方は一変することとなった。我々は、「当該地域の「農村荒廃」現象は、百姓の積極的な市場対応・戦略が生みだした、結果としての耕地の荒廃、離農行動だった」（傍点引用者）という平野の提言に、真剣に向き合わなければならない段階にいたっている。

また、平野の議論に接するとき注意すべきは、彼が何も、「村や百姓は困窮など一切していなかった」などと、困窮の実在そのものを全否定したり、単純な「明るい近世史」像を努めて描こうとしているわけではない点である。そうではなく、我々が平野の仕事から読み取るべきは、農村人口の減少や、荒れ地・村物作地の増加を示す数字をどれだけ実証してみせても、それは困窮を主張する村側の「攻め方」をひたすら数値で「後追い実証」しているだけであって、村の困窮の実態そのものに迫り得ているわけでも何でもない、という点である。これは、実証の次元に関わる深刻な問題であり、平野のような実証研究と史料解釈の方法が登場してしまった以上、もはやかつてと同じ次元の実証に依拠して、農村荒廃を繰り返し説いても無駄なのであり、村の困窮の実情と質に迫るには、新たな実証方法が求められているといえよう。

(3) 新しい小農経営論

右でみたように、平野哲也の研究は、従来の農村荒廃論を根底から覆していくものであったが、彼の仕事は同時に、これまでの貧農規定の問題点、とりわけ同規定の前提にある、小農経営に対する見方の固さを露わにしていくうえでも、重要な提言を含んでいる。

第一節で整理したごとく、既往の貧農研究にあっては、経営規模が三反ないしは五反未満が、一つの貧農線として設定されていた。そしてそうした貧農たちは、中村哲が、「三反以下のむしろ農業以外の賃労働や営業によって再生産をかろうじて維持している貧農・半プロ層」と述べるように、非農業部門の仕事をいくつか兼ねることによって、「かろうじて」生活を維持できていた、とみられてきた。

この、兼業によって「かろうじて」(あるいは「ようやく」)貧農たちは生き抜くことができた、という発想は、戦前の野呂栄太郎以来、研究史的には古い伝統を有しており(註13参照)、近世百姓の諸稼ぎに言及する研究でも、しばしば見られる歴史観である。たとえば、近世の農民にとって兼業がいかに大事であったかを早くから説き続けてきた深谷克己は、すでに一七世紀後半には確認される諸稼ぎの展開状況から、「農耕と農耕外の稼ぎが結合して初めて「百姓成立」が実現されるという江戸時代中下層農民の経営状態」（傍点引用者）を読み取っている。人びとが諸稼ぎに邁進したのは、「凶作や飢饉にぶつかったり、あるいは平日の生活と経営の不安にさいなまれつづけ、なんとかその難儀な状況をぬけだそう」としたからであり、また「年貢之為」にも、「そうせざるをえないのが農民の立場」だったのであり、彼らは農業の合間に「相応の稼」をして、その「少々の助成」で「かろうじて」農家経営を維持できたのであった[28]。本来なら、農業だけで生活を支えたいところだが、それだけでは年貢も払えないし「難儀な状況」も克服できないから、仕方なく兼業をして、ようやく（最低）生活を維持することができた、という兼業観、小農経営観が、野呂以来、長く深く研究者の発想をとらえてきたわけである[29]。

だが、百姓がさまざまな生業にいそしむ姿を、「生活の安定・向上を目指して生業の幅を広げ、社会状況の変化に即応して生業を柔軟に選択し、村の内と外を往復した」ものとして理解する平野の目線にたてば、このような「ようやく」史観で村人たちの兼業を解釈する必要はまったくなくなる。平野が痛烈に喝破するごとく、「百姓の生業の基盤はあくまでも田畑耕作にあり、それだけで生計が立てられない場合に、やむを得ず「余業」を行うという理解」は、「いついかなる時でも農作物の生産・販売だけで家計を自立させることを望むとする固定的な百姓観」という、それ自身何ら実証されていない歴史観に支えられているにすぎない[30]。兼業や生業の取捨選択は、近世の百姓たちにとって、ごく当たり前の経済行動だったと普通に考えればいいのであり、そのような働き方、生き方に、わざわざ「ようやく」だとか「かろうじて」といった副詞をつけたり、「そうせざるを得なかった」という説明文を付す必要などないのだ。海村の事例ではあるが、諸種の生業を複合させるあり方が、すでに一三～一六世紀には確認できる以上[31]、村人たちの兼業世界を「ようやく」史観で論じる必要は、なおさらないといえよう。

近世の村社会に生きる人びとが、生業複合的な世帯経営を営んでいたということは、それだけ彼らの収入が、農地の経営規模だけでは計れないことを意味する。そしてそのことは、近世村民の総収入を把握することが、いかに困難な作業であるかという問題へと波及していく。

一例として、古くは中村哲ら農民層分解論者から、新しくは斬新な小経営論を展開する谷本雅之にいたるまで、実に多くの研究者に注目されてきた史料に、一九世紀半ばの和泉国泉郡宇多大津村（大阪府泉大津市）における職業調査関係文書がある。そのうちの一つ、一八四三年（天保一四）の『村方作付反別諸業取調帳』は、文字通り、宇多大津村の人びとがどれだけの農地を作付し、どれだけの「諸業」にたずさわっていたのかを世帯ごとに調査したもので、谷本も掲げた実例を紹介するならば、一五歳以上六〇歳以下の世帯員数七名で構成されたある一家は、三反三畝の畑地を「下作」していたほか、「余業」として「地網賃引」（地引き網漁）や「賃織」（織布）、「糸稼」（糸紡ぎ）といった賃稼ぎに従事し、さらに世帯構成員の一人は、年給銀一〇〇匁の年季奉公人として、村内の他家へ働きに出かけていた[32]。

まさに平野哲也が注目する、生業複合的な小農経営のありようがうかがえるとともに、従来の貧農線からみれば、完全に貧農層に属する一家になるわけだが、この世帯が年間どれほど儲けていたのかでいえば、奉公人給銀の一〇〇匁のほかは、三・三反の小作地からの上がりが若干推測されるだけで、あとの「余業」からどれだけの収入を得ていたのかはわからない。つまり、村民の貧富差を論じるうえで、もっとも肝心要な事柄となる全収入の実態が、この史料からはまったく見えてこないわけである（さらにいえば、支出の実態もわからない）。宇多大津村の『村方作付反別諸業取調帳』は、村内各戸の就業形態を記した近世史料としては、相当詳しい部類に入るものであるが、その史料をもってしても、村民の総収入については、この程度のことしかわからないのである（非農業部門の収益も細かく記す『防長風土注進案』も、世帯単位の調査報告書ではないため、村民各戸の厳密な収入規模はわからない）。

だがこれまでの貧農研究は、このような「世帯の全収入もわからなければ、全支出もわからない」ような史料に依拠して、農地の作付規模のみで貧農か否かを判断し、「最低生活」や「極度の貧窮」を云々してきたのであった（「最低生活」指標の問題点については次節参照）。従来の貧農規定が、いかにあやふやな土壌＝実証のうえに成り立っていたか、よくわかるであろう。作付規模（いわんや持高）からいえることは、せいぜい「相対的な所得格差」――しかもかなりおぼろげながらの――にすぎないのであって、それ以上でもそれ以下でもなく、ましてやそこから「生活の貧しさ」という価値判断を下せる余地は一切ない、と肝に銘じるべきなのである。

生業複合的性格ゆえに、村民の世帯収入の全把握は困難になるという、右の課題をさらにややこしくするのが、文献史料上にはなかなか登場してこない、細ごまとした現金収入の存在と、自給的な生業世界の位置づけである。この点で重要な研究視角を提示しているのが安室知であり、安室は、聞き取りや民具、あるいは一九二九年の農家経営簿にもとづいて、①水田に、ウケなどの単純な漁具を設け、ドジョウやフナ、タニシなどを採るという、一見何気ない自給的生業＝水田漁撈が、農家の食生活にとっていかに大事であったかということ、②庭で飼っているニワトリの卵や、水田で拾ったタニシを売るという、それそのものは「単発的・偶発的」で「じつに細ごまとした金銭収入の方途」も、実は「合計するとその機会は思いのほか多く」、そうした細ごまとした収入の総体は、農家収入全体からみれば、決して侮れない位置にあったことを明らかにした(33)。

安室が実証した事柄は、直接的には昭和初期を遡るものではないが、それでも近世の小農経営の実像に迫るとき、安室が解き明かしたような、文献史料にはあらわれにくい生業世界も絶えず念頭におかなければならないことを、近世史研究者に訴えかけているといえよう。自給の問題は、えてして「自給経済か貨幣（商品）経済か」、あるいは「自給経済から貨幣経済へ」という二分法で議論されがちだが、別稿(34)でも指摘したように、そうした二項対立的発想はもはや不毛であり、むしろ、すでに一三世紀には貨幣経済が日本社会に浸透し始めていたことをふまえると、一三〜二〇世紀という長い歴史のなかで、人びとが自給経済と貨幣経済をどのように組み合わせてきたのか、を考えることの方がよほど重要である（農家の家計費に占める現金支出の割合は、一九三二年段階でも全国平均でいまだ五〇%台であった[35]）。

このほか、最新の小経営研究の到達点をふまえると、かつての貧農研究が土台にしてきた農民層分解論自体、もはや成り立たないことがみえてくる。先述したように、農民層分解論が想定していた「近代化」の歴史過程とは、商品経済の浸透によって農民層が分解し、そこから生じた賃金労働者たちが資本家に雇われて、大工場での協業と分業に象徴される、資本主義経済を支えるようになる、という「工業化」への道のりであった。

だが、こうした農民層分解による賃金労働者（賃労働のみで生計をたてる人・世帯）の出現、および「小経営から大工場へ」という単線的な歴史像は、小経営をめぐる谷本雅之の綿密なる実証研究によって完全に崩壊してしまった[36]。小農経営のなかで発見された賃労働の事実は、のちの賃金労働者世帯の歴史的前提を形づくっていたわけでも何でもなく、むしろ小農の生業複合的な世帯経営の一環としてあり続けていた（したがって、「半プロ」という措定も不毛となる）。また、「業主およびその家族の労働供給に強く依存する」小規模経営体（小経営）も、工業化によってあっさりと大工場的世界に乗っ取られていくのではなく、むしろ一九二〇～三〇年代でも健在で、分厚く存在し、日本経済を支え続けていた。大工場が席巻すると思われがちな重化学工業部門ですら、小工業の存在は侮れず、非農林業部門でいえば、小経営の自営業主の数は、高度経済成長まっただ中の一九六〇年代から、バブル経済に突入する一九八〇年代においてさえ、一貫して増加傾向にあったのである。

中村哲が、「現在（一九六〇年代——引用者注）にいたるまで日本農業では小経営が支配的である[37]」と述べるように、日本経済における小経営の粘り強い持続自体は、かつての研究者も気づいてはいた。だが、工業化中心主義に囚われて、そのことのもつ積極的な意味合いを論ずることができなかった。そこを衝いたのが谷本であり、小経営の存在意義の大きさを具体的な数値によって、よりはっきりと示しただけでなく、その実証を通して、これまでの研究が前提としてきた歴史観（農民層分解論にもとづく資本主義化理解）をも破綻に導いていったのである。従来の貧農研究は、貧農の析出の仕方という実証面だけでなく、その拠って立ってきた歴史観という次元においても、瓦解してしまったといえよう。

第三節　生活水準と貧困研究の到達点

貧困を語るためには、その時々の時代や地域（国）において、どういう暮らしぶりが「最低生活」だったのかを見極める必要がある。そしてそのためには、その時代、地域において、何が一般的な生活水準だったのかを見定めなければならない。この、生活水準の計り方をめぐる歴史研究がどこまで進んでいるのか、現代貧困研究の到達点ともあわせて、以下整理しておくこととしよう。

（1）「生活水準の歴史」をめぐる国内外研究の動向

生活水準の質を歴史的に把握し、比較史的に考察しようとする試みは、国際的に取り組まれている。たとえば、二〇〇五年に出された論文集 *Living Standards in the Past: New Perspectives on Well-Being in Asia and Europe*[38] では、そもそも生活水準なるものは、その内実が複雑であるがゆえに、何でもってその質を計り得るのか、という基準の設定自体難しい課題であることがまずは自覚される〔Robert C. Allen ほか序章六ページ〕。そしてだからこそ、生活水準の測定には複数の指標を組み合わせ、なるべく多くの国と地域でそれを長期的に観察し、国際比較することが大切であるとして、中国、日本、インド、イングランド、フランス、オランダ、イタリア、ベルギー、スウェーデン、デンマーク、ロシア、スラボニアなどを対象地に、実質賃金や消費構造、カロリー摂取量、人口動態（人口増減や平均余命、死亡率など）、あるいは平均身長といった多種多様な情報が、一六〜二〇世紀という長期にわたって収集され、比較検討されていく。

その結果、たとえば中国一つをとってみても、一八世紀段階の同国の生活水準は、同時期のヨーロッパと比べても決してひけをとるものではなかったことや、逆に同じ中国国内でも、一八世紀の生活水準の方が、二〇世紀前半のそれよりも高かった可能性が指摘される〔Kenneth Pomeranz 論文四〇ページ〕（つまり、同一国内といえども、生活水準は右肩上がりに発展していくとは限らない）。また、数多くの比較が積み重ねられた結果、前工業化時代の生活水準にあっては、ヨーロッパとアジアの差よりも、それぞれの域内での差の方が大きかった可能性――つまりは、地域差（同一国内含む）に配慮する必要性――や、GDPや実質賃金の単純な頭割り（国民一人当たりの値）で生活水準の良し悪しを比較することの危険性――つまりは、社会内の諸種の階層差（social group）に配慮する必要性――が判明するようにもなった〔Allen ほか序章一二・一九ページ〕。

このように、各国研究者の地道な努力により、生活水準研究の実証次元と研究手法は、近年格段に深まりつつある。と同時に、生活水準に関する歴史資料が集まれば集まるほど、生活水準の歴史を語ることの難しさと複雑さもまた、ますます明瞭になってきたといえよう。そしてそのことは、とりもなおさず、最低生活と貧困線の基準を歴史的に設定していくことの難しさも、明らかにしていくものなのであった。現に、「the poor は……」という表現がまま見られる前記論文集でも、何をもって「the poor」を規定するのかは明瞭ではない。ヨーロッパ史では、イングランドを筆頭として貧困史研究が極めて盛んであり、貧困者あるいは救済費の申請・受給者の生活水準をめぐる統計的な検討もなされているが[39]、現状ではそうした貧困史の成果と、前述のような生活水準の歴史研究はうまく接合されていないといえよう。
一方、日本史に関していえば、右のような国際的な比較研究にも参加しながら、近世日本の生活水準研究にもっとも力を入れてきたのが、斎藤修である。[40] 斎藤は、「生活水準の歴史は、戦後日本の歴史学にはまったく欠けていたタイプの研究である」として、「概念としての生活水準のもつ多面性」に留意しながら、一八～二〇世紀における各種実質賃金や農家の「余業」就業率、人口移動、さらには農家と賃金労働者世帯の推計世帯所得や、労働と余暇の時間など、現段階で収集し得る、ありとあらゆる種類の生活水準指標を分析していく。その結果、一八二〇年代以降に実質賃金の低下がみられるものの、それは必ずしも小農世帯の生活水準低下に直結したわけではなく、むしろ実質賃金低落期においても農業所得は増加し得たことや、一八世紀後半段階では、イングランド農村部の賃金労働者世帯と日本の自作農世帯とでは、推計可処分所得がほぼ同水準にあったことなど、さまざまな事柄が議論できるようになった。生活水準に関する個々の指標が、ややもすれば個別分野ごとで分析されがちななか、それらを総合して、一八世紀以降における日本の「生活水準の歴史」を、多面的、長期的に描いてきた斎藤の功績は大きい。

だが一方で、斎藤の仕事に接して気づくのは、生活水準にこれほどこだわり抜いた斎藤をもってしてもなお、近世日本の村人にとって、何が「一般的」な生活水準で、何が「最低生活」だったのか、すなわちどこからが「貧しい」生活だったといえるのかは、依然として明らかではない、という点である。そしてそれはおそらく、斎藤自身も自覚しているように、日本の小農世帯は兼業を軸としてきたがゆえに、その全収入を把握して初めて生活水準を正確に計れる――それなのに世帯別の収支状況を記した史料がほとんどない――という、近世小農（およびその関連史料）の歴史的特質そのものに規定されているのであろう。近世史料のなかでもかなり詳しい生活水準指標が得られる『防長風土注進案』も、世帯別の調査報告書ではなく、したがって斎藤がそこから世帯所得を算出するときも、さまざまな仮定と推計が重ね合わせられることとなる（自作・自小作・小作別に、世帯員数、就業者数、耕作地反別、農業所得、農外収入とその労働時間、家計費を得られるようになるのは、一九二〇年代の『農家経済調査』から）。近世日本の村社会において、一般的な生活水準と最低生活の実像を生々しく語る道は、いまなお遠いと言わざるを得ない。

こうした生活水準研究の段階をふまえると、現行の高校日本史教科書が、なにゆえ「多くの百姓は、衣服は麻（布）や木綿の筒袖がふつうで、日常の主食は麦・粟・稗などの雑穀が中心で米はまれであり、住居は萱やわら葺の粗末な家屋であるなど、衣食住のすべてにわたって貧しい生活を強いられた」と決めつけることができたのか、甚だ不思議である。人びとの主食についていえば、一八四〇年代から一九三〇年代にいたるまで、米に麦などを混ぜることは――大きな地域差をともないながらも――当たり前の食生活であったし、家屋についても、一九三〇年代にいたってもなお、瓦葺きは決して主流ではなく、藁葺きや茅葺きの家がまだごく普通にみられたことは、数値的にはっきり確認できる[41]（衣服については、判断材料すら持ち合わせない）。

右の諸事実から、「だから日本の村人はずっと貧しかった」という結論を導き出すことも可能ではあろう（現に暉峻衆三は、一九六〇年代にいたるまで日本の農村には、「貧農層」が「多数」存在していた、と説く〔註12参照〕）。だがそのためにはおそらく、毎日白米一〇〇％の主食を食べ、鉄筋コンクリートで塗り固められた「きれい」な家に住み、色とりどりで「きれい」な服を毎日取っ替え引っ替え着られる生活こそ「豊かな」生き方である、という相当「高み」にたった態度に出ざるを得ない。教科書における、この一見もっともらしい「貧しさ」の説明は、実は極めて根拠薄弱な貧困の史的理解なのである。

（2）現代貧困研究の到達点

最後に、最低生活の実相を明らかにするためには、どのような次元の実証が必要になってくるのかを、現代日本の貧困研究の到達点から考えてみることにしよう。

二一世紀日本で、貧困が「再発見」（再認識）されるようになったこともあって、現代日本を対象とした貧困研究は、実証面でも研究視角の面でも急速な発展をみせている。そのなかで、岩田正美が示す次のような貧困理解は、歴史研究者もふまえるべき、極めて重要なものである。

貧困の「再発見」の意義が分かっても、実は貧困の把握には大きな難問がある。それは、貧困と貧困ではない状態を分かつ境界の設定の問題である。言い換えれば、社会が責任を持って解決すべき状態と、個人や家族に委ねておけばよい状態との境界設定をどうするか、という基本問題である。

事実をそのまま示せば、格差のあるなしを示すことはできるが、貧困はそうはいかない。人々の生活状態について、どこから「あってはならない状態」だと判断するかは、それ自体一つの価値判断だからである。[42]

単なる所得格差であれば、それに関する客観的な数字を出せば事足れりだが、貧困の計測には、「主観」が入り込まざるを得ない「価値判断」がともなう。近世史研究に引き付けるならば、これまでの貧農研究は、持高や作付面積にもとづく「格差」は論じてきたが、当時の人びとにとって、いったい何が「あってはならない状態」だったのかという議論については、極めて無頓着なまま、「最低生活」や「極度の貧窮」を語ってきたといえよう。

現代日本の貧困研究は、貧困という課題が生来的にもつ、この主観性（価値判断性）の問題を十分自覚しながら、それでいて何とか客観的な議論ができるよう、貧困の数値化＝可視化を図るという、極めて困難な課題に挑み続けている。[43] 数値化は、マクロとマイクロ（ミクロ）両面のデータでなされており、たとえばマクロデータでいえば、ＯＥＣＤの相対的貧困基準（等価可処分所得の中央値からみて五〇％のところを貧困線とし、それ以下の世帯を貧困層とみなす）で割り出された日本の貧困率と、生活保護基準（一般消費水準の六割）未満の可処分所得しかない要保護世帯の比率（要保護率）がどれほど重なり合うのかが、二〇〇四年段階の数値で検証される。

その結果、①全体でみるとＯＥＣＤの相対的貧困率は、要保護率の九割弱をとらえているが（つまり、要保護率の傾向を知るうえで、ＯＥＣＤ相対的貧困率は一応代用可能な数値）、②世帯規模別でみると、世帯規模が大きくなればなるほど、ＯＥＣＤ基準ではとらえきれない要保護世帯の割合が増大し（要保護の五人世帯では三割、六人以上世帯では四割が、ＯＥＣＤ基準からはみ出てしまう）、③また少人数世帯になればなるほど、両者の貧困基準が大きく乖離していくこと（単身世帯の場合、ＯＥＣＤの貧困基準は月額一二万二〇〇〇円だが、生活保護基準では八万八〇〇〇円）などが明らかにされた。[44] 何を尺度にするかで数値が大きく異なってくるという、マクロデータで貧困層を計るときの難しさが、ここにはあらわされている。

一方、マクロデータのみでは、貧困をめぐる「生活のリアリティ」感は出ないとして、マイクロデータにもとづいた「生活最低限」（最低生活費）の算出も試みられている。[45] そこでは、「現実の生活は（中略）その生活主体によって裁量されるものである」ため、その内容は多様となり、したがって最低生活費も結局は、「あらゆる人々の生活様式や生活運営能力を組み込んでは設定できない」ことが自覚されつつも、まずは「現実感のあるモデルを得ることが肝要である」として（『貧困研究』四、六八ページ）、首都圏在住の若年単身世帯、母子世帯、高齢世帯（単身および夫婦）――いずれも低所得層の典型的な世帯類型である——を対象に、一ヵ月間にわたる詳細な家計調査が二〇〇八〜〇九年に実施された。

その結果、世帯類型別に実に細かな収支状況と消費構造に関する数値が得られることとなった。たとえば若年単身者の場合、①実収入が月額一五〜二〇万円未満から一〇〜一五万円未満のところでは、「赤字を拡大してでも生活水準を維持しようとする、最低生活の抵抗があること」がわかったり（『貧困研究』四、七二ページ）、②食費より住宅費と光熱水費の方が「選択の余地の乏しい必需品」であり、そうした「生活基盤費」は、どの若年単身世帯でも月額七万円程度であって（これに月額五〇〇〇〜七〇〇〇円程度の通信費〔携帯・スマホ代〕を加えたものが「固定経費」）、最低生活費の「部分的な絶対基準」として設定し得ることが明らかとなった（『貧困研究』一四、二〇〜二二ページ）。一方、高齢世帯では、「所得の低い方で黒字、高い方でやや赤字の傾向」にあり、とりわけ生活保護を受給している単身世帯では、可処分所得の七七％弱しか支出にまわされていない例すら確認されて、本来ならば最低生活費が保障されているはずの生活保護制度下において、「実際はそれをかなり下回る水準で生活が営まれていること」が判明している（『貧困研究』五、五二ページ）。開始されたばかりの調査であるため、いまだ事例数は限られており、こうした複雑な消費行動の背景説明も今後の課題である。だがそれでも、収入の多寡と世帯収支の黒字／赤字の関係が、単純な相関関係にはないことが明らかになるなど——つまり、「貧乏人」ほど赤字まみれになるわけではなく、[46]また逆に黒字だからと言って、それが生活の「余裕」を示しているとも限らないし、「貧乏人」でも一定の生活水準を保つためには赤字も辞さないことはあり得る——、二一世紀日本における最低生活と貧困線の生々しい具体化が、着実に進んでいることは間違いあるまい。

現代貧困研究で明らかにされてきた諸事実そのものは、当然のことながら、近世日本をはじめとする「むかし」の貧困問題に、直結しているわけでも何でもない。だが、そこで構築されてきた研究手法からは、たとえ近世であろうとも、貧困を客観的に議論するためには、どのような次元の実証が必要になってくるのかが見えてくる。すなわち、近世の村社会における貧困を厳密に語るためには、（A）村内各世帯の全収入と全支出を、世帯規模もふまえて把握したうえで、（B）一般的な消費水準を見定め、（C）さらに当時の人びとが、どのような生活実態を「あってはならない状態」とみていたのかを見極めてから、（D）最低生活費を算出して、貧困線を設定する、という作業を最低限進めておかなければならない。これが、現代貧困研究が求めてくる実証の水準なのである。

現在の近世史研究にそんなことができるのか、暗澹たる気分にならざるを得ない。とりわけ、先述した小農経営の性格を考えると、（A）の克服すら容易なことではなかろう。だが、現代貧困研究の水準がここまで来てしまっている以上、たとえ「むかし」の貧困を論ずる研究であろうとも、その実証の次元は、現代貧困研究が苦労して築き上げてきた、右の高みに応えるものでなければならない。それが、同じ貧困をあつかう者同士の学問的義務であり、刺激なのである。

おわりに

以上、近世日本の村社会における貧困と貧農をめぐって、これまでどのような実証がなされ、批判が向けられてきたのかを整理してきた。その結果みえてきたのは、従来型の実証法とそれが前提にしてきた歴史観の崩壊であり、また貧困を論ずるときに求められる、「異常な高さ」の実証水準である。

こうした研究段階は、いったい何を意味しているのか。それは端的にいえば、いまの近世日本史研究に、村の貧困や貧農を厳密に語る資格は一切ない、という一言に尽きる。村人の貧困は、第三節の最後に整理した（A）〜（D）の課題を克服して、初めて語れる問題なのであり、それができないうちは、村や村人の生活について、「窮乏」や「困窮」「貧窮」といった言葉を、一切使うべきではないのである。

　では、近世日本史研究にとって貧困とは、もはや不可知の問題であって、議論する余地は一切ないのであろうか。求められている実証水準の高さに臆して議論を放棄するのは、安易に貧農を語るのと同じく、思考停止に陥っているだけである。そうではなく、いま近世日本史研究者がなすべきは、平野哲也が、「かりに百姓が困窮したとしても、どのような質の困窮か見極める必要があろう」と述べるごとく[47]、さきの（A）～（D）を意識しながら、当時の人びとが紋切り型に主張する「困窮」や「貧窮」の質を、まずはさまざまな視角から地道に検証していく、という作業であろう。

　その際、とりわけ大事になるのが、個別世帯に寄り添う姿勢である。それがもっとも問われる（A）については、幸いにも一九世紀初頭の大和国吉野郡田原村で検証が可能となる（第二・三章）。この基礎作業によって、「困窮」を旗印に訴願運動を繰り広げる村人たちの収支構造のありようが、相当程度明らかになるであろうし、「政治（運動）用語」としての「困窮」、あるいは運動を通して自覚されるようになる「困窮」、という課題も議論可能になるであろう[48]。

　また、厳密な貧困論のためには、前述のような高い次元の実証が求められている以上、逆に貧困線を、思いっ切り厳しい生活実態にまで引き下げて議論する、すなわち、人はどこまでいくと餓死するか、あるいはどこまでいくと「路頭に迷って死ぬ」ことになるか、といった次元で貧困史を検討する、という方法もあろう。こうした貧困理解は極めて狭いものであるが、逆にいえば「わかりやすい」指標でもあり、ある程度貧困像を共有しながら議論できる、という利点もある。この点は第四章で、個別世帯に寄り添いつつ、夜逃げなどで路頭に迷った（かにみえる）人びとに待ち受けていた現実の一端に触れながら、生きるか死ぬかのギリギリの生活を余儀なくされた人びとの実態に迫っていきたい[49]。そのことはまた、村社会がどこまで村民を路頭に迷わせないよう面倒をみるか、という村民救済をめぐる村の社会責任とその判断基準の問題とも関わっていくものである（第五章）。
個別世帯への寄り添いは、一八世紀後半以降、全国各地の村々で大量につくられていく「難渋人／困窮人」の調査・対策史料に向き合うときも必要となる。それによって、どの世帯が「難渋人」として認定されるか、そしてどのような対策が選好されるのか、村社会内における生々しい線引きとせめぎ合いが浮き彫りにされるであろう（第六・八章）。こうした基礎作業を一つずつ積み重ねながら、いったん崩れ去った「村の貧困史」を、今度はまったく新たな視点と方法から、再び立ち上がらせていくこととしよう。

註

（1）青木美智男『全集日本の歴史　別巻　日本文化の原型』（小学館、二〇〇九年）、四六・六二ページ。
（2）中村哲『明治維新の基礎構造―日本資本主義形成の起点』（未来社、一九六八年）、二三～二四・三四ページ。
（3）高尾一彦「摂津平野郷における綿作の発展」（『史林』三四―一・二、一九五一年）。
（4）古島敏雄・永原慶二『商品生産と寄生地主制―近世畿内農業における』（東京大学出版会、一九五四年）、四五～四七・一一六ページ。
（5）山崎隆三『地主制成立期の農業構造』（青木書店、一九六一年）四四ページ、「江戸後期における農村経済の発展と農民層分解」（『岩波講座日本歴史』一二、岩波書店、一九六三年）三六三～三六四ページ。
（6）註2中村前掲書、七九・八二～八五・八七・八九・九七・一〇〇ページなど。
（7）庄司俊作『近現代日本の農村―農政の原点をさぐる』（吉川弘文館、二〇〇三年）、八〇ページ。『近代日本農村社会の展開』（ミネルヴァ書房、一九九一年）一一七ページでも、一九二〇～四〇年代における兵庫県淡路島での分析を通して、「まぎれもなく耕作五反未満層は貧農・半プロ層であった」と述べている。

(8) 坂根嘉弘『戦間期農地政策史研究』(九州大学出版会、一九九〇年)、六六～六七ページ。

(9) 「はじめに」で紹介した、幕末の貧農と世直しに関する青木美智男の記述は、明らかに、世直しの背景に豪農―半プロ間の「和解しがたい対立関係」を読み取った佐々木潤之介の議論に影響されている(『幕末社会論』塙書房、一九六九年、『世直し』岩波新書、一九七九年、『幕末社会の展開』岩波書店、一九九三年)。ただし、一八世紀半ば以降の「商品生産に基礎をおく分解」が、「村方地主を不断に豪農に転化させ、貧農層を不断に半プロ化する過程として進行した」(『幕末社会の展開』、四一七～四一八ページ)とする佐々木が、何をもって「貧農」を規定していたのかは、意外にも明らかではない。武蔵国村々の検討から、持高二石以下の「下層農民」の実態を、「賃引農民、ごく小規模(生産量五〇〇匁以下)の自立的製糸農民、小規模小作農民、日雇労働者等の性格をもつ半プロレタリア層」としたり(『幕末社会論』、一七八ページ。同書二七ページでは、「事実上の労働力販売者として存在しつつも、それがけっして「資本」と結びついた賃労働としての存在形態をもたない貧農」を「半プロレタリア」としている)、河内国丹南郡岡村(大阪府藤井寺市)岡田家文書の分析から、「小家族農民として再生産するためには、最低三反の経営規模が必要」で(この場合の「経営規模」とは、中村哲のように小作地も含む「経営規模」ではなく、「純自作地」としてのそれ)、その三反は持高に直せば二石八斗に相当する(『幕末社会の展開』、二五九～二六〇ページ)としているところからすると、少なくとも持高でいえば二～三石以下、所持地でいえば三反以下の農民は、「貧農」とみていたのかもしれない。

(10) 註2中村前掲書、八九ページ。

(11) 註7庄司前掲『近現代日本の農村』、八〇ページ。

(12) 庄司は、一九〇〇年代の「上層の自作農」(田畑二・五町を所有する茨城県農家)でも、「米の飯が満足に食べられなかった」ことを、当時の農家の「生活の窮迫」例としてあげているが(註7庄司前掲『近現代日本の農村』、三七～三八ページ)、なにゆえ米・麦・粟などの混食より、米一〇〇%の主食の方が「豊か」な生活といえるのかは、特には問われていない。

　また、暉峻衆三編『日本の農業一五〇年―一八五〇～二〇〇〇年』(有斐閣、二〇〇三年)では、「農家所得の勤労者世帯所得との格差縮小」と「均衡化」を根拠として、「戦前から戦後にかけて日本の農村に多数存在した

「貧農層」は（一九――引用者注）六〇年代終わりには基本的に消失した」（一九四ページ）とするが、勤労者世帯所得との格差があったという一九六〇年代以前の農家所得が、いかなる意味で「貧しい」生活を象徴するものであったのかについて詳しい説明はなく、所与の前提とされている。

（13）たとえば野呂栄太郎は、一九三〇年の『日本資本主義発達史』において、経営規模が五反未満の「零細農」（一九一〇～二六年）について、「農業生産のみをもってしては一家の成員の労働力に常時余剰を生ずるがゆえに、常時的にかまたは臨時的にか、家族の一部または大部分が、農業、工鉱業等の賃銀《ママ》労働を兼ねるか、または、他の営業を兼ねるか、いずれかによってのみ、辛うじて動物的最低生活を続けている最下層である」としている（『初版　日本資本主義発達史（下）』岩波文庫、一九八三年、五三ページ）。中村哲と同じ論法が、すでに一九三〇年には出されていることが看取されるとともに、ここでもやはり、何をもって「動物的最低生活」とみなすのかは自明の理となっている。また、一九三四年の猪俣津南雄『踏査報告　窮乏の農村』（岩波文庫、一九八二年）でも、「窮乏」の中身については、「農民たちの食べる物が加速度的に悪くなっている」状況（「お粥がばかにうすくなってきた」など。同書四二ページ）に多少触れている程度である。

なお、貧農指標としての「五反」という数字について言えば、すでに一九一二・一四年の社会政策学会では、「所謂五反百姓」という言い方で「過小経営者」が表現されており、彼らも社会事業の対象たる「細民」の一員として数えられていたことがわかる。加えて、一九五四年段階の厚生省でも、耕地面積五反未満の専業農家、および三反未満の第一種兼業農家を「低所得階層」ととらえていた（吉田久一『日本貧困史―生活者的視点による貧しさの系譜とその実態』川島書店、一九八四年、二六二・二六七～二六八・四三五ページ）。一八〇三年（享和三）の大和国葛下郡市場村（奈良県大和高田市）の嘆願書では、「小前と申ハ田地五反位壱人前之業と申処」と、「田地五反位」が「壱人前」の「小前」経営の適性規模として位置づけられている（『改訂大和高田市史』史料編、一九八二年、七八八ページ）。また、下野国芳賀郡小貫村（栃木県茂木町）の名主が一八〇八年（文化五）に著した農書『農家捷径抄』でも、夫婦二人で田地二反（上田のみ）＋畑地二反（上畑と中畑一反ずつ）、計田畑四反が、標準的な作付モデルとなっていた（平野哲也「関東主穀生産地帯における米の生産・流通と消費の諸相」渡辺尚志編『生産・流通・消費の近世史』勉誠出版、二〇一六年、四九～五〇ページ）。もともと一般的な経営規模と認識されていた「五反」という数字が、いつから「貧農」の基準とされていくようになるのかは今後の課題である。

(14) 長倉保『幕藩体制解体の史的研究』(吉川弘文館、一九九七年)、一〇〇・一一二〜一一四・一五四・一七二・二〇四〜二〇五ページ。

(15) 同右、二〇五ページ。

(16) 谷山正道『近世民衆運動の展開』(高科書店、一九九四年)、三一〜三六・四〇〜四一・一三四〜一四三・一四八・一九〇〜一九三・二二二〜二二八・二四四〜二五七ページ。

(17) 須田努『幕末の世直し　万人の戦争状態』(吉川弘文館、二〇一〇年)、三・二三〜二五・三二〜三五・四〇〜四二・一四二ページ。

(18) 古島敏雄『日本封建農業史』(初出一九四一年、のち『古島敏雄著作集』二、東京大学出版会、一九七四年)、二三八ページ。

(19) トマス・C・スミス「徳川時代の年貢」(初出一九五八年、のち『日本社会史における伝統と創造―工業化の内在的諸要因　一七五〇―一九二〇年』ミネルヴァ書房、一九九五年、増補版二〇〇二年、原著一九八八年)。

(20) 穐本洋哉『前工業化時代の経済―『防長風土注進案』による数量的接近』(ミネルヴァ書房、一九八七年)、三〜四・一二八〜一四一ページ。

(21) 佐藤常雄・大石慎三郎『貧農史観を見直す』(講談社現代新書、一九九五年)、一一一〜一一九ページ。

(22) 中山富広「地租改正における地価決定と収穫高―広島県恵蘇郡奥門田村を事例として」(『地方史研究』三三六、二〇〇八年)。

(23) 現在の中学校歴史教科書に、こうした論法がみられる。たとえば、東京書籍の二〇一五年検定済み中学校歴史教科書『新編新しい社会　歴史』では、「年貢の率は四公六民(石高の一〇分の四を年貢として取ること)や五公五民という重いものでしたが、生産力の向上にともない、次第に軽いものになりました」(一一五ページ)とある。なお、五公五民という基本税率的発想は、一七三〇年代末の享保改革末期に突如として浮上した徴税方針にすぎず、公定税率に対する幕府の基本姿勢は、中世以来の伝統でもあった地域標準(横並び)主義であった点については、拙稿「納税と徴税の社会史―一三～二〇世紀の時間軸で考える」（近世史サマーフォーラム二〇一一実行委員会『近世史サマーフォーラム二〇一一の記録　制度からみた国家と社会』同実行委員会、二〇一二年）参照。

(24) 池上裕子「織豊期検地論」（初出一九八八年、のち『戦国時代社会構造の研究』校倉書房、一九九九年）、「検地と石高制」（『日本史講座』五、東京大学出版会、二〇〇四年）。

(25) 本書第二・三章の主要検討対象となる大和国吉野郡田原村（奈良県宇陀市〔旧大宇陀町〕）では、一五九五年（文禄四）検地で確定された村高三九八石一斗二升に対し、一六三九年（寛永一六）段階の年貢率は、「免八ツ三分取」＝八三％であった（『新訂大宇陀町史』史料編第一巻、二〇〇一年、二九五～三二一・三二一ページ）。

(26) 水本邦彦は、斗代を年貢高とみなす「新説」について、徳川初期の「年貢石高」は、「検地帳石高」から「免除高」を差し引いたものなのだから、「検地帳石高を生産高に近い数値とみる旧説も捨てがたい」として、「発想転換をして「生産高＝年貢高」という仮説を立ててみてはどうだろうか」と、新旧説の「論争を解決するための一案」を提出している（『全集日本の歴史十　徳川の国家デザイン』小学館、二〇〇八年、一二一～一二三ページ）。だがこの「仮説」は、「新説」を打ち出した池上裕子の問題提起を十分理解しておらず、また「新説」が詳細な実証を経たものであることと比べれば、「実証する題材を持ち合わせない」次元のものであって、研究史的には混乱をもたらすだけの、意味のない「一案」である。池上が問いたかったのは、太閤検地の斗代から、そもそも現実の全生産力を導き出せるのか、あるいは秀吉政権は、実際の全生産力を全把握できていたのか、という問題だったはずである。そして、史料上にみえる斗代の歴史的性格をふまえれば、とてもそんなことは言えず、せいぜい言えるのは年貢賦課基準高としての斗代・村高であって、ゆえに豊臣政権は全剰余労働の搾取などできていなかった、というのが池上の研究からみえてくる新しい歴史像なのである。我々に求められているのは、池上が実行した単純明快な実証――しかも長期的な視野にたった――のさらなる前進であり、それを経ないまま「旧説も捨てがたい」として、「発想転換」を説いてみても不毛である。

なお、太閤検地も含めた近世の検地が、そもそも面積の測量（丈量）において、厳密な精度を追い求めようとするものではなかった点からしても、太閤検地が現実の土地生産力を全把握できていたとは、とても言えないであろう（矢野健太郎「土地丈量からみる近世・近代の土地把握」荒武賢一朗・太田光俊・木下光生編『日本史学のフロンティア2　列島の社会を問い直す』法政大学出版局、二〇一五年）。

（27）平野哲也『江戸時代村社会の存立構造』（御茶の水書房、二〇〇四年）、七五～八五・一〇六～一一五・一二九・二五三～二六八・四二五・四三二～四三四・四四七～四五二ページ。平野「江戸時代における百姓生業の多様性・柔軟性と村社会」（註26前掲『日本史学のフロンティア2』）も参照。

（28）深谷克己「農耕と諸稼ぎ」（『百姓成立』塙書房、一九九三年）、一六二・一六八・一七八ページ。

（29）山川出版社の二〇一六年検定済み高校日本史教科書『詳説日本史　改訂版』でも、一九世紀末の小作農について、「小作料の支払いに苦しむ小作農は、子女を工場に出稼ぎに出したり、副業を営んだりして、かろうじて家計をおぎなっていた」（三〇五ページ）とする。

（30）註27平野前掲書、二五六・四六六ページ。平野は、木村茂光編『日本農業史』（吉川弘文館、二〇一〇年）二五二～二五三ページでも、同趣旨のことを述べている。なお平野の議論は、長期的・世界的視野から、「兼業は、多様な条件を持って変化する地域経済に対して農業世帯が様々に適応した結果」であり、その「適応戦略」の主体は「小経営」を営む「生活単位としての世帯」であるとする、玉真之介の問題意識とも呼応するものであろう。玉はそうした農家兼業観から、「小規模経営の解消と大規模・高生産性経営の育成」を一貫して目指してきた戦後日本農政の「規模拡大路線」を批判し、また、「農家にとっては成員の生活保障が第一義であって、農業経営の継承がアプリオリに目指されているわけではない」として、「農家にとっては農業経営の継承が第一義的であると考えるのは、農業経済学者のかってな思い込みである」と、研究者の視点・姿勢も痛烈に喝破している（『グローバリゼーションと日本農業の基層構造』筑波書房、二〇〇六年、一三・一六五・一七二～一七四・一七八～一七九ページ）。

（31）春田直紀「中世海村の生業暦」（『国立歴史民俗博物館研究報告』一五七、二〇一〇年）。

（32）谷本雅之『日本における在来的経済発展と織物業―市場形成と家族経済』（名古屋大学出版会、一九九八年）二〇三～二〇四ページ、『泉大津市史』三（一九八六年）一二五～一二六ページ。

（33）安室知「稼ぎ」（『暮らしの中の民俗学2　一年』吉川弘文館、二〇〇三年）、『水田漁撈の研究―稲作と漁撈の複合生業論』（慶友社、二〇〇五年）など。

(34) 拙稿「働き方と自己責任を問われる賤民たち―近世後期、平人身分社会の稼働」（荒武賢一朗編『近世史研究と現代社会―歴史研究から現代社会を考える』清文堂出版、二〇一一年）、一七四～一七六ページ。

(35) 坂根嘉弘『分割相続と農村社会』（九州大学出版会、一九九六年）、三三ページ。

(36) 註32谷本前掲書、「「在来的経済発展」とその制度的基盤―近代史と近世史を繋ぐもの」（近世史サマーフォーラム二〇〇四実行委員会『近世史サマーフォーラム二〇〇四の記録　産業の展開と権力・地域』同実行委員会、二〇〇五年）、「日本の工業化と「在来的経済発展」―小農経済から都市型産業集積へ」（『年報近現代史研究』二、二〇一〇年）、「近代日本の世帯経済と女性労働―「小経営」における「従業」と「家事」」（『大原社会問題研究所雑誌』六三五・六三六、二〇一一年）、「「在来的経済発展」論の射程―「在来」・「近代」の二元論を超えて」（荒武賢一朗・太田光俊・木下光生編『日本史学のフロンティア1　歴史の時空を問い直す』法政大学出版局、二〇一五年）など。

(37) 註2中村前掲書、一四一ページ。

(38) Robert C. Allen, Tommy Bengtsson, Martin Dribe eds., *Living Standards in the Past: New Perspectives on Well-Being in Asia and Europe*, Oxford University Press, 2005.

(39) Robert Jütte, *Poverty and Deviance in Early Modern Europe*, Cambridge University Press, 1994, pp. 62-82; Steven King, *Poverty and Welfare in England 1700-1850: A Regional Perspective*, Manchester University Press, 2000, pp. 94-96; Jonathan Healey, *The First Century of Welfare: Poverty and Poor Relief in Lancashire, 1620-1730*, The Boydell Press, 2014, pp. 101-102, 129-146.

(40) 斎藤修『賃金と労働と生活水準―日本経済史における一八―二〇世紀』（岩波書店、一九九八年）viii～ix・八一～八三・一三七ページ、『比較経済発展論―歴史的アプローチ』（岩波書店、二〇〇八年）一六七・一八〇～一八七ページ、"Wages, Inequality, and Pre-Industrial Growth in Japan, 1727-1894"（註38前掲書）。
　なお小野将は、斎藤の経済発展論を、歴史の「右肩上がり」的な「側面のみを高く評価し、全国的な市場関係における不均衡的な発展という論点」を「全くネグレクト」したものとして批判しているが（「「新自由主義時代」の近世史研究」『歴史科学』二〇〇、二〇一〇年、二七ページ）、経済発展をたえず生活水準の問題として追究してきた斎藤の問題意識と労苦を、「全くネグレクト」した実に低次元な「批判」である。我々に求められているのは、このような揚げ足取りで、ないものねだりな「批判」ではなく、斎藤が築き上げてきた実証の次元を、次の段階へと高める学問的苦闘である。批判さるべきは、生活水準の歴史的追究に孤軍奮闘してきた斎藤ではなく、これまでまともに生活水準の史的探究に取り組んでこなかった、近世日本史研究者全員（著者や小野も含む）なのだ。

(41) 鬼頭宏『日本の歴史19　文明としての江戸システム』（講談社、二〇〇二年）二九六〜三〇二ページ、大豆生田稔『お米と食の近代史』（吉川弘文館、二〇〇七年）四八・五二・六四〜六五ページ、註20稙本前掲書一六五ページ、註35坂根前掲書三六〜三七ページ。

(42) 岩田正美『現代の貧困—ワーキングプア／ホームレス／生活保護』（ちくま新書、二〇〇七年）、三二ページ。

(43) 注目すべき成果としては、岩田正美・阿部彩・山田篤裕「鼎談　貧困率をどうとらえるか」、山田篤裕ほか「流動社会」における生活最低限の実証的研究—若年単身者の家計と生活状況調査による検討」（いずれも『貧困研究』四、二〇一〇年）、岩田正美ほか「「流動社会」における生活最低限の実証的研究2—高齢世帯と母子世帯の家計状況の報告」（『貧困研究』五、二〇一〇年）、村上英吾「「流動社会」における生活最低限の実証的研究3—「全国消費実態調査」との比較」（『貧困研究』六、二〇一一年）、岩田正美ほか「「流動社会」における生活最低限の実証的研究4—家計実態アプローチによる最低生活費」（『貧困研究』七、二〇一一年）、岩田正美「政策基準としての生活最低限—生活保護「見直し」における参照資料と手法をめぐって」（『貧困研究』一四、二〇一五年）など。

(44) 註43前掲山田ほか「貧困基準の重なり」。なお岩田正美によれば、OECDの相対的貧困基準で用いられる「五〇％」という境界値は、「「最低」についての理論的かつ実証的な裏付けを持っているわけではない」ものであり、また生活保護基準で使用される一般消費水準の「六割」という数値にも厳密な裏付けはなく、「だいたいこんなところ、という経験的なものでしかない」という（註42岩田前掲書、四七・五八ページ）。戦後の生活保護基準の審議・策定過程を綿密に追った岩永理恵によれば、一九七〇年代末に、被保護世帯の消費支出が一般世帯の六割に近づくなかで、一九八〇年段階の生活保護専門分科会（厚生省の諮問機関であった中央社会福祉審議会内に設けられた専門委員会）では、「大体いいところまできたのではないか、という感触をえていた」一方、六〇%という数字が、「大雑把な目標として（大蔵省や国会などで――引用者注）権威を持ちつつあること」が問題視され、「六〇%とは完全に漠然とした目標であって、六〇%よりその質を問うべきだ」という考えが、専門委員内の多数意見であったという（『生活保護は最低生活をどう構想したか―保護基準と実施要領の歴史分析』ミネルヴァ書房、二〇一一年、一九九・二〇一・二一一～二一二ページ）。

（45）註43の諸文献参照。なお、貧困研究の先進地であるイギリスではすでに、「専門家に代わって様々な家族や世帯類型を代表する普通の人びとからなる委員会で「容認できる最低限」という概念を定義し」、それに見合った生活費を算出して、市民の「合意」によって、より「生活のリアリティ」をもった最低生活費の割り出しがなされているという（註43前掲岩田ほか「「流動社会」における生活最低限の実証的研究」、六七ページ）。日本でも近年、この市民合意方式による最低生活費の試算が進められつつある（註43前掲岩田ほか「「流動社会」における生活最低限の実証的研究4」、六四ページ）。戦後の生活保護制度が出発して六〇年近くも経つこの時期に、やっと現実感のある最低生活費が算出されるようになった背景には、同制度が結局最後まで、必要カロリーという「生理的必要」でしか最低生活を規定してこなかった問題が横たわっていよう（註44岩永前掲書）。

（46）一九三〇年代の鹿児島県農村を調査した坂根嘉弘も、同地方の農家では、「農業所得・農家所得が小さいにもかかわらず」「意外と赤字が少ない」事実を発見し、その背景に、奢侈的な飲食費や衣服費・旅行費など、家計に占める現金支出部分を抑えることで、「農家経済の自給性を強め」、「小さい農業所得・農家所得に対応したより小さい家計費」を実現しようとした、鹿児島県農家の消費行動を読み取っている（註35坂根前掲書、三一～三八ページ）。

（47）平野哲也「書評　渡辺尚志著『惣百姓と近世村落』」（『史学雑誌』一一九―一、二〇一〇年）、八一ページ。

（48）この点で参考になるのが、一九二〇年代の小作争議をめぐる坂根嘉弘の議論である。坂根によれば、「集団的小作関係型小作争議」の背景には、小作農たちが、「農村内の半プロ・雑業層・貧農層の「富裕化」によって持ち込まれた「都市の社会的生活水準」に刺激されて、「自らの生活水準の低さを認識」するようになったことが大きく影響しているという(註8坂根前掲書、二〇五~二〇六ページ)。先述したように、坂根の「半プロ」「貧農」理解には問題があるが、他者の生活との比較を通して、「一人前の人らしい生活」(一般的な生活水準)が自覚されていくという視角は、近世史でも考慮すべき重要なものである。なお斎藤照子によれば、東南アジアでもここ数十年の間に、人びとの消費への欲求が高まるなかで、「貧困感がむしろ強まっているという指摘もある」という(『東南アジアの農村社会』山川出版社世界史リブレット、二〇〇八年、八四~八五ページ)。

(49) 一五世紀以降に首をもたげてくる「世界経済」を軸に、貧困の質的転換を世界史的、長期的に理解しようとするスティーヴン・M・ボードインも、「前近代世界の大多数の人々にとって貧困とは飢餓のこと」であった、としている(『貧困の救いかた—貧しさと救済をめぐる世界史』青土社、二〇〇九年、原著二〇〇七年、三九ページ)。

第二章　一九世紀初頭の村民世帯収支

はじめに

第一章で述べたように、ある世帯が貧しいか否かを判断するうえで、いの一番に手掛けなければならない基礎作業とは、その世帯の収入と支出、および世帯規模の把握である。また、この貧困判断を、村という次元で考えようとするならば、右の計測範囲は、対象地の全世帯、ないしは諸種の世帯類型にまたがった、過半の世帯にまでおよばなければならない。

　こうした世帯収支の把握は、近世日本史研究でもこれまで試みられてきた。児玉幸多は、「当時の農家の経済を数字によって示すことは困難」で、「わずかな資料をもって全体を推すことは穏当ではない」が、「数種の著述によってそのだいたいを知ることはできよう」として、一九世紀初頭の熊本藩で計算された田畑七・六反余（持高一〇石弱）の「御百姓一人之農業作徳指引」や、仙台藩の儒者蘆東山が一七五三年（宝暦三）に試算した田畑一町の農家収支、あるいは大久保仁斎の一八五五年（安政二）『富国強兵問答』に掲載された、武蔵国豊島郡練馬辺の「良農」夫婦二人（田畑一・五町）の年間収支例などを紹介している。[1] また藤田覚も、一九世紀半ばの文政～安政期に編まれた随筆『文政年間漫録』

をもとに、武蔵国豊島郡徳丸村（東京都板橋区）で田一町・畑五反を耕す、「良農」夫婦の年間収支例をあげているし、深谷克己も、一七九四年（寛政六）の『地方凡例録』巻之六下「作徳凡勘定之事」を根拠に、「上州群馬郡辺両毛作の場所」で田畑五・五反を所持し、諸稼ぎにも従事する「小百姓壱軒」（家内五人）の農業経営収支の細かな数字を紹介している。[2] しかしながらいずれの数値も、同時代人がある特定の経営形態・規模の世帯を念頭にはじき出した試算に過ぎず、それをどこまで当時の標準例とみなしていいのか、判断しにくい。さらに穐本洋哉も、一八四〇年代に長州藩で作成された『防長風土注進案』をもとに、同藩領民の年間収支を算出しているが、[3]『防長風土注進案』の史料性格上、そこで得られる数値はあくまでも村や宰判（郡）単位のものであり、世帯単位の収支は把握し得ない。

一方、こうした試算的な数値やマクロデータとは異なって、一八四〇年代の相模国足柄上郡では、報徳仕法の関係で、いくつかの村で村内各戸の世帯収支報告書がつくられており、菅野則子が分析を試みている。[4] 全世帯の世帯収支が書き上げられている点で画期的な史料であるが、各世帯の収入と支出が、ともに現物と現金にわけて計上されているため、単一基準で各世帯の総収入と、そこに占める各支出の割合を算出することが、極めて難しいものとなっている。つまり、これまでの研究では、右のような史料的な問題もあって、限りなく実情に近い世帯収支を、一村のほぼ全世帯にわたって把握し検討することが、ほとんどなされてこなかったわけである。第一章で指摘したように、従来は、持高や作付面積という、かなり限定された史料的根拠から村民の年間収入を推し量り、しかも支出面についてはほぼ無視した形で、村内各戸の貧富差や貧農の多寡を云々してきたといえよう。

そうした研究現状を、大幅に塗り替える可能性を秘めているのが、本章で紹介する、大和国吉野郡田原村（奈良県宇陀市〔旧大宇陀町〕）の一八〇八年（文化五）『去卯年御田畑出来作物書上帳』である。本史料は、著者が初めて発見したものではなく、すでに『新訂大宇陀町史』史料編第二巻（一九九六年、二七二〜三二二ページ）で全文紹介がなされており、近世を通じて当該地域の大庄屋や庄屋などを務めた、田原村の片岡彦左衛門家の所蔵にかかるものである。(5)

既発表史料ではあるものの、そこに登場する数値の意味合いは、これまでほとんど深く追究されてはこなかった。そこで本章では、右の史料からうかがえる、田原村全世帯の年間収入・支出を世帯別に整理し、研究史的にみて決定的に重要なこの史料情報を、広く学界に知らしめ、具体的な数値を研究者間で共有できるようにしたい。

第一節　世帯収支報告書の概要

（1）史料全体の構成

『去卯年御田畑出来作物書上帳』は、単独で存在している史料ではなく、『延宝七未年ゟ南都御代官様御支配ニ相成、当御代官様御支配文化四卯年迄百弐拾九ヶ年之内ニ、元文三午年、始而藤堂和泉守様江御預ケ所ニ相成、夫ゟ文化四卯年七拾ヶ年之間、年々御高免ニ相成、村中困窮仕候ニ付、庄屋・年寄・組頭共不残幷彦左衛門申談之上、歎願諸事扣置者也』と題する帳面のなかに含まれている。その帳面全体は、次のA〜Mの諸文書によって構成されている。

A　文化五年三月七日付、五条代官所宛、(6)田原村百姓代勘兵衛・年寄林蔵・庄屋万蔵「乍恐御願奉申上候」

B　文化五年三月付、五条代官所宛、百姓代勘兵衛・年寄林蔵・庄屋万蔵「乍恐御歎奉願上候」

C　田原村『南都御代官様御支配始延宝七未年ゟ当御代官様御支配文化四卯年迄百弐拾九ヶ年御免定

写帳』
D　文化五年三月付、田原村『去卯年御田畑出来作物書上帳』
E　文化五年四月二一日付、五条代官所宛、百姓代勘兵衛・年寄林蔵・庄屋万蔵「乍恐以書付御断奉申上候」
F　文化五年四月付、田原村『弁納地并手余り地書上帳』
G　文化五年四月二八日付、五条代官所宛、百姓代勘兵衛・年寄林蔵・庄屋万蔵「乍恐御窺奉申上候」
H　文化五年五月二日付、五条代官所宛、百姓代勘兵衛・年寄林蔵・庄屋万蔵「乍恐御歎奉願上候」
I　文化五年五月九日付、（五条代官所宛）、百姓代勘兵衛・年寄林蔵・庄屋万蔵願書
J　文化五年四月一六日付、五条代官所宛、年寄林蔵・庄屋万蔵「乍恐御日延奉願上候」
K　文化五年五月、五条代官所宛、百姓代勘兵衛・年寄林蔵・庄屋万蔵「乍恐奉差上御請書」
L　D所収の世帯数値のうち、各世帯の「借用銀」（元銀）と「不足銀」（赤字）のみを抜き出した覚書
M　文化五年四月付、五条代官所宛、百姓代勘兵衛・年寄林蔵・庄屋万蔵「乍恐以口上書奉申上」

一八〇八年（文化五）三月七日、年貢の「御定免御切替年限」にあたり、五条代官（池田仙九郎）より村側の意向を尋ねられた田原村は、同代官所に対し、①田原村は「夏毛一作」しか得られない「片毛作之所」でありながら、[7] その夏毛が近年不作で「惣百姓弱り」となっているため、②「南都御代官様御支配之節」の「平シ《なら》免」、すなわち奈良代官が領主だった頃（一六七九年〔延宝七〕～一七三七年〔元文二〕）の平均税率[8]にまで、定免の免率を引き下げてくれるよう願い出た（A）。請願をうけた五条代官所

では、「段々御紀」ののち、より詳しい報告をするよう指示したらしく、そのために作成されたのがB～Dの諸文書であった。

Aでは、「惣百姓弱り」の様子が簡潔にしか述べられなかったが、Bでは長文の願書がしたためられ、[9]預所となった一七三八年（元文三）以降、現在にいたるまで、いかに「御取米」（年貢米）が増してきたか、またその「増免」が、いかに同じ近隣幕領村々のなかでも突出したものであったかが、具体的な数値でもって示される。Cは、その証拠資料となるもので、一六七九～一八〇七年（文化四）の一二九年間にわたる免定上の取米高と免率が列挙され、歴代領主の取米高の総計と年平均も算出された（註8も参照）。

さらにBでは、田原村の「困窮」状況をより切迫性をもって伝えるため、①田畑の立地条件の悪さが詳しく説明されるとともに、②増税のせいでいかに「潰百姓」が「多出来」し、③村中でいかに借財が嵩み、④「御高ゟ不相応之人数」のため、いかに「手余り地」を持て余しているか、が主張される。そして各村民の「必至難渋」ぶりを、より生々しく代官側に訴えるために作成されたのが、D『去卯年御田畑出来作物書上帳』であった。

このように田原村では当初、五九年におよぶ奈良代官時代の平均取米高九五石程度への年貢引き下げを画策していたが、どうもその要求はあまりにも高望みだったらしい。そこで田原村は四月以降、年貢減免を引き出すための訴願戦術を変更していく。すなわち、前述のB④で主張された「手余り地」問題を中心にすえながら（E～I）、五月二日には、当初要求の九五石前後から大幅に譲歩して、「百弐拾九ヶ年平シ免」にあたる一二八・四六四石で手を打ち、それを二〇ヵ年の固定額で上納し続ける「御手当御定免」[10]の申請を試みた（H）。そして、さらにその一週間後の五月九日には、五条代官側の提案を受け入れて、さきの一二八・四六四石に二一・五三六石を加えた一五〇石、一〇ヵ年の定免を願い出るにいたったのである（I）。

なお四月段階では、「肥代・飯料御下ケ」の願い出（M）や、「奉公人給金幷村方仕込銀取締り」に関する出願（J）も検討されていたようである。このほか、今回の「困窮」訴願に際しては、「諸造用多ク相掛」かることも懸念されていたようで、訴願費用が嵩んでも「御上様」には「御苦労」をかけない――すなわちそれを「困窮」の理由づけにはしない――旨の誓約もしている（K）。

田原村は一六八〇年（延宝八）以来、ときには他村と手をたずさえて、またときには田原村単独で、村の「困窮」をたびたび領主や幕府へ訴えてきた村落であった[11]。さらに一八〇八年は、大和国全体でみても、村々の困窮打開を目指した広域訴願運動＝国訴が、全面展開していくような時期でもあった[12]。『去卯年御田畑出来作物書上帳』は、村の困窮を主張し続けてきた田原村自身の歴史的蓄積、そして、大和国全体で巻き起こっていた同時代的状況のなかで登場してくるのである。

（2）『去卯年御田畑出来作物書上帳』の記載形式

こうした状況でつくられたD『去卯年御田畑出来作物書上帳』は、次のような記載形式をとって、各世帯の「必至難渋」ぶりを五条代官所に伝えようとしていた（例は、Dの冒頭に登場する善蔵家）。

	善蔵		
出来作物		賄入用	
一麦九石	代弐百廿五匁	一壱貫三拾五匁四分	上納・小入用
一小麦壱石	同四拾匁	一三百八拾匁	給銀
一空大豆五斗	同拾五匁	一三拾匁	農道具代
一茶壱駄	同三拾匁	一三拾匁	牛代

一種壱石　同六拾匁
一粟壱石　同三拾匁
一苧壱貫目　同拾五匁
一ときひ壱石　同三拾匁
一わた拾斤　同廿匁
一大豆六斗　代三拾匁
一小豆七斗　同三拾八匁五分
一たはこ弐百斤　同百廿匁
一楮木四拾貫目　同八匁
一いも四拾荷　同百廿匁
一山ノいも壱駄　同三拾匁
一きひ壱石　同三拾匁
一米拾八石　同壱貫弐百六拾匁
一和薬品々三百斤　代百廿匁
〆弐貫弐百廿壱匁五分

一六拾匁　肥代
一三百五拾匁　七人分造用
一五百六拾七匁　七人分飯料
　米五石六斗
　麦七石
一六百目　利足銀
　但し四貫目借用銀有り
〆三貫五拾弐匁五(四)分不足(ママ)
差引八百三拾匁九分　不足

まず上段には、表紙にいう「去卯年」、すなわち一八〇七年一年間での「出来作物[13]」＝年間収入が並ぶ。善蔵家の場合、麦九石代銀二二五匁を先頭に、稼ぎ頭の米一八石代銀一貫二六〇匁、そして末尾の和薬品々三〇〇斤代銀一二〇匁にいたるまで、計銀二貫二二一匁五分が、このときの年収であった。

一方、下段には「賄入用」＝年間支出が計上されている。「上納」（年貢）と「小入用」（村入用）をあわせた銀一貫三五匁四分を筆頭に、雇用した奉公人らに支払った給銀三八〇匁、米・麦で構成された「飯料」(主食費)五六七匁、そして個人支出にあたると想定される「造用」三五〇匁や、借用銀の利足六〇〇匁など、計銀三貫五二匁四分が、善蔵家の一年分の支出であった。したがって善蔵家の場合、一八〇七年には、銀八三〇匁九分の「不足」=赤字が出たことになる。このほか、造用や飯料の項に登場する「七人分」という記載から、善蔵家の世帯規模が七名であったことも判明する。

このように『去卯年御田畑出来作物書上帳』では、田原村各世帯の年間収入と支出、そして世帯規模が、当時村内にいた四一戸全軒にわたって調査された。それらを整理したのが、本章末尾に列挙した個別世帯表である(「1善蔵」のごとく、帳面に登場する順に通し番号をつけ、配列している。表の見方については後述)。田原村としては、各家計の内実を明らかにすることによって、いかに赤字世帯が多いか(四一軒中、黒字は24善五、27久兵衛、41安兵衛の三軒のみ)、また黒字世帯といえども、いかにその生活はカツカツなものであったのかを強調したかったのであろう。そうした当事者の意図もさることながら、ここではひとまず、村内全戸の年間収支と世帯規模がわかるという、この史料がもつ稀有さと重みを確認しておきたい。

第二節　世帯収支報告書の信憑性

では、この世帯収支報告書は、いったいどこまで各家計の実情をあらわしているのであろうか。以下、当該報告書がとらえた「世帯」の内実や、収支の作為性如何、そして機械的な数値換算の意味合いから、報告書の内容をどこまで信用していいのか、検討していくこととしよう。

（1）世帯の内実

「世帯」という用語は通常、「住居と生計を同じくする者の集団」という意で用いられる。Bの願書によれば、D『去卯年御田畑出来作物書上帳』は、庄屋・年寄・組頭が「村方壱人別ニ相廻」って、「去卯年出来作物家財」を調査した結果だという。そこでまず、Bでいうところの「壱人別」、すなわち前節でみた善蔵家「七人分」の人びとが、「住居と生計を同じくする者たち」なのか、検証していきたい。

ここで鍵を握るのが、宗門改帳にあらわれる家族員数との関係である。残念ながら田原村には、報告書が作成されたときの一八〇八年三月付の宗門改帳は残されていないが、その前後の一八〇六年（文化三）三月、一八〇七年三月、および一八一一年（文化八）三月の宗門改帳は存在しているので[14]〔片岡4―5―38・43・44〕、それらと比較しながら「壱人別」の範囲を考えてみたい。

まず指摘し得るのは、Dに記される「善蔵」のような名前が、宗門改帳にあらわれる各戸の筆頭人＝戸主と、基本的には一致する点である（4要蔵のような例外もある）。したがって、B・Dの「壱人別」の軒数（本章個別表の数）は、宗門改帳に登録された家数と一致することになる。

ただしここで注意すべきは、家数としては一致しても、その内部の人数については、相当なズレを確認できるところである。その典型が1善蔵で、Dの世帯収支報告書では、七人分の飯料と造用が必要とされる一方、宗門改帳では、本人と息子夫婦の三人家族として登録されており、両史料の間に、実に四人もの差がみられる（賄入用の給銀で雇った奉公人であろうか）。同じく36市郎兵衛についても、宗門改帳上は一人で登録され、一見、七〇歳を過ぎた単身高齢者のようにみえるが、Dでは二人分の飯料と造用が計上されており、彼の生活が何者かによって支えられていたことがわかる[15]。また27久兵衛のごとく、宗門改帳上は、二〇代の弟と二人で同居しているかのようにみえていても、Dでは一人分（おそらく久兵衛の分）の飯料と造用しか計上されていない例もある。

このように、世帯収支報告書に登場する員数と、宗門改帳のそれとは一致しない場合が多々ある。そして前者の人数が、米・麦の主食費という、かなり生々しい次元での数値であることをふまえると、Dにみえる人数の方が、より現実の世帯規模に近い、と想定されるのである。

このことは、別の面からも補強される。たとえば29清吉や30兵助では、飯料や造用の人数が「三人半、分」などと、実際の家族構成ではあり得ない数値で報告されているし、25勘兵衛や26源蔵のごとく、飯料にかかる人数と、造用のそれとをわざわざ変えている例もある。つまりこれらの事例を総合すると、Dでは実質的な世帯規模をなるべく忠実に再現しようとする姿勢が看取されるわけである。宗門改帳の員数とDのそれが一致する例もあるが、それはたまたまそうなった、と解釈すべきなのであろう。

たしかに23源十郎のごとく、Dで飯料・造用を「六人」と記しながら、実際の出費は、「奉公ニ罷出居候者」がいるので「少ク」済んでいる[16]、と報告している例もあるように、Dの員数といえども、実際の世帯規模をもっと低く見積もらなければならない場合もある。また、「世帯」の厳密な概念規定からすれば、住居を同じくしているかも問題となるが、残念ながらDではそこまではわからない（宗門改帳の記載も、住居を同じくしているようにみえているだけ、である）。加えてDの情報だけでは、そこに登場する「〇人分」という人数が、どのような続柄の人たちによって構成されたものなのかもわからない。したがって、Dという稀有な史料をもってしても、実際の世帯規模を断言することはできない。

だが、このような問題があるにしても、『去卯年御田畑出来作物書上帳』にみえる人数が、宗門改帳といった既存の家族・人口史料などと比べれば、はるかに世帯規模の内実に迫るものであることだけは確かである[17]。よって前節で、1善蔵を例にとって見た一まとまりの諸数値は、「（住居はともかくとして）生計を同じくする人びと」、すなわち「（同一）世帯」の年間収支（と世帯規模）とみて、ひとまずは差し支えないといえよう。

（2）収支の実態

次に、Dの出来作物と賄入用が、どこまで各家庭の全収入と全支出を反映しているのか、またそこに作為性がみられるのか否かをみていこう。

先述したように、そもそもDは、田原村の「困窮」ぶりを強調、証明するためにつくられたものであった。したがってそこには、村民たちの「必至難渋」ぶりを、実際より誇大にみせかけるような作為が入る可能性がある。だが帳面の中身をみる限り、そうした作為性（操作性）を心配する必要はなさそうである。

たとえば38万蔵（当時の庄屋）の記載箇所には、「百三十三匁弐り不足所へ、山ノいも四十三匁入、いも三十荷九十匁入、差引四分八厘過成ル」という貼り紙がみられる。どうも万蔵家では当初、世帯収支を銀一三三・〇二匁の赤字として申告したようだが、その後、「山ノいも」銀四三匁と「いも」（里芋）[18]九〇匁の収入記載漏れに気づいたらしい。そこで両収入を加えて[19]計算し直したところ、銀〇・四八匁の黒字となり、それで最終報告にかえたという。実際は計算違いで、銀〇・〇二匁の赤字となるのだが、いずれにせよ田原村の人びとが、いくら困窮を主張するために作成した資料だとは言っても、わざと赤字にみせかけるような数値操作をしていたわけではなく、むしろ大幅な赤字をわざわざ黒字訂正するぐらい、正直に収支申告をしようとしていた姿勢がうかがわれるのである。

こうした正直さは、ほかの面でも確認できる。たとえば、「子供多故、割合少シ」（14源三郎）、「子供故少ク」（21善次郎）、「奉公ニ罷出居候故少ク」（23源十郎）とわざわざ注記して、飯料を基本金額（後述）より少なく申告しているところなどは、支出についても、なるべく実額を示そうとするあらわれ、といえよう。また世帯収入の一％にも満たない、実に細ごまとした収入まで計上したり、粟や黍、里芋や「ときひ」（とうきび）など、自給的要素が強いと思われる作物[20]についても、わざわざ金銭換算して総収入に加えているところも、なるべく全収入を報告しようとする申告者たちの正直さを示していよう。もちろん『去卯年御田畑出来作物書上帳』が、完全に各世帯の全収支を押さえきれているかどうかは、断言できない。たとえば当該報告書からは、各家庭にどれほどの貯蓄や衣類・家具があるかはわからないし（家屋規模も不明[21]）、収入についても、計上されていない生業や、現金表示されていない自給部分がまだあるかもしれない[22]。

だが、右でみてきた記載内容のこと細かさや正直さをふまえるなら、この世帯収支報告書が、従来の研究が依拠してきた持高や経営面積関連史料などより、はるかに各家計の実情に近く、信用に足るものであることだけは確かであろう。その意味で本史料は、現在入手し得る近世日本の村落情報のうち、もっとも村民世帯の全収入と全支出に近い数値――しかも経済的な階層に関係なく、村内全戸にわたっての――を得られるものだといえるのである。

（3）機械的な数値計算

このように『去卯年御田畑出来作物書上帳』は、かなり現実に近い世帯収支を教えてくれるものだが、一方で、全世帯を通じて、機械的な数値計算をしているところもある。その該当箇所は、以下の通りである。

【作物単価】 左表参照。
【飯料】 基本的に一人あたり、米〇・八石＋麦一石＝銀八一匁。値段は作物単価と連動しており、基本的に、米一石＝銀七〇匁（〇・八石＝五六匁）、麦一石＝銀二五匁。
【造用】 一人あたり、銀五〇匁。

【利足】 基本的に、年利一五％。

作物単価と年利は、おそらく地域相場に見合った額だと思われるが、詳細は今後の課題である。なお米と大豆についていえば、一八〇八年三月に代官から発給された「卯御年貢皆済目録」〔片岡4—4—3—75〕によると、一八〇七年の年貢米のうち、「九分米銀納」値段は米一石＝銀七五・六六四匁、「十分一大豆銀納」値段は大豆一石＝銀五三・二三三匁、と設定されていたことがわかる。

作物単価（銀）

畑稲	1石	80匁
米	1石	70匁
種（菜種）	1石	60匁、65匁
小豆	1石	55匁
大豆	1石	50匁
小麦	1石	40匁
麦安	1石	40匁
麦、荒麦	1石	25匁
きひ	1石	30匁
粟	1石	30匁
ときひ（とうきび）	1石	30匁
空大豆	1石	30匁
ゑんとう（えんどう豆）	1石	30匁
たばこ	100斤	60匁
	1駄	126匁
和薬品々	100斤	40匁
白芷	100斤	40匁
木香	100斤	40匁
けいかい（荊芥）	1貫目	0.8匁
いも（里芋）	1荷	3匁
大こん	1荷	3匁
	1駄	8匁
山ノいも	1駄	30匁
	1貫目	2匁
	1俵	7.5匁
茶	1駄	30匁
	1本	5匁
	1貫目	1匁
	10斤	3匁
わた	10斤	20匁
	1貫目	25匁
牛房	1貫目	0.5匁
	1駄	20匁
苧	1貫目	15匁
楮木	10貫目	2匁
まめば	10貫目	4匁

米と麦で構成される飯料（主食費）は、基本的には右のような値段設定で機械計算されているが、先述したように、なかには子どもの数などをふまえて、基本額より少なく申告している世帯もある。また11おもとのように、主食費を一人前約銀二三・三匁と、思いっ切り切り詰めて生活していたことを示す例もある。世帯収支報告書を作成するにあたり、村民たちが単純な機械計算に流されていたわけではなく、なるべく実数に近い年間主食費を報告しようとしていたことがうかがえよう。逆にいえば、このように「実数」申告をしている世帯がいるということは、ほかの世帯にとっては、機械計算といえども、一人分の年間飯料＝米〇・八石＋麦一石（一日約米麦五合）という数値設定は、実際の摂取量に限りなく近いものとして認識されていたこと――「これぐらい食べて当たり前だ」という認識のあらわれでもある――を意味していよう[23]。

造用については、世帯員数とのかけ算で計上されていることから、個人支出的な要素が強い項目だと思われる。詳細は今後の課題であるが、これも飯料と同様、厳密な「実数」とまではいえないが、「一人あたり年間これぐらいの個人費があてられてしかるべきだ」という当事者たちの認識をあらわしているといえよう。

第三節　世帯表の見方

以上のような史料的性格をもつD『去卯年御田畑出来作物書上帳』にもとづいて作成したのが、本章の末尾に列挙した四一個の個別世帯表である。その見方を、表の上段から順に説明していきたい。なお表中の「一八〇八年報告」とは、Dの世帯収支報告書のことを指す。

〈戸主〉　Dに記された各世帯の代表者名（戸主、世帯主）。Dでの記載順に、通し番号（1～41）を付している。

〈員数〉　一行目は、Dの飯料・造用部分に記された人数。飯料と造用で人数が異なる場合は、両方並記。二～四行目は、一八〇六年三月、一八〇七年三月、一八一一年三月の宗門改帳に登録されている人数とその内訳（名前、続柄、年齢）。

〈持高〉　前記宗門改帳は、家族構成の記述に入る前に、次のような形式をとった記載もみられる（例はD1善蔵の、一八〇六年宗門改帳での記載）。

一持高三拾弐石六斗五升弐合四勺　　家持　善蔵（印）
（貼紙）「一高三拾三石六斗三升三合六勺　善蔵」
　屋鋪　壱ヶ所
　本家　壱軒
　土蔵　壱ヶ所
　小家　壱軒
〆棟数　三ツ

これにしたがって、「持高」欄の一・二・四行目には、一八〇六年、一八〇七年、一八一一年宗門改帳にみえる持高を記し、貼り紙がある場合はその数値を（　）内に入れた。また三行目には、一八一〇年（文化七）分の年貢を村民に割り付けたときに作成された一八一一年六月付『午御年貢免割帳』（片岡4―4―2―106）にもとづいて、一八一〇年時の持高を記載している。

なお【 】内の数字は、持高の多い順（降順）に並べたときの村内順位。[24] 以下、「収入計」（降順）、「総支出／総収入」（昇順）、「等価可処分所得」（降順）、「主食エンゲル係数」（昇順）も同様。

〈家数、棟数、牛数〉 前述した善蔵のごとく、一八〇六～一一年宗門改帳には、「家持」という肩書や、「棟数」記載がみられるので、それを記録した。「棟数」とは、「屋鋪」（屋敷地を意味する）を除いた数となっている。また同宗門改帳には、持ち牛の数も登録されているので、それも記した。

〈出来作物〉 D「出来作物」に登場する一八〇七年一年分の諸収入を、銀額の多い順に並べ替えて表記。銀額の脇の（ ）は生産量で、％は総収入に占める割合。末尾に、原文で記された収入の総計を記し、計算が異なる場合は（ ）内に補足した。

〈賄入用〉 D「賄入用」に登場する一八〇七年一年分の諸支出を、銀額の多い順に並べ替えて表記。％は総支出に占める割合で、（ ）内に総収入に占める割合を記入した。末尾には、原文で記された支出の総計を記し、計算が異なる場合は（ ）内に補足した。

〈収支差引〉 Dの原文に記された、総収入と総支出の差額。計算が異なる場合は、（ ）内に補足した。

〈総支出／総収入〉 総収入に占める総支出の割合を示したもので、一〇〇％をこえた部分が、赤字率となる。

〈等価可処分所得〉　等価可処分所得とは、世帯規模が異なる者同士で所得比較をするときに有用となるもので、現代の生活水準や貧困研究でよく用いられる数値である。算出は、その世帯の可処分所得（世帯員が一定期間、自由に処分できる所得のことで、世帯総収入から、税金や社会保険料、借金返済額など、個人の力では左右できない支出〔非消費支出〕を引いたもの）を、世帯員数の平方根で割る、という方法をとる。世帯員数そのもので割るのではなく、わざわざ平方根で割るのは、「二人で暮らすのに必要な所得は一人で暮らすのに必要な所得より、共通経費などがあるので少なくて済む」という発想を前提にしているからである[25]（世帯員数で単純に割ってしまっては、各世帯員が自由に処分できる額面が、低くなりすぎる恐れがある）。

近世日本の村民世帯所得をみるとき、この方法が本当に妥当なのかの理論的検討は今後の課題であるが、少なくとも総収入や持高、あるいは経営面積などの単純な頭割りより、はるかに実情に近い世帯間比較ができると思われるので、本書ではこの方法を積極的に用いていきたい。世帯表の数値を利用した計算式は、次のようになる。

（収入計－上納・小入用－利足銀）÷$\sqrt{\text{1808年報告：員数}}$

〈主食エンゲル係数〉　周知のごとく、エンゲル係数も生活水準指標としてよく用いられる数字である。エンゲル係数は、その世帯の消費支出（税金や社会保険料などの非消費支出を除いた、生活上必要な支出項目の総計。食料費や住居費、光熱費、被服費、保健・医療費、交通・通信費、教育娯楽費など）に占める食料費の割合をさす。

現状では、各世帯の食料費の全体像はつかめないので、かわりに、米・麦で構成される飯料（主食費）を用いて、主食エンゲル係数の算出を試みた。計算式は、次の通りである。

飯料÷（支出計－上納・小入用－利足銀）

〈役職〉 Dをつくるきっかけとなった Bの願書、および一八〇六～一一年宗門改帳、一八一一年免割帳に記された役職名。

おわりに

本章で繰り返し述べてきたように、大和国田原村が一八〇八年に作成した『去卯年御田畑出来作物書上帳』の最大の強みは、限りなく実態に近い各世帯の全収入と全支出、そして世帯規模が、村内全戸にわたって判明する、という点にある。とりわけ、各世帯の支出状況がわかるところや、自給部分さえも現金表示されている点、そして「金持ち」から「貧乏人」にいたるまで、村内あますところなく家計実態がつかめるところは、これまでの研究ではまったく把握されてこなかった事柄である。これだけをみても、本史料が研究史上にもつ、決定的な重み――日本史だけでなく、世界史的にみても――が知られよう。

この稀有な史料からは、実にさまざまな問題が議論可能となる。それらについては、第三章で全面展開することとしよう。

註

（1）児玉幸多『近世農民生活史　新版』（吉川弘文館、二〇〇六年、新稿版一九五七年）、二七七～二八八ページ。

（2）藤田覚『天保の改革』（吉川弘文館、一九八九年）六一～六二ページ、深谷克己『百姓成立』（塙書房、一九九三年）一六〇～一六三ページ。

（3）穐本洋哉『前工業化時代の経済―『防長風土注進案』による数量的接近』（ミネルヴァ書房、一九八七年）。

（4）菅野則子「天保期下層農民の存在形態」（『歴史学研究』三六五、一九七〇年）。関連史料は、『二宮尊徳全集』第一六・一八巻（二宮尊徳偉業宣揚会、一九二八・二九年、復刻版・龍溪書舎、一九七七年）、および神奈川県立公文書館保管間宮家文書にある。なお、これらの史料と先行研究の情報については、荒木仁朗「近世後期小前層の債務処理―足柄平野農村を素材に―」（近世史フォーラム例会報告、二〇一三年三月二三日）よりご教示を得た。

（5）片岡彦左衛門家文書分類番号4―9―1・整理番号12。以下、同家文書を利用する場合は、『宇陀市文化財調査報告書第六集　片岡家文書調査報告書』（宇陀市教育委員会、二〇一六年）の分類番号と整理番号にもとづいて、本文中に〔片岡4―9―1―12〕などと記す。なお、『新訂大宇陀町史』史料編第二巻所収の翻刻史料には、若干の誤植があるため、本書では原文書に拠った。

（6）五条代官所は一七九五年（寛政七）、大和国宇智郡五条村（奈良県五條市）に設置された幕府代官役所で、田原村も属する吉野郡と宇智郡、および紀伊国伊都郡の幕領村々を管轄した。なお田原村は、一六一九年（元和五）～一六七八年（延宝六）は大和郡山藩・松平／本多氏領であったが、一六七九年（延宝七）より幕領となり（担当代官は主に奈良代官）、以後幕末まで続いた。この間、一七三八年（元文三）～一七六三年（宝暦一三）は伊勢津藩・藤堂氏、一七六四年（明和元）～一七九三年（寛政五）は大和芝村藩・織田氏の預所となった。

（7）近世の田原村が、本当に田地では「片毛作」だったのか確証は得られていないが、一九一〇年代における片岡家の農業関連帳簿をみる限り、同時期の片岡家では田方裏作をおこなっていなかったようなので（畑地では、一年を通してきめ細やかな作り回しを実施している）、おそらく、田地では「夏毛一作」しか得られていないという一九世紀初頭の主張は、事実とみてよかろう（拙稿「近世・近代の田原村における生業と農事暦」註5前掲

『片岡家文書調査報告書』)。

(8) 田原村はCの文書で、奈良代官時代の年貢米を年平均九四・八一五石(太閤検地村高三九八・一二石の二三・八%)、藤堂氏預所で一四四・七八七石(三六・三%)、織田氏預所で一六三・四八七石(四一・〇%)、幕府代官復帰後で一六四・七六八石(四一・三%)と算出している。

(9) ただしBは、下書の様相を呈しており(『新訂大宇陀町史』史料編第二巻ではそれが反映されていない)、最終的な文面がどのようなものとなったのかは不明である。

(10) Hの末尾には、Hの願書を提出したのち、五条代官から訴願文言を、「御手当御定免百五拾石ニ而、年限者拾ヶ年と相定候様ニ」と指示された旨の覚書が貼り付けてあるが、『新訂大宇陀町史』史料編第二巻では翻刻されていない。

(11) 『新訂大宇陀町史』史料編第二巻および第三巻(二〇〇二年)に、田原村が関わった一六八〇～一八六九年の困窮訴願運動史料が掲載されている。

(12) 谷山正道『近世民衆運動の展開』(髙科書店、一九九四年)。

(13) 「出来作物」とあるが、世帯によっては、「給銀」や「日用賃」といった賃労働による収入も、「出来作物」として計上されている。

(14) 旧稿では、一八〇七年の田原村宗門改帳はない、としていたが、実際には著者が見落としていただけであるので、本書では一八〇七年宗門改帳の情報も加味した形で、世帯表をすべて作り直している。

(15) 一八〇五年(文化二)三月の田原村宗門改帳(片岡4―5―36)によると、市郎兵衛は29清吉の父で、この年の宗門改めまでに清吉家から「壱人別家」したことがわかる。したがって、市郎兵衛を助けていたのは、息子の清吉家の誰かかもしれない。

(16) 後述するように、D全体では、飯料は一人前銀八一匁、造用は五〇匁で計算されているので、六人分であれば、飯料は四八六匁、造用は三〇〇匁となるはずが、23源十郎では、それぞれ二六八匁(約三・三人分)、一七五匁(三・五人分)で計上されている。

(17) 宗門改帳などの人身把握帳面に、多分に「フィクション」性が含まれていることは、かねてより指摘がある

（大島真理夫『近世農民支配と家族・共同体』御茶の水書房、一九九一年など。拙稿「「小農自立」論の終わり」近世史サマーフォーラム二〇一〇実行委員会『近世史サマーフォーラム二〇一〇の記録　村落研究と歴史学—問題意識の共有と再発見』同実行委員会、二〇一一年も参照）。田原村の『去卯年御田畑出来作物書上帳』は、その指摘を補強するものである。

(18) 一八七三年の田原村「一村限産物表」には、「芋三駄　但し里芋」という記述がみられる（『新訂大宇陀町史』史料編第三巻、二〇六〜二〇七ページ）。

(19) 原文をみると、出来作物の末尾に並んだ「楮木」「小麦」「米」の間に、かなり窮屈そうに、「山ノいも」と「いも」の項目をあとから差し込んだ形跡がみられる。

(20) 註18前掲史料では、麦、粟、稗（Dには登場しない）、里芋などを、「自用費消」の作物としている。

(21) このことは、Dがあくまでも単年度収支の報告書であることが影響していよう。賄入用に、借用銀の利足のみが計上され、元金は収支計算からはずされているところは、その象徴である。なお家屋の規模については、一七九五年の田原村宗門改帳（片岡4—5—24）が唯一、後述する各戸の屋敷地の広さ（長さ×横の間数）、および本家、小家、土蔵などの梁行・桁行の間数を記す。

(22) 一八七一年の田原村明細帳には、米、麦、種（菜種）などの「産物」のほかに、「産業」として「柴割木山稼」があげられているが（『新訂大宇陀町史』史料編第三巻、五四〇〜五四一ページ）、Dの出来作物の項には、それらしき記述がみられない。田原村の農作物や諸稼ぎをめぐる、Dと他の史料の間にみられる齟齬については、註7前掲拙稿参照。

(23) 参考までに他地域の事例をあげると、一八四〇年代の長州藩領では、一人あたりの年間飯料が、米・麦・雑穀混合で一・〇八石〜一・八石（一日三〜五合）と、地域によって相当な落差があったことが指摘されている（註3穐本前掲書、第九章）。ただし穐本は、一日五合というのは、『防長風土注進案』の調査者たちの「現実性を欠いた過大な見積もり」であり、一日平均三・七合あたりが「この地方の平均的な消費水準」だろうとしている（三宅紹宣「明治期山口県における食料摂取の変遷」『山口県史研究』二〇、二〇一二年も参照）。
　このほか、本章「はじめに」でも紹介した武蔵国徳丸村の「良農」夫婦の場合、年間主食費は、「食麦三石六斗、米一石余」（一人前麦一・八石＋米〇・五石）と見積もられている（註2藤田前掲書、六一〜六二ページ）。

(24) 旧稿では、宗門改帳に持高の貼り紙がある場合、それにしたがって持高の順位をつけていたが、本書ではすべて原文の持高に統一して順位をつけ直した。

(25) 山田篤裕ほか「貧困基準の重なり―ＯＥＣＤ相対的貧困基準と生活保護基準の重なりと等価尺度の問題」（『貧困研究』四、二〇一〇年）、五五ページ。なお同論文で指摘されているように、等価可処分所得が前提とするもう一つの発想は、「世帯所得が世帯員間で平等に分配されている」ことである。

1808年報告：戸主	1　善蔵	
1808年報告：員数 1806年宗門改帳：員数 1807年宗門改帳：員数 1811年宗門改帳：員数	7人 3人（善蔵55、男子弥七33、弥七妻やゑ31） 3人（善蔵56、男子弥七34、弥七妻やゑ32） 3人（善蔵60、男子弥七38、弥七妻こう25）	
1806年宗門改帳：持高（石） 1807年宗門改帳：持高（石） 1810年免割：持高（石） 1811年宗門改帳：持高（石）	32.6524（貼紙33.6336）【3】 33.6336【3】 25.367【2】 31.7087【2】	
1806年宗門改帳：家持、棟数 1807年宗門改帳：家持、棟数 1811年宗門改帳：家持、棟数 1806年宗門改帳：牛数 1807年宗門改帳：牛数 1811年宗門改帳：牛数	家持、3つ（屋鋪、本家、土蔵、小家） 家持、3つ（屋鋪、本家、土蔵、小家） 家持、3つ（屋鋪、本家、土蔵、小家） 1 1 1	
1807年出来作物（銀：匁）		
米	1260（18石）	56.71%
麦	225（9石）	10.12%
小麦	40（1石）	1.80%
和薬品々	120（300斤）	5.40%
たばこ	120（200斤）	5.40%
いも	120（40荷）	5.40%
種	60（1石）	2.70%
小豆	38.5（0.7石）	1.73%
山ノいも	30（1駄）	1.35%
ときひ	30（1石）	1.35%
茶	30（1駄）	1.35%
大豆	30（0.6石）	1.35%
きひ	30（1石）	1.35%
粟	30（1石）	1.35%
わた	20（10斤）	0.90%
苧	15（1貫目）	0.67%
空大豆	15（0.5石）	0.67%
楮木	8（40貫目）	0.36%
収入計	2221.5【3】	
1807年賄入用（銀：匁）		総支出内比（対総収入比）
上納・小入用	1035.4	33.92%（46.60%）
利足銀	600（4貫目借用銀）	19.65%（27.00%）
飯料	567（7人分、米5.6石、麦7石）	18.57%（25.52%）
給銀	380	12.44%（17.10%）
造用	350（7人分）	11.46%（15.75%）
肥代	60	1.96%（2.70%）
農道具代	30	0.98%（1.35%）
牛代	30	0.98%（1.35%）
支出計	3052.5（3052.4）	
収支差引（銀：匁） 総支出/総収入 等価可処分所得（銀：匁） 主食エンゲル係数	−830.9　収支差引は支出3052.4で計算 137.40%【18】 221.52【15】 40.01%【4】	
役職		
1806年宗門改帳	庄屋	
1807年宗門改帳	庄屋	
1811年宗門改帳	年寄	
1811年年貢免割帳	年寄	

1808年報告：戸主	2　林蔵	
1808年報告：員数 1806年宗門改帳：員数 1807年宗門改帳：員数 1811年宗門改帳：員数	8人 5人（林蔵47、妻らく43、男子安太郎15、女子りよ8、女子そゑ6） 5人（林蔵48、妻らく44、男子安太郎16、女子りよ9、女子そゑ7） 6人（林蔵52、妻らく48、男子栄蔵20、女子りよ13、女子そゑ11、男子安太郎4）	
1806年宗門改帳：持高（石） 1807年宗門改帳：持高（石） 1810年免割：持高石 1811年宗門改帳：持高（石）	17.8775（貼紙15.6418）【8】 15.6418【10】 12.5135【10】 15.6418【10】	
1806年宗門改帳：家持、棟数 1807年宗門改帳：家持、棟数 1811年宗門改帳：家持、棟数 1806年宗門改帳：牛数 1807年宗門改帳：牛数 1811年宗門改帳：牛数	家持、3つ（屋鋪、本家、土蔵、小家） 家持、2つ（屋鋪、本家、土蔵） 家持、2つ（屋鋪、本家、土蔵） 1 1 1	
1807年出来作物（銀：匁）		
米	350（5石）	30.47%
麦	200（8石）	17.41%
小麦	12（0.3石）	1.04%
和薬	200（400斤）	17.41%
種	90（1.5石）	7.83%
いも	90（30荷）	7.83%
大豆	75（1.5石）	6.53%
たばこ	50（100斤）	4.35%
ときひ	30（1石）	2.61%
粟	15（0.5石）	1.30%
わた	12.5（500目）	1.08%
小豆	11（0.2石）	0.95%
楮木	8（40貫目）	0.69%
茶	5（1本）	0.43%
収入計	1148.5【12】	
1807年賄入用（銀：匁）		総支出内比（対総収入比）
飯料	690（8人分、米7石、麦8石）	28.39%（60.07%）
上納・小入用	530	21.81%（46.14%）
利足銀	420（2貫800目借用銀）	17.28%（36.56%）
造用	400（8人分）	16.46%（34.82%）
給銀	200	8.23%（17.41%）
肥代	100	4.11%（ 8.7%）
農道具代	60	2.46%（ 5.22%）
牛代	30	1.23%（ 2.61%）
支出計	2430	
収支差引（銀：匁） 総支出/総収入 等価可処分所得（銀：匁） 主食エンゲル係数	−1281.5 211.58%【36】 70.18【34】 46.62%【15】	
役職		
1806年宗門改帳	年寄	
1807年宗門改帳	年寄	
1808年報告	年寄	
1811年年貢免割帳	組頭	

1808年報告：戸主	3　秀蔵	
1808年報告：員数	10人	
1806年宗門改帳：員数	7人（秀蔵42、妻つい35、女子きん15、男子常蔵13、女子ちか11、男子佐太郎3、女子かる2）	
1807年宗門改帳：員数	6人（秀蔵43、妻つい36、女子きん16、男子常蔵14、女子ちか12、男子佐太郎4）	
1811年宗門改帳：員数	8人（秀蔵47、妻つい40、女子きん20、男子甚三郎〔元常蔵〕18、女子ちか16、男子佐太郎8、加次之介3、女子ろく1）	
1806年宗門改帳：持高（石）	29.3979（貼紙26.6618）【4】	
1807年宗門改帳：持高（石）	26.6618【4】	
1810年免割：持高（石）	20.5295【4】	
1811年宗門改帳：持高（石）	25.6619【4】	
1806年宗門改帳：家持、棟数	家持、4つ（屋鋪、本家、土蔵、小家2）	
1807年宗門改帳：家持、棟数	家持、3つ（屋鋪、本家、土蔵、小家）	
1811年宗門改帳：家持、棟数	家持、3つ（屋鋪、本家、土蔵、小家）	
1806年宗門改帳：牛数	1	
1807年宗門改帳：牛数	1	
1811年宗門改帳：牛数	1	
1807年出来作物（銀：匁）		
米	1260（18石）	57.06%
麦	225（9石）	10.19%
小麦	40（1石）	1.81%
いも	120（40荷）	5.43%
和薬	120（300斤）	5.43%
たばこ	90（150斤）	4.07%
わた	75（3貫目）	3.39%
種	60（1石）	2.71%
大豆	35（0.7石）	1.58%
山ノいも	30（1駄）	1.35%
ときひ	30（1石）	1.35%
きひ	30（1石）	1.35%
粟	30（1石）	1.35%
苧	22.5（1貫500目）	1.01%
小豆	16.5（0.3石）	0.74%
楮木	10（50貫目）	0.45%
空大豆	9（0.3石）	0.40%
茶	5（1本）	0.22%
収入計	2208【4】	
1807年賄入用（銀：匁）		総支出内比（対総収入比）
上納・小入用	866	30.21%（39.22%）
飯料	810（10人分、米8石、麦10石）	28.26%（36.68%）
造用	500（10人分）	17.44%（22.64%）
給銀	400	13.95%（18.11%）
利足銀	180（1貫目借用）	6.28%（ 8.15%）
農道具代	80	2.79%（ 3.62%）
牛代	30	1.04%（ 1.35%）
支出計	2866	
収支差引（銀：匁）	－658	
総支出/総収入	129.80%【14】	
等価可処分所得（銀：匁）	367.45【5】	
主食エンゲル係数	44.50%【12】	

1808年報告：戸主	4　要蔵	
1808年報告：員数	7人	
1806年宗門改帳：員数	6人（清次郎46、弟要蔵40、要蔵妻せき37、要蔵男子弁蔵6、女子いま2、清次郎妹つる38）	
1807年宗門改帳：員数	6人（清次郎47、弟要蔵41、要蔵妻せき38、要蔵男子弁蔵7、女子いま3、清次郎妹つる39）	
1811年宗門改帳：員数	8人（清次郎51、弟要蔵45、要蔵妻せき42、要蔵男子弁蔵11、女子いま6〔7ヵ〕、男子卯之助4、男子元次郎3、清次郎妹つる43）	
1806年宗門改帳：持高（石）	6.098（貼紙12.336）【18】	
1807年宗門改帳：持高（石）	12.336【12】	
1810年免割：持高（石）	10.21【12】	
1811年宗門改帳：持高（石）	12.75【12】	
1806年宗門改帳：家持、棟数	家持、3つ（屋鋪、本家、土蔵、小家）	
1807年宗門改帳：家持、棟数	家持、3つ（屋鋪、本家、土蔵、小家）	
1811年宗門改帳：家持、棟数	家持、3つ（屋鋪、本家、土蔵、小家）	
1806年宗門改帳：牛数	1	
1807年宗門改帳：牛数	1	
1811年宗門改帳：牛数	1	
1807年出来作物（銀：匁）		
米	630（9石）	46.61%
たばこ	250（2駄）	18.49%
麦	175（7石）	12.94%
小麦	20（0.5石）	1.47%
いも	60（20荷）	4.43%
種	60（1石）	4.43%
和薬	40（100斤）	2.95%
大豆・小豆	30.4（0.6石）	2.24%
粟	30（1石）	2.21%
空大豆	15（0.5石）	1.10%
苧	15（1貫目）	1.10%
ときひ	9（0.3石）	0.66%
ゑんとう	9（0.3石）	0.66%
楮木	8（80貫目）	0.59%
収入計	1351.4【10】	
1807年賄入用（銀：匁）		総支出内比（対総収入比）
飯料	567（7人分、米5.6石、麦7石）	29.42%（41.95%）
上納・小入用	420	21.79%（31.07%）
造用	350（7人分ヵ）	18.16%（25.89%）
給銀	270	14.01%（19.97%）
利足銀	120（800目借用銀）	6.22%（8.87%）
肥代	100	5.18%（7.39%）
農道具代	70	3.63%（5.17%）
牛代	30	1.55%（2.21%）
支出計	1927	
収支差引（銀：匁）	−575.6	
総支出/総収入	142.59%【19】	
等価可処分所得（銀：匁）	306.68【7】	
主食エンゲル係数	40.87%【7】	

1808年報告：戸主	5　藤右衛門	
1808年報告：員数	6人	
1806年宗門改帳：員数	6人（吉兵衛46、妻むめ43、女子ひな14、男子新蔵10、女子やす3、吉兵衛兄藤右衛門51）	
1807年宗門改帳：員数	5人（藤右衛門52、吉兵衛後家むめ44、女子ひな15、男子新蔵11、女子やす4）	
1811年宗門改帳：員数	5人（新蔵15、姉ひな19、妹やす8、母むめ48、伯父藤右衛門56）	
1806年宗門改帳：持高（石）	22.8146（貼紙23.5236）【6】	
1807年宗門改帳：持高（石）	23.5236【6】	
1810年免割：持高（石）	13.35【8】	
1811年宗門改帳：持高（石）	15.679【9】	
1806年宗門改帳：家持、棟数	家持、3つ（屋鋪、本家、土蔵、小家）	
1807年宗門改帳：家持、棟数	家持、3つ（屋鋪、本家、土蔵、小家）	
1811年宗門改帳：家持、棟数	家持、3つ（屋鋪、本家、土蔵、小家）	
1806年宗門改帳：牛数	1	
1807年宗門改帳：牛数	1	
1811年宗門改帳：牛数	1	
1807年出来作物（銀：匁）		
米	717.5（10.25石）	60.96%
麦	100（4石）	8.49%
小麦	12（0.3石）	1.01%
種	60（1石）	5.09%
たばこ	54（90斤）	4.58%
和薬品々	52（130斤）	4.41%
空大豆	30（1石）	2.54%
粟	30（1石）	2.54%
大豆	25（0.5石）	2.12%
いも	18（6荷）	1.52%
小豆	16.5（0.3石）	1.40%
苧	15（1貫目）	1.27%
ときひ	15（0.5石）	1.27%
きひ	15（0.5石）	1.27%
大こん	8（1駄）	0.67%
茶	5（1本）	0.42%
楮木	4（20貫目）	0.33%
収入計	1177【11】	
1807年賄入用（銀：匁）		総支出内比（対総収入比）
上納・小入用	800	37.10%（67.96%）
飯料	486（6人分、米4.8石、麦6石）	22.54%（41.29%）
造用	300（6人分）	13.91%（25.48%）
利足銀	240（1貫600目借用銀）	11.13%（20.39%）
給銀	150	6.90%（12.74%）
肥代	100	4.63%（8.49%）
農道具代	50	2.31%（4.24%）
牛代	30	1.39%（2.54%）
支出計	2156	
収支差引（銀：匁）	－979	
総支出/総収入	183.17%【31】	
等価可処分所得（銀：匁）	55.93【36】	
主食エンゲル係数	43.54%【10】	
役職		
1811年年貢免割帳	組頭（新蔵）	

1808年報告：戸主	6　惣兵衛	
1808年報告：員数	5人	
1806年宗門改帳：員数	5人（惣兵衛21、弟兼松18、妹いそ12、弟亀蔵〔松ヵ〕8、母そわ47）	
1807年宗門改帳：員数	5人（惣兵衛22、弟弥八〔元兼松〕19、妹いそ13、弟亀蔵〔松ヵ〕9、母そわ48）	
1811年宗門改帳：員数	5人（惣兵衛26、弟弥八23、妹いそ17、弟亀松〔蔵ヵ〕13、母そわ52）	
1806年宗門改帳：持高（石）	8.5578（貼紙8.575）【14】	
1807年宗門改帳：持高（石）	8.575【17】	
1810年免割：持高（石）	7.7【17】	
1811年宗門改帳：持高（石）	9.625【16】	
1806年宗門改帳：家持、棟数	2つ（屋鋪、本家、小家）	
1807年宗門改帳：家持、棟数	2つ（屋鋪、本家、小家）	
1811年宗門改帳：家持、棟数	2つ（屋鋪、本家、小家）	
1806年宗門改帳：牛数	1	
1807年宗門改帳：牛数	1	
1811年宗門改帳：牛数	1	
1807年出来作物（銀：匁）		
米	301（4.3石）	36.22%
たばこ	126（1駄）	15.16%
麦	125（5石）	15.04%
小麦	20（0.5石）	2.40%
いも	60（20荷）	7.22%
和薬	52（130斤）	6.25%
種	30（0.5石）	3.61%
わた	22（900目）	2.64%
空大豆	15（0.5石）	1.80%
粟	15（0.5石）	1.80%
大豆	15（0.3石）	1.80%
苧	15（1貫目）	1.80%
小豆	11（0.2石）	1.32%
ときひ	6（0.2石）	0.72%
茶	5（1本）	0.60%
楮木	4（20貫目）	0.48%
大こん	3（1荷）	0.36%
ゑんとう	3（0.1石）	0.36%
きひ	3（0.1石）	0.36%
収入計	831【20】	
1807年賄入用（銀：匁）		総支出内比（対総収入比）
上納・小入用	405	33.75%（48.73%）
飯料	405（5人分、米4石、麦5石）	33.75%（48.73%）
造用	250（5人分）	20.83%（30.08%）
肥代	50	4.16%（6.01%）
農道具代	30	2.50%（3.61%）
牛代	30	2.50%（3.61%）
利足銀	30（200目借用銀）	2.50%（3.61%）
支出計	1200	
収支差引（銀：匁）	−670（369）	
総支出/総収入	144.40%【20】	
等価可処分所得（銀：匁）	177.09【19】	
主食エンゲル係数	52.94%【18】	

1808年報告：戸主	7　惣八	
1808年報告：員数	8人	
1806年宗門改帳：員数	9人（惣八45、妻ゆき45、女子くら21、女子ミな17、男子惣次郎13、男子吉三郎11、男子留松8、男子宇吉3、母くま71）	
1807年宗門改帳：員数	9人（惣八46、妻ゆき46、女子くら22、女子ミな18、男子惣次郎14、男子吉三郎12、男子留松9、男子宇吉4、母くま72）	
1811年宗門改帳：員数	9人（惣八50、妻ゆき50、女子くら26、女子ミな22、男子惣次郎18、男子吉三郎16、男子留松13、男子宇吉8、男子亀次郎4）	
1806年宗門改帳：持高（石）	4.9026（貼紙5.055）【23】	
1807年宗門改帳：持高（石）	5.055【21】	
1810年免割：持高（石）	5.444【20】	
1811年宗門改帳：持高（石）	6.805【20】	
1806年宗門改帳：家持、棟数	家持、3つ（屋鋪、本家、土蔵、小家）	
1807年宗門改帳：家持、棟数	家持、3つ（屋鋪、本家、土蔵、小家）	
1811年宗門改帳：家持、棟数	家持、3つ（屋鋪、本家、土蔵、小家）	
1806年宗門改帳：牛数	1	
1807年宗門改帳：牛数	1	
1811年宗門改帳：牛数	1	
1807年出来作物（銀：匁）		
米	280（4石）	33.05%
麦	150（6石）	17.70%
小麦	4（0.1石）	0.47%
給銀	140	16.52%
たばこ	84（140斤）	9.91%
種	32.5（0.5石）	3.83%
いも	30（10荷）	3.54%
大豆	25（0.5石）	2.95%
和薬品々	24（60斤）	2.83%
楮木	20（100貫目）	2.36%
苧	15（1貫目）	1.77%
粟	15（0.5石）	1.77%
わた	12.5（500目）	1.47%
小豆	5.5（0.1石）	0.64%
茶	5（1本）	0.59%
きひ	4.5（0.15石）	0.53%
収入計	847【19】	
1807年賄入用（銀：匁）		総支出内比（対総収入比）
飯料	648（8人分、米6.4石、麦8石）	38.50%（76.50%）
造用	400（8人分）	23.76%（47.22%）
上納・小入用	300	17.82%（35.41%）
利足銀	185（1貫426匁借用銀）	10.99%（21.84%）
肥代	100	5.94%（11.80%）
農道具代	50	2.97%（5.90%）
支出計	1683	
収支差引（銀：匁）	−836	
総支出/総収入	198.70%【34】	
等価可処分所得（銀：匁）	127.98【23】	
主食エンゲル係数	54.09%【23】	

1808年報告：戸主	8　源兵衛	
1808年報告：員数	8人	
1806年宗門改帳：員数	8人（源兵衛53、妻きく48、女子たか22、男子清助21、女子ひろ17、男子留十郎14、男子源吉11、男子万吉6）	
1807年宗門改帳：員数	8人（源兵衛54、妻きく49、女子たか23、男子清助22、女子ひろ18、男子留十郎15、男子源吉12、男子万吉7）	
1811年宗門改帳：員数	8人（源兵衛58、妻きく53、女子たか27、男子清助26、女子ひろ22、男子兵治〔元留十郎〕19、男子源吉16、男子万吉11）	
1806年宗門改帳：持高（石）	2.364（貼紙2.4375）【29】	
1807年宗門改帳：持高（石）	2.4375【30】	
1810年免割：持高（石）	3.15【30】	
1811年宗門改帳：持高（石）	4.9219【27】	
1806年宗門改帳：家持、棟数	家持、1つ（屋鋪、本家）	
1807年宗門改帳：家持、棟数	家持、1つ（屋鋪、本家）	
1811年宗門改帳：家持、棟数	家持、1つ（屋鋪、本家）	
1811年宗門改帳：牛数	1	
1807年出来作物（銀：匁）		
米	245（3.5石）	39.57%
給銀	130	21.00%
麦	50（2石）	8.07%
小麦	42（1.05石）	6.78%
いも	45（15荷）	7.26%
種	33（0.55石）	5.33%
粟	15（0.5石）	2.42%
大豆	15（0.3石）	2.42%
たばこ	12（20斤）	1.93%
楮	8（40貫目）	1.29%
苧	7.5（500目）	1.21%
小豆	5.5（0.1石）	0.88%
わた	5（200匁）	0.80%
ときひ	3（0.1石）	0.48%
大こん	3（1荷）	0.48%
収入計	619【24】	
1807年賄入用（銀：匁）		総支出内比（対総収入比）
飯料	648（8人分、米6.4石、麦8石）	41.06%（104.68%）
造用	400（8人分）	25.34%（64.62%）
上納・小入用	300	19.01%（48.46%）
利足銀	90（600目借用銀）	5.70%（14.53%）
肥代	60	3.80%（9.69%）
牛遣ひ	50	3.16%（8.07%）
農道具代	30	1.90%（4.84%）
支出計	1578	
収支差引（銀：匁）	−959	
総支出/総収入	254.92%【39】	
等価可処分所得（銀：匁）	80.96【33】	
主食エンゲル係数	54.54%【24】	

1808年報告：戸主	9　伝兵衛	
1808年報告：員数	5人	
1806年宗門改帳：員数	5人（伝兵衛35、妻もよ〔とヵ〕37、女子せん4、伝兵衛弟弥兵衛27、母くち62）	
1807年宗門改帳：員数	4人（伝兵衛36、妻もよ〔とヵ〕38、伝兵衛弟弥兵衛28、母くら〔ちヵ〕63）	
1811年宗門改帳：員数	5人（伝兵衛40、妻もと〔よヵ〕42、女子ふゆ5、伝兵衛弟弥兵衛32、母くち67）	
1806年宗門改帳：持高（石）	2.2273（貼紙2.2）【32】	
1807年宗門改帳：持高（石）	2.2【33】	
1810年免割：持高（石）	3.296【29】	
1811年宗門改帳：持高（石）	2.2【33】	
1806年宗門改帳：家持、棟数	家持、2つ（屋鋪、本家、小家）	
1807年宗門改帳：家持、棟数	家持、2つ（屋鋪、本家、小家）	
1811年宗門改帳：家持、棟数	家持、2つ（屋鋪、本家、小家）	
1807年出来作物（銀：匁）		
米	175（2.5石）	29.19%
給銀	140	23.35%
麦	62.5（2.5石）	10.42%
小麦	20（0.5石）	3.33%
たばこ	36（60斤）	6.00%
小豆	33（0.6石）	5.50%
いも	30（10荷）	5.00%
大豆	20（0.4石）	3.33%
種	18（0.3石）	3.00%
和薬	16（40斤）	2.66%
わた	15（600目）	2.50%
粟	15（0.5石）	2.50%
楮木	8（40貫目）	1.33%
きひ	6（0.2石）	1.00%
茶	5（1本）	0.83%
収入計	599.5【26】	
1807年賄入用（銀：匁）		総支出内比（対総収入比）
飯料	380（5人分、米4石、麦5石）	36.82%（63.38%）
上納・小入用	267	25.87%（44.53%）
造用	250（5人分）	24.22%（41.70%）
利足銀	60（400目借用銀）	5.81%（10.00%）
肥代	60	5.81%（10.00%）
農道具代	15	1.45%（ 2.50%）
支出計	1032	
収支差引（銀：匁）	−432.5	
総支出/総収入	172.14%【28】	
等価可処分所得（銀：匁）	121.86【28】	
主食エンゲル係数	53.90%【22】	

1808年報告：戸主	10　伊助	
1808年報告：員数	2人	
1806年宗門改帳：員数	3人（伊助33、妹とよ16、母つき56）	
1807年宗門改帳：員数	3人（伊助34、妹とよ17、母つき57）	
1811年宗門改帳：員数	3人（伊助38、妹とよ21、母つき61）	
1806年宗門改帳：持高（石）	無高【38】	
1807年宗門改帳：持高（石）	無高【38】	
1810年免割：持高（石）	0【38】	
1811年宗門改帳：持高（石）	無高【38】	
1806年宗門改帳：家持、棟数	家持、1つ（屋鋪「秀蔵借地ニ罷在候」、本家）	
1807年宗門改帳：家持、棟数	家持、1つ（屋鋪「但秀蔵借地ニ罷在候」、本家）	
1811年宗門改帳：家持、棟数	家持、1つ（屋鋪「手余り村地ニ罷在候」、本家）	
1807年出来作物（銀：匁）		
給銀	80	59.65%
麦	25（1石）	18.64%
小麦	12（0.3石）	8.94%
大豆	15（0.3石）	11.18%
ゑんとう	2.1（0.07石）	1.56%
収入計	134.1【40】	
1807年賄入用（銀：匁）		総支出内比（対総収入比）
飯料	162（2人分、米1.6石、麦2石）	41.86%（120.80%）
造用	100（2人分）	25.83%（74.57%）
利足銀	60（400目借用銀）	15.50%（44.74%）
上納・小入用	50	12.91%（37.28%）
農道具代	15	3.87%（11.18%）
支出計	387	
収支差引（銀：匁）	−252.9	
総支出/総収入	288.59%【40】	
等価可処分所得（銀：匁）	17.04【40】	
主食エンゲル係数	58.48%【34】	

1808年報告：戸主	11　おもと	
1808年報告：員数 1806年宗門改帳：員数 1807年宗門改帳：員数 1811年宗門改帳：員数	3人 6人（長蔵19、姉ゆり25、妹きり16、妹とめ13、弟徳松11、母もと46） 5人（もと47、女子ゆり26、女子きり17、女子とめ14、男子徳松12） 4人（もと51、女子きり21、女子とめ18、男子徳松16）	
1806年宗門改帳：持高（石） 1807年宗門改帳：持高（石） 1810年免割：持高（石） 1811年宗門改帳：持高（石）	0.295【36】 0.295【37】 0.236【37】 0.295【37】	
1806年宗門改帳：家持、棟数 1807年宗門改帳：家持、棟数 1811年宗門改帳：家持、棟数	家持、1つ（屋鋪、本家） 家持、1つ（屋鋪、本家） 家持、1つ（屋鋪、本家）	
1807年取入物（銀：匁）		
給銀	180（3人分）	100%
収入計	180【38】	
1807年賄入用（銀：匁）		総支出内比（対総収入比）
造用	150（3人分）	62.50%（83.33%）
飯料	70（3人分）	29.16%（38.88%）
上納・小入用	20	8.33%（11.11%）
支出計	240	
収支差引（銀：匁） 総支出/総収入 等価可処分所得（銀：匁） 主食エンゲル係数	−60 133.33%【16】 92.37【31】 31.81%【1】	

1808年報告：戸主	12　善四郎	
1808年報告：員数	3人	
1806年宗門改帳：員数	3人（善四郎43、妻せき32、女子まさ4）	
1807年宗門改帳：員数	4人（善四郎44、妻せき33、女子まさ5、女子せん2）	
1811年宗門改帳：員数	4人（善四郎48、妻せき37、女子まさ9、女子せん6）	
1806年宗門改帳：持高（石）	無高【38】	
1807年宗門改帳：持高（石）	無高【38】	
1810年免割：持高（石）	0【38】	
1811年宗門改帳：持高（石）	無高【38】	
1806年宗門改帳：家持、棟数	家持、1つ（屋鋪「但村地」、本家）	
1807年宗門改帳：家持、棟数	家持、1つ（屋鋪「但村地ニ罷在候」、本家）	
1811年宗門改帳：家持、棟数	家持、1つ（屋鋪「但手余り村地ニ罷在候」、本家）	
1807年出来作物（銀：匁）		
日用賃	220	76.92%
麦	25（1石）	8.74%
小麦	8（0.2石）	2.79%
わた	10（6斤）	3.49%
大豆	10（0.2石）	3.49%
粟	9（0.3石）	3.14%
楮木	4（20貫目）	1.39%
収入計	286【35】	
1807年賄入用（銀：匁）		総支出内比（対総収入比）
飯料	243（3人分、米2.4石、麦3石）	50.73%（84.96%）
造用	150（3人分）	31.31%（52.44%）
利足銀	45（300目借用銀）	9.39%（15.73%）
下作上納・小入用	21	4.38%（7.34%）
肥代	11	2.29%（3.84%）
農道具代	9	1.87%（3.14%）
支出計	479	
収支差引（銀：匁）	−193	
総支出/総収入	167.48%【27】	
等価可処分所得（銀：匁）	127.01【25】	
主食エンゲル係数	58.83%【37】	

1808年報告：戸主	13　忠八	
1808年報告：員数	7人	
1806年宗門改帳：員数	6人（忠八57、妻すミ52、男子儀八31、儀八妻さき22、孫子文之助6、孫子伊代吉3）	
1807年宗門改帳：員数	6人（忠八58、妻すミ53、男子儀八32、儀八妻さき23、孫子文之助7、孫子伊代吉4）	
1811年宗門改帳：員数	7人（儀八36、妻さき27、男子文之介11、男子伊代吉8、女子きく5、女子いま2、母すミ57）	
1806年宗門改帳：持高（石）	4.5351（貼紙3.5956）【25】	
1807年宗門改帳：持高（石）	3.5956【27】	
1810年免割：持高（石）	4.967【22】	
1811年宗門改帳：持高（石）	5.0787【25】	
1806年宗門改帳：家持、棟数	家持、2つ（屋鋪、本家、小家）	
1807年宗門改帳：家持、棟数	家持、2つ（屋鋪、本家、小家）	
1811年宗門改帳：家持、棟数	家持、2つ（屋鋪、本家、小家）	
1806年宗門改帳：牛数	1	
1807年宗門改帳：牛数	1	
1811年宗門改帳：牛数	1	
1807年出来作物（銀：匁）		
米	210（3石）	33.99%
荒麦	100（4石）	16.18%
小麦	24（0.5石）	3.88%
たばこ	63（110斤）	10.19%
山ノいも	60（2駄）	9.71%
種	42（0.7石）	6.79%
大豆	35（0.7石）	5.66%
いも	24（8荷）	3.88%
わた	16（800目）	2.58%
小豆	15（0.3石）	2.42%
和薬品々	10.08	1.63%
粟	9（0.3石）	1.45%
茶	4.5（5貫目）	0.72%
ときひ	3（0.1石）	0.48%
楮	2.2（11貫500目）	0.35%
収入計	617.78【25】	
1807年賄入用（銀：匁）		総支出内比（対総収入比）
飯料	350（7人分）	29.91%（56.65%）
造用	350（7人分）	29.91%（56.65%）
利足銀	150（1貫目借用銀）	12.82%（24.28%）
御上納御年貢	130	11.11%（21.04%）
牛追駄賃	100	8.54%（16.18%）
給銀	40	3.41%（ 6.47%）
牛入用	30	2.56%（ 4.85%）
農道具代	20	1.70%（ 3.23%）
支出計	1170	
収支差引（銀：匁）	−552.22	
総支出/総収入	189.38%【32】	
等価可処分所得（銀：匁）	127.66【24】	
主食エンゲル係数	39.32%【3】	

1808年報告：戸主	14　源三郎	
1808年報告：員数	8人	
1806年宗門改帳：員数	8人（源三郎49、妻くめ42、男子政次郎20、女子くり18、男子弁之助14、女子たね10、女子りゑ7、女子のふ3）	
1807年宗門改帳：員数	8人（源三郎50、妻くめ43、男子政次郎21、女子くり19、男子弁之助15、女子たね11、女子りゑ8、女子のふ4）	
1811年宗門改帳：員数	8人（源三郎54、妻くめ47、男子政次郎25、女子くり23、男子半四郎〔元弁之助ヵ〕19、女子たね15、女子りゑ12、女子のふ8）	
1806年宗門改帳：持高（石）	7.7528（貼紙8.2593）【16】	
1807年宗門改帳：持高（石）	8.2593（貼紙6.7427）【19】	
1810年免割：持高（石）	9.367【13】	
1811年宗門改帳：持高（石）	11.7087【13】	
1806年宗門改帳：家持、棟数	家持、1つ（屋鋪、本家）	
1807年宗門改帳：家持、棟数	家持、1つ（屋鋪、本家）	
1811年宗門改帳：家持、棟数	家持、1つ（屋鋪、本家）	
1806年宗門改帳：牛数	1（源三郎・伝兵衛相合牛1疋）	
1807年宗門改帳：牛数	1（源三郎・伝兵衛相合牛1疋）	
1811年宗門改帳：牛数	1	
1807年出来作物（銀：匁）		
米	420（7石）	41.59%
荒麦	155（6.2石）	15.35%
小麦	12（0.3石）	1.18%
たばこ	76（130斤）	7.52%
山ノいも	60（2駄）	5.94%
種	54.3（0.9石）	5.37%
いも	54（18荷）	5.34%
和薬品々	40.8	4.04%
大豆	25（0.5石）	2.47%
楮	23.91	2.36%
わた	22.5（900目）	2.22%
粟	18（0.6石）	1.78%
苧	15（1貫目）	1.48%
きひ	12（0.4石）	1.18%
小豆	8.25（0.15石）	0.81%
まめば	5.4（18貫目）	0.53%
茶	4.5（4貫500目）	0.44%
ときひ	3（0.1石）	0.29%
収入計	1009.66【15】	
1807年賄入用（銀：匁）		総支出内比（対総収入比）
飯料	575（8人分、米6石、麦6.2石「子供多故、割合少シ」）	36.67%（56.94%）
御年貢銀	482.7	30.79%（47.80%）
造用	400（8人分）	25.51%（39.61%）
利足銀	75（500目借用）	4.78%（ 7.42%）
農道具代	20	1.27%（ 1.98%）
牛掛り	15	0.95%（ 1.48%）
支出計	1567.7	
収支差引（銀：匁）	−558.04	
総支出/総収入	155.27%【23】	
等価可処分所得（銀：匁）	159.79【21】	
主食エンゲル係数	56.93%【29】	
役職		
1811年宗門改帳	百姓代	
1811年年貢免割帳	組頭	

1808年報告：戸主	15　文次郎	
1808年報告：員数	2人	
1806年宗門改帳：員数	3人（文治郎42、女子なか9、男子菊松6）	
1807年宗門改帳：員数	3人（文治郎43、女子なか10、男子菊松7）	
1811年宗門改帳：員数	2人（文治郎46〔47ヵ〕、男子菊松11）	
1806年宗門改帳：持高（石）	2.275【31】	
1807年宗門改帳：持高（石）	2.275【32】	
1810年免割：持高（石）	3.06【31】	
1811年宗門改帳：持高（石）	6.1【22】	
1806年宗門改帳：家持、棟数	家持、1つ（屋鋪、本家）	
1807年宗門改帳：家持、棟数	家持、1つ（屋鋪、本家）	
1811年宗門改帳：家持、棟数	家持、1つ（屋鋪、本家）	
1807年出来作物（銀：匁）		
荒麦	100（4石）	37.93%
小麦	20（0.5石）	7.58%
たばこ	30（50斤）	11.38%
いも	30（10荷）	11.38%
小豆	20（0.4石）	7.58%
大豆	15（0.3石）	5.69%
和薬苗	10	3.79%
けいかい	3.2（4貫目）	1.21%
楮木	10（50貫目）	3.79%
ときひ	9（0.3石）	3.41%
わた	5（200目）	1.89%
きひ	4.5（0.15石）	1.70%
茶	3（3貫目）	1.13%
まめば	2.4（6貫目）	0.91%
粟	1.5（0.05石）	0.56%
収入計	255.5（263.6）【36】	
1807年賄入用（銀：匁）		総支出内比（対総収入比）
御年貢	231	40.31%（87.63%）
飯料	162（2人分、米1.6石、麦2石）	28.27%（61.45%）
造用	100（2人分）	17.45%（37.93%）
利足銀	60（400匁借用銀）	10.47%（22.76%）
農道具代	20	3.49%（7.58%）
支出計	573	
収支差引（銀：匁）	−317.5（309.4）	
総支出/総収入	217.37%【37】	
等価可処分所得（銀：匁）	−19.37【41】	
主食エンゲル係数	57.44%【31】	

1808年報告：戸主	16　半兵衛	
1808年報告：員数	3人	
1806年宗門改帳：員数	3人（半兵衛74、妻きん62、男子善助25）	
1807年宗門改帳：員数	3人（半兵衛75、妻きん63、男子善助26）	
1811年宗門改帳：員数	3人（善助30、父半兵衛79、母きん67）	
1806年宗門改帳：持高（石）	3.4205【27】	
1807年宗門改帳：持高（石）	3.4205（貼紙3.3319）【28】	
1810年免割：持高（石）	7.499【18】	
1811年宗門改帳：持高（石）	7.0987【19】	
1806年宗門改帳：家持、棟数	家持、2つ（屋鋪、本家、小家）	
1807年宗門改帳：家持、棟数	家持、2つ（屋鋪、本家、小家）	
1811年宗門改帳：家持、棟数	家持、2つ（屋鋪、本家、小家）	
1807年出来作物（銀：匁）		
（米カ）	（140カ）（2石カ）	（33.89%カ）
荒麦	90（3.6石）	21.78%
小麦	16（0.4石）	3.87%
いも	30（12荷）	7.26%
種	29.2（0.45石）	7.06%
大豆	20（0.4石）	4.84%
たばこ	18（30斤）	4.35%
苧	15（1貫目）	3.63%
粟	15（0.5石）	3.63%
苧黄	7.5（15斤）	1.81%
茶	5（6貫目）	1.21%
まめば	5（13貫目）	1.21%
きひ	4（0.13石）	0.96%
楮木	3.6（16貫目）	0.87%
空大豆	3.6（0.12石）	0.87%
山ノいも	3.5（7貫目）	0.84%
小豆	3.2（0.08石）	0.77%
ゑんとう	3（0.1石）	0.72%
ときひ	1.5（0.05石）	0.36%
収入計	413.1（273.1）【31】	
1807年賄入用（銀：匁）		総支出内比（対総収入比）
飯料	236（3人分、米2.4石、麦3石）	28.92%（57.12%）
利足銀	225（1貫500目借用銀）	27.57%（54.46%）
造用	150（3人分）	18.38%（36.31%）
上納・小入用	140	17.15%（33.89%）
牛代遣ひ代	40	4.90%（9.68%）
農道具代	25	3.06%（6.05%）
支出計	816	
収支差引（銀：匁）	−402.9（542.9）	
総支出/総収入	197.53%【33】収入は413.1匁で計算	
等価可処分所得（銀：匁）	27.77【39】収入は413.1匁で計算	
主食エンゲル係数	52.32%【17】	

1808年報告：戸主	17　源七	
1808年報告：員数	5人	
1806年宗門改帳：員数	5人（源七38、妻もと42、男子辰之助11、男子新太郎9、女子せん4）	
1807年宗門改帳：員数	6人（源七39、妻もと43、男子辰之助12、男子新太郎10、女子せん5、男子源之助1）	
1811年宗門改帳：員数	6人（源七43、妻もと47、男子辰之助16、男子新太郎14、女子せん8〔9ヵ〕、男子源之助5）	
1806年宗門改帳：持高（石）	1.6124（貼紙4.395）【33】	
1807年宗門改帳：持高（石）	4.395【25】	
1810年免割：持高（石）	3.516【27】	
1811年宗門改帳：持高（石）	4.395【29】	
1806年宗門改帳：家持、棟数	家持、2つ（屋鋪、本家、小家）	
1807年宗門改帳：家持、棟数	家持、2つ（屋鋪、本家、小家）	
1811年宗門改帳：家持、棟数	家持、2つ（屋鋪、本家、小家）	
1807年出来作物（銀：匁）		
（米ヵ）	（315ヵ）（4.5石ヵ）	（49.45%ヵ）
荒麦	120（4.8石）	18.83%
小麦	12（0.3石）	1.88%
いも	45（15荷）	7.06%
種	32.5（0.5石）	5.10%
たばこ	30（50斤）	4.70%
和薬品々	17	2.66%
大豆	15（0.3石）	2.35%
楮木	12（60貫目）	1.88%
粟	9（0.3石）	1.41%
小豆	7.5（0.15石）	1.17%
山ノいも	6（3貫目）	0.94%
ゑんとう	6（0.2石）	0.94%
茶	4（4貫目）	0.62%
ときひ	3（0.1石）	0.47%
まめば	3	0.47%
収入計	637（322）【23】	
1807年賄入用（銀：匁）		総支出内比（対総収入比）
飯料	405（5人分、米4石、麦5石）	40.90%（63.57%）
造用	250（5人分）	25.25%（39.24%）
上納・小入用	180	18.18%（28.25%）
利足銀	120（800目借用銀）	12.12%（18.83%）
農道具代	20	2.02%（3.13%）
牛代	15	1.51%（2.35%）
支出計	990	
収支差引（銀：匁）	−353（668）	
総支出/総収入	155.41%【24】収入は637匁で計算	
等価可処分所得（銀：匁）	150.71【22】収入は637匁で計算	
主食エンゲル係数	58.69%【36】	

1808年報告：戸主	18　治郎兵衛	
1808年報告：員数	６人	
1806年宗門改帳：員数	７人（治郎兵衛63、妻とよ51、男子文右衛門29、文右衛門妻いゑ30、孫子万次郎３、次郎兵衛女子すま19、女子すゑ14）	
1807年宗門改帳：員数	８人（治郎兵衛〔元文右衛門〕30、妻いゑ31、男子万次郎４、女子りか１、治郎兵衛妹すま20、妹すゑ15、母とよ52、父〔先代治郎兵衛〕64）	
1811年宗門改帳：員数	５人（治郎兵衛34、妻いゑ35、男子万次郎８、女子りか５、男子忠吉２）	
1806年宗門改帳：持高（石）	37.3143【1】	
1807年宗門改帳：持高（石）	37.3143【1】	
1810年免割：持高（石）	13.309【9】	
1811年宗門改帳：持高（石）	16.6362【8】	
1806年宗門改帳：家持、棟数	家持、５つ（屋鋪、本家、土蔵２、小家２）	
1807年宗門改帳：家持、棟数	家持、５つ（屋鋪、本家、土蔵２、小家２）	
1811年宗門改帳：家持、棟数	家持、３つ（屋鋪、本家、土蔵、小家）	
1806年宗門改帳：牛数	1	
1807年宗門改帳：牛数	1	
1811年宗門改帳：牛数	1	
1807年出来作物（銀：匁）		
作り米	840（12石）	38.56%
下作米	654.5（9.35石）	30.05%
荒麦	175（７石）	8.03%
小麦	40（１石）	1.83%
和薬品々	150	6.88%
種	78（1.2石）	3.58%
たばこ	66（110斤）	3.03%
山ノいも	40（20貫目）	1.83%
小豆	30（0.6石）	1.37%
いも	24（８荷）	1.10%
ときひ	15（0.5石）	0.68%
空大豆	15（0.5石）	0.68%
粟	15（0.5石）	0.68%
わた	10（410匁）	0.45%
楮木	8（38貫目）	0.36%
大豆	7.5（0.15石）	0.34%
きひ	6（0.2石）	0.27%
茶	3（２貫500目）	0.13%
牛房	1（２貫目）	0.04%
収入計	2148（2178）【5】	
1807年賄入用（銀：匁）		総支出内比（対総収入比）
御年貢・小入用	1000	34.77%（45.91%）
利足銀	600（４貫目借用銀）	20.86%（27.54%）
飯料	486（６人分、子供共、米4.8石、麦６石）	16.89%（22.31%）
造用	300（６人分ヵ）	10.43%（13.77%）
給銀	300	10.43%（13.77%）
肥代	100	3.47%（ 4.59%）
農道具代	60	2.08%（ 2.75%）
牛代	30	1.04%（ 1.37%）
支出計	2876	
収支差引（銀：匁）	−728（698）	
総支出/総収入	132.04%【15】	
等価可処分所得（銀：匁）	235.96【12】	
主食エンゲル係数	38.08%【2】	
役職		
1811年宗門改帳	庄屋	
1811年年貢免割帳	庄屋	

1808年報告：戸主	19　おとよ	
1808年報告：員数	4人	
1806年宗門改帳：員数	(18治郎兵衛家に包摂)	
1807年宗門改帳：員数	(18治郎兵衛家に包摂)	
1811年宗門改帳：員数	5人（とよ56、女子すゑ19、養子弥三郎33、弥三郎妻まつ30、弥三郎女子うた5）	
1810年免割：持高（石）	13.9565【7】	
1811年宗門改帳：持高（石）	19.0944【6】	
1811年宗門改帳：家持、棟数	家持、2つ（屋鋪、本家、土蔵）	
1807年出来作物（銀：匁）		
米	714（10.2石）	49.37%
下作米	315（4.5石）	21.78%
荒麦	155（6.2石）	10.71%
小麦	28（0.7石）	1.93%
いも	45（15荷）	3.11%
たばこ	42（72斤）	2.90%
わた	35（1貫400目）	2.42%
種	32.5（0.5石）	2.24%
和薬品々	25	1.72%
大豆	15（0.3石）	1.03%
苧	10.5（700目）	0.72%
ときひ	9（0.3石）	0.62%
小豆	7.7（0.14石）	0.53%
山ノいも	5（2貫500目）	0.34%
楮木	5（25貫）	0.34%
きひ	2.4（0.08石）	0.16%
収入計	1446.1【9】	
1807年賄入用（銀：匁）		総支出内比（対総収入比）
御年貢・小入用	620	40.52%（42.87%）
飯料	420（4人分、米3.2石、麦4石）	27.45%（29.04%）
造用	200（4人分）	13.07%（13.83%）
給銀	200	13.07%（13.83%）
肥代	60	3.92%（4.14%）
農道具代	30	1.96%（2.07%）
支出計	1530	
収支差引（銀：匁）	−83.9	
総支出/総収入	105.80%【7】	
等価可処分所得（銀：匁）	413.05【4】	
主食エンゲル係数	46.15%【14】	

1808年報告：戸主	20　茂八	
1808年報告：員数	5人	
1806年宗門改帳：員数	8人（勘七72、妻つや68、男子茂八36、茂八妻ふし39、孫子ひて9、孫子ふね10、孫子かん7、孫子ミつ3）	
1807年宗門改帳：員数	7人（茂八37、妻ふし40、女子ひて10、女子ふね11、女子かん8、女子ミつ4、母つや69）	
1811年宗門改帳：員数	6人（勘七〔元茂八〕41、女子ひて15〔14ヵ〕、女子ふね14〔15ヵ〕、女子かん12、女子ミつ8、母つや73）	
1806年宗門改帳：持高（石）	1.104（貼紙1.43）【35】	
1807年宗門改帳：持高（石）	1.43【35】	
1810年免割：持高（石）	1.144【34】	
1811年宗門改帳：持高（石）	1.43【34】	
1806年宗門改帳：家持、棟数	家持、1つ（屋鋪、本家）	
1807年宗門改帳：家持、棟数	家持、1つ（屋鋪、本家）	
1811年宗門改帳：家持、棟数	家持、1つ（屋鋪、本家）	
1807年出来作物（銀：匁）		
手挊日用	300	57.98%
荒麦	87.5（3.5石）	16.91%
小麦	12（0.3石）	2.31%
わた	32.5（1貫300目）	6.28%
たばこ	18（30斤）	3.47%
大豆	17.5（0.35石）	3.38%
いも	15（5荷）	2.89%
粟	9（0.3石）	1.73%
きひ	6（0.2石）	1.15%
種	6（0.1石）	1.15%
小豆	5.5（0.1石）	1.06%
山ノいも	4（2貫目）	0.77%
楮木	2.6（13貫目）	0.50%
ときひ	1.8（0.06石）	0.34%
収入計	517.5（517.4）【28】	
1807年賄入用（銀：匁）		総支出内比（対総収入比）
飯料	367.5（5人分、米4石＝280匁、麦5石＝87.5匁）	47.26%（71.02%）
造用	250（5人分）	32.15%（48.31%）
御年貢・小入用	65	8.36%（12.56%）
利足銀	50（350匁借用）	6.43%（ 9.66%）
肥代	30	3.85%（ 5.79%）
農道具代	15	1.92%（ 2.89%）
支出計	777.5	
収支差引（銀：匁）	−260（260.1）	
総支出/総収入	150.27%【22】	
等価可処分所得（銀：匁）	179.95【18】	
主食エンゲル係数	55.47%【27】	

1808年報告：戸主	21　善次郎	
1808年報告：員数	8人	
1806年宗門改帳：員数	7人（善次郎41、妻しち35、女子りゑ6、女子りう4、男子兼松2、善次郎妹わさ32、母つね71）	
1807年宗門改帳：員数	7人（善次郎42、妻しち36、女子りゑ7、女子りう5、男子兼松3、善次郎妹わさ33、母つね72）	
1811年宗門改帳：員数	7人（善次郎46、妻しち40、女子りゑ11、女子りう9、男子兼松7、女子ふて3、かる1）	
1806年宗門改帳：持高（石）	17.0034（貼紙17.6775）【9】	
1807年宗門改帳：持高（石）	17.6775【8】	
1810年免割：持高（石）	17.89【5】	
1811年宗門改帳：持高（石）	22.3625【5】	
1806年宗門改帳：家持、棟数	家持、4つ（屋鋪、本家、土蔵2、小家）	
1807年宗門改帳：家持、棟数	家持、4つ（屋鋪、本家、土蔵2、小家）	
1811年宗門改帳：家持、棟数	家持、4つ（屋鋪、本家、土蔵2、小家）	
1806年宗門改帳：牛数	1	
1807年宗門改帳：牛数	1	
1811年宗門改帳：牛数	1	
1807年出来作物（銀：匁）		
米	1155（16石）	66.99%
荒麦	175（7石）	10.15%
小麦	20（0.5石）	1.16%
いも	60（20荷）	3.48%
山ノいも	60（2駄）	3.48%
種	60（1石）	3.48%
大豆	50（1石）	2.90%
粟	30（1石）	1.74%
小豆	27.5（0.5石）	1.59%
たばこ	24（40斤）	1.39%
白芷（はくし、びゃくし）	14（35斤）	0.81%
苧	9（600目）	0.52%
楮木	9（42貫目）	0.52%
きひ	9（0.3石）	0.52%
まめば	8（20貫目）	0.46%
わた	7.5（300目）	0.43%
ときひ	6（0.2石）	0.34%
収入計	1724【7】	
1807年賄入用（銀：匁）		総支出内比（対総収入比）
飯料	595（8人分、「是ハ子供故少ク」）	26.68%（34.51%）
上納・小入用	575（上納552匁、小入用23匁ヵ）	25.78%（33.35%）
造用	400（8人分）	17.93%（23.20%）
給銀	300	13.45%（17.40%）
利足銀	180（1貫200匁借用銀）	8.07%（10.44%）
肥代	100	4.48%（ 5.80%）
農道具代	50	2.24%（ 2.90%）
牛代	30	1.34%（ 1.74%）
支出計	2230	
収支差引（銀：匁）	－132（506）	
総支出/総収入	129.35%【13】	
等価可処分所得（銀：匁）	342.59【6】	
主食エンゲル係数	40.33%【6】	
役職		
1811年年貢免割帳	組頭	

1808年報告：戸主	22　彦左衛門（片岡家）	
1808年報告：員数	9人	
1806年宗門改帳：員数	7人（彦左衛門68、男子小藤次35、小藤次妻りさ30、孫子久間次郎9、孫子浅吉7、孫子定次郎4、彦左衛門男子貞吉25）	
1807年宗門改帳：員数	8人（彦左衛門69、男子小藤治36、小藤治妻りさ31、孫子久間次郎10、孫子浅吉8、孫子定次郎5、女子〔孫子〕りよ2、彦左衛門男子貞吉26）	
1811年宗門改帳：員数	10人（彦左衛門73、男子小藤治40、小藤治妻りさ35、孫子久間次郎14、孫子浅吉12、孫子定次郎9、孫子りよ6、彦左衛門女子なか32、彦左衛門男子定吉30、養子さと21）	
1806年宗門改帳：持高（石）	36.3956【2】	
1807年宗門改帳：持高（石）	35.6162【2】	
1810年免割：持高（石）	26.277【1】	
1811年宗門改帳：持高（石）	32.8462【1】	
1806年宗門改帳：家持、棟数	家持、7つ（屋鋪、本家、御殿、玄関、土蔵2、門長家、小家）	
1807年宗門改帳：家持、棟数	家持、7つ（屋鋪、本家、御殿、玄関、土蔵2、門長家、小家）	
1811年宗門改帳：家持、棟数	家持、7つ（屋鋪、本家、御殿、玄関、土蔵2、門長家、小家）	
1806年宗門改帳：牛数	1	
1807年宗門改帳：牛数	1	
1811年宗門改帳：牛数	1	
1807年出来作物（銀：匁）		
作米 下作米	2030（19石） （10石）	67.54%
荒麦	250（10石）	8.31%
麦安	80（2石）	2.66%
小麦	20（0.5石）	0.66%
木香	160（400斤）	5.32%
たばこ	96（160斤）	3.19%
いも	75（25荷）	2.49%
苧木	72（18貫目）	2.39%
大豆	65（1.3石）	2.16%
わた	37.5（1貫200目）	1.24%
種	26（0.45石）	0.86%
粟	24（0.8石）	0.79%
空大豆	18（0.6石）	0.59%
小豆	16.5（0.3石）	0.54%
きひ	9（0.3石）	0.29%
山ノいも	8（4貫目）	0.26%
楮木	6.6（33貫目）	0.21%
ゑんとう	6（0.2石）	0.19%
牛房	3（6貫目）	0.09%
ときひ	3（0.1石）	0.09%
収入計	2999.6（3005.6）【1】	
1807年賄入用（銀：匁）		総支出内比（対総収入比）
御上納・小入用	1060	34.09%（35.26%）
飯料	729（9人分、米7.2石、麦9石）	23.44%（24.25%）
造用	550（9人分）	17.69%（18.29%）
給銀	300	9.64%（ 9.98%）
利足銀	280（3貫目借用）	9.00%（ 9.31%）
肥代	100	3.21%（ 3.32%）
農道具代	60	1.92%（ 1.99%）
牛代	30	0.96%（ 0.99%）
支出計	3109	
収支差引（銀：匁）	−109.4（103.4）	
総支出/総収入	103.44%【5】	
等価可処分所得（銀：匁）	555.2【2】	
主食エンゲル係数	41.20%【8】	
役職		
1811年年貢免割帳	加庄屋	

1808年報告：戸主	23　源十郎	
1808年報告：員数	6人	
1806年宗門改帳：員数	6人（源十郎40、妻いし40、女子やす14、男子巳之助4、源十郎妹かん22、母さつ77）	
1807年宗門改帳：員数	6人（源十郎41、妻いし41、女子やす15、男子巳之助5、女子むめ1、母さつ78）	
1811年宗門改帳：員数	6人（源十郎45、妻いし45、女子やす19、男子巳之助9、女子むめ5、源十郎妹かん27）	
1806年宗門改帳：持高（石）	無高【38】	
1807年宗門改帳：持高（石）	無高【38】	
1810年免割：持高（石）	0.556【36】	
1811年宗門改帳：持高（石）	0.8075【35】	
1806年宗門改帳：家持、棟数	家持、1つ（屋鋪「但村地ニ罷在候」、本家）	
1807年宗門改帳：家持、棟数	家持、1つ（屋鋪「但村地ニ罷在候」、本家）	
1811年宗門改帳：家持、棟数	家持、1つ（屋鋪、本家）	
1807年出来作物（銀：匁）		
給銀	255	69.23%
麦安	24（0.6石）	6.51%
小麦	14（0.4石）	3.80%
荒麦	12.5（0.5石）	3.39%
わた	15（10斤）	4.07%
和薬品々	10	2.71%
種	9.75（0.17石）	2.64%
小豆	8.25（0.15石）	2.24%
畑稲	6.4（0.08石）	1.73%
楮木	5.6（23貫目）	1.52%
ふ（ゑヵ）んとう	3.6（0.12石）	0.97%
空大豆	2.4（0.08石）	0.65%
ときひ	1.8（0.06石）	0.48%
収入計	368.3【33】	
1807年賄入用（銀：匁）		総支出内比（対総収入比）
飯料	268（6人分「是ハ奉公ニ罷出居候故少ク」）	48.63%（72.76%）
造用	175（6人分「是ハ奉公ニ罷出居候者有之故」）	31.76%（47.51%）
上納・小入用	93	16.87%（25.25%）
農道具代	15	2.72%（ 4.07%）
支出計	551	
収支差引（銀：匁）	－182.7	
総支出/総収入	149.60%【21】	
等価可処分所得（銀：匁）	112.39【29】	
主食エンゲル係数	58.51%【35】	

1808年報告：戸主	24　善五	
1808年報告：員数	1人	
1806年宗門改帳：員数	1人（善五53）	
1807年宗門改帳：員数	1人（善五54）	
1811年宗門改帳：員数	1人（善五58）	
1806年宗門改帳：持高（石）	4.685【24】	
1807年宗門改帳：持高（石）	4.685【23】	
1810年免割：持高（石）	0【38】	
1811年宗門改帳：持高（石）	無高【38】	
1806年宗門改帳：家持、棟数	家持、1つ（屋鋪、本家）	
1807年宗門改帳：家持、棟数	家持、1つ（屋鋪、本家）	
1811年宗門改帳：家持、棟数	家持、1つ（屋鋪、本家「但手余り地ニ罷在候」）	
1807年出来作物（銀：匁）		
下作取込	350（米5石）	96.55%
山ノいも	7.5（1俵）	2.06%
大豆	5（0.1石）	1.37%
収入計	362.5【34】	
1807年賄入用（銀：匁）		総支出内比（対総収入比）
御上納・小入用	170	56.47%（46.89%）
飯料	81（1人分、米0.8石、麦1石）	26.91%（22.34%）
造用	50（1人分）	16.61%（13.79%）
支出計	301	
収支差引（銀：匁）	+61.5	
総支出/総収入	83.03%【1】	
等価可処分所得（銀：匁）	192.5【17】	
主食エンゲル係数	61.83%【41】	

1808年報告：戸主	25　勘兵衛	
1808年報告：員数 1806年宗門改帳：員数 1807年宗門改帳：員数 1811年宗門改帳：員数	5人、7人 5人（勘兵衛43、妻はる42、女子もん15、男子久太郎9、女子いめ2） 5人（勘兵衛44、妻はる43、女子もん16、男子久太郎10、女子いめ3） 6人（勘兵衛48、妻はる47、女子もん19〔20ヵ〕、男子久太郎14、女子いめ7、女子とめ4）	
1806年宗門改帳：持高（石） 1807年宗門改帳：持高（石） 1810年免割：持高（石） 1811年宗門改帳：持高（石）	18.2106（貼紙20.0575）【7】 20.0575【7】 14.41【6】 18.0125【7】	
1806年宗門改帳：家持、棟数 1807年宗門改帳：家持、棟数 1811年宗門改帳：家持、棟数 1806年宗門改帳：牛数 1807年宗門改帳：牛数 1811年宗門改帳：牛数	家持、3つ（屋鋪、本家、土蔵、小家） 家持、3つ（屋鋪、本家、土蔵、小家） 家持、3つ（屋鋪、本家、土蔵、小家） 1 1 1	
1807年出来作物（銀：匁）		
米	1050（15石）	56.63%
たばこ	200（333斤）	10.78%
麦	175（7石）	9.43%
小麦	60（1.5石）	3.23%
和薬品々	150	8.09%
種	65（1石）	3.50%
いも	60（20荷）	3.23%
大豆	30（0.5石）	1.61%
わた	20（10斤）	1.07%
ときひ	15（0.5石）	0.80%
粟	15（0.5石）	0.80%
小豆	5.5（0.15石）	0.29%
茶	4.5（15斤）	0.24%
楮木	4（20貫目）	0.21%
収入計	1854【6】	
1807年賄入用（銀：匁）		総支出内比（対総収入比）
上納・小入用	683.29（上納656.25匁、小入用27.04匁）	35.07%（36.85%）
飯料	525（7人分、米5石、麦7石）	26.94%（28.31%）
給銀	320	16.42%（17.25%）
造用	250（5人分）	12.83%（13.48%）
肥代	100	5.13%（5.39%）
農道具代	40	2.05%（2.15%）
牛代	30	1.53%（1.61%）
支出計	1948.3（1948.29）	
収支差引（銀：匁） 総支出/総収入 等価可処分所得（銀：匁） 主食エンゲル係数	−94.3（94.29） 105.08%【6】 442.48【3】員数は7人で計算 41.50%【9】	
役職		
1806年宗門改帳	百姓代	
1807年宗門改帳	百姓代	
1808年報告	百姓代	
1811年年貢免割帳	組頭	

1808年報告：戸主	26　源蔵	
1808年報告：員数 1806年宗門改帳：員数 1807年宗門改帳：員数 1811年宗門改帳：員数	5人、6人 6人（源蔵34、妻もよ27、男子喜太郎9、女子ゆり6、男子喜代松2、母そめ56） 5人（源蔵35、妻もよ28、男子喜太郎10、女子ゆり7、母そめ57） 6人（源蔵39、妻もよ32、男子喜太郎14、女子ゆり11、男子千代松3、母そめ61）	
1806年宗門改帳：持高（石） 1807年宗門改帳：持高（石） 1810年免割：持高（石） 1811年宗門改帳：持高（石）	6.7716（貼紙10.7075）【17】 10.7075（貼紙8.2786）【13】 8.023【15】 8.2786【18】	
1806年宗門改帳：家持、棟数 1807年宗門改帳：家持、棟数 1811年宗門改帳：家持、棟数 1811年宗門改帳：牛数	家持、1つ（屋鋪、本家） 家持、1つ（屋鋪、本家） 家持、2つ（屋鋪、本家、土蔵） 1	
1807年出来作物（銀：匁）		
米	630（9石）	62.31%
荒麦	100（4石）	9.89%
小麦	15（0.3石）	1.48%
和薬品々	80	7.91%
かし付銀り足	75（500目かし付）	7.41%
いも	36（12荷）	3.56%
種	22.75（0.35石）	2.25%
わた	20（10斤）	1.97%
たばこ	12（20斤）	1.18%
大豆	10（0.2石）	0.98%
粟	6（0.2石）	0.59%
ときひ	1.5（0.05石）	0.14%
小豆	1.1（0.02石）	0.10%
楮木	1（5貫目）	0.09%
茶	0.6（2斤）	0.05%
収入計	1010.95【14】	
1807年賄入用（銀：匁）		総支出内比（対総収入比）
飯料	405（5人分、米4石、麦5石）	34.48%（40.06%）
造用	300（6人分）	25.54%（29.67%）
上納・小入用	269.56	22.94%（26.66%）
給銀	100	8.51%（9.89%）
肥代	50	4.25%（4.94%）
牛代	30	2.55%（2.96%）
農道具代	20	1.70%（1.97%）
支出計	1174.56	
収支差引（銀：匁） 総支出/総収入 等価可処分所得（銀：匁） 主食エンゲル係数	−163.61 116.18%【10】 302.67【8】員数は6人で計算 44.75%【13】	

1808年報告：戸主	27　久兵衛	
1808年報告：員数	１人	
1806年宗門改帳：員数	２人（久兵衛28、弟善七20）	
1807年宗門改帳：員数	２人（久兵衛29、弟善七21）	
1811年宗門改帳：員数	２人（久兵衛33、弟善七25）	
1806年宗門改帳：持高（石）	1.1273（貼紙0.8）【34】	
1807年宗門改帳：持高（石）	0.8【36】	
1810年免割：持高（石）	0.64【35】	
1811年宗門改帳：持高（石）	0.8【36】	
1806年宗門改帳：家持、棟数	家持、２つ（屋鋪、本家、小家）	
1807年宗門改帳：家持、棟数	家持、２つ（屋鋪、本家、小家）	
1811年宗門改帳：家持、棟数	家持、１つ（屋鋪、本家）	
1807年出来作物（銀：匁）		
給銀取込	150	72.11%
荒麦	25（１石）	12.01%
和薬品々	20	9.60%
種	13（0.2石）	6.25%
収入計	208【37】	
1807年賄入用（銀：匁）		総支出内比（対総収入比）
飯料	81（１人分ヵ、米0.8石、麦１石）	43.80%（38.94%）
造用	50（１人分）	27.03%（24.03%）
上納・小入用	33.92	18.34%（16.30%）
農道具代	10	5.40%（ 4.80%）
肥代	10	5.40%（ 4.80%）
支出計	184.92	
収支差引（銀：匁）	+23.08	
総支出/総収入	88.90%【2】	
等価可処分所得（銀：匁）	174.08【20】	
主食エンゲル係数	53.64%【19】	

1808年報告：戸主	28　おろく	
1808年報告：員数	２人ヵ	
1806年宗門改帳：員数	２人（ろく66、養子たミ41）	
1807年宗門改帳：員数	２人（ろく67、養子たミ42）	
1811年宗門改帳：員数	３人（ろく71、養子たミ46、孫子亀松５）	
1806年宗門改帳：持高（石）	0.2473（貼紙2.38）【37】	
1807年宗門改帳：持高（石）	2.38【31】	
1810年免割：持高（石）	1.904【33】	
1811年宗門改帳：持高（石）	2.38【32】	
1806年宗門改帳：家持、棟数	家持、１つ（屋鋪、本家）	
1807年宗門改帳：家持、棟数	家持、１つ（屋鋪、本家）	
1811年宗門改帳：家持、棟数	家持、１つ（屋鋪、本家）	
1807年出来作物（銀：匁）		
米	98（1.4石）	60.77%
荒麦	32.5（1.3石）	20.15%
いも	15（５荷）	9.30%
大豆	5（0.1石）	3.10%
和薬代品々	5	3.10%
粟	3（0.1石）	1.86%
小豆	2.75（0.05石）	1.70%
収入計	161.25【39】	
1807年賄入用（銀：匁）		総支出内比（対総収入比）
飯料	162（２人分ヵ、米1.6石、麦２石）	44.29%（100.46%）
造用	100（２人分ヵ）	27.34%（ 62.01%）
上納・小入用	83.71	22.88%（ 51.91%）
肥代	20	5.46%（ 12.40%）
支出計	365.71	
収支差引（銀：匁）	−204.46	
総支出/総収入	226.79%【38】	
等価可処分所得（銀：匁）	54.82【37】	
主食エンゲル係数	57.44%【30】	

1808年報告：戸主	29　清吉	
1808年報告：員数	３人半	
1806年宗門改帳：員数	７人（清吉38、妻いか40、男子政吉12、女子もと８、女子なを５、清吉弟清八33、母きん71）	
1807年宗門改帳：員数	７人（清吉39、妻いか41、男子政吉13、女子もと９、女子なを６、清吉弟清八34、母きん72）	
1811年宗門改帳：員数	５人（政吉17、妹もと13、伯父清八38、母いか45、ばゝきん76）	
1806年宗門改帳：持高（石）	4.1084（貼紙4.1606）【26】	
1807年宗門改帳：持高（石）	4.1606【26】	
1810年免割：持高（石）	3.3285【28】	
1811年宗門改帳：持高（石）	4.1606【30】	
1806年宗門改帳：家持、棟数	家持、２つ（屋鋪、本家、小家）	
1807年宗門改帳：家持、棟数	家持、２つ（屋鋪、本家、小家）	
1811年宗門改帳：家持、棟数	家持、２つ（屋鋪、本家、小家）	
1807年出来作物（銀：匁）		
米	280（４石）	70.00%
手稼賃	120	30.00%
収入計	400【32】	
1807年賄入用（銀：匁）		総支出内比（対総収入比）
飯料	303.5（３人半分、米2.8石、麦3.5石）	45.58%（75.87%）
造用	175（３人半分）	26.28%（43.75%）
上納・小入用	140.35	21.14%（35.08%）
利足銀	30（200匁借用銀）	4.50%（ 7.50%）
肥代	15	2.25%（ 3.75%）
支出計	663.85	
収支差引（銀：匁）	−263.85	
総支出/総収入	165.96%【26】	
等価可処分所得（銀：匁）	122.75【27】	
主食エンゲル係数	61.49%【40】	

1808年報告：戸主	30　兵助	
1808年報告：員数	3人半、4人	
1806年宗門改帳：員数	6人（兵助57、妻いよ50、男子吉次郎29、女子りん23、男子儀助21、男子亀松8）	
1807年宗門改帳：員数	6人（兵助58、妻いよ51、男子吉次郎30、女子りん24、男子儀助22、男子亀松9）	
1811年宗門改帳：員数	5人（兵助62、妻いよ55、女子りん28、男子儀助26、男子亀松13）	
1806年宗門改帳：持高（石）	5.103（貼紙4.9925）【22】	
1807年宗門改帳：持高（石）	4.9925【22】	
1810年免割：持高（石）	3.994【25】	
1811年宗門改帳：持高（石）	4.9925【26】	
1806年宗門改帳：家持、棟数	家持、2つ（屋鋪、本家、小家）	
1807年宗門改帳：家持、棟数	家持、2つ（屋鋪、本家、小家）	
1811年宗門改帳：家持、棟数	家持、2つ（屋鋪、本家、小家）	
1807年出来作物（銀：匁）		
米	210（3石）	42.85%
手稼取込	80	16.32%
たばこ	63（半駄）	12.85%
麦	50（2石）	10.20%
小麦	8（0.2石）	1.63%
白芷（はくし、びゃくし）	20（50斤）	4.08%
種	19.5（0.3石）	3.97%
いも	15（5荷）	3.06%
大豆	10（0.2石）	2.04%
山ノいも	9（10貫目）	1.83%
楮木	4（20貫目）	0.81%
粟	1.5（0.05石）	0.30%
収入計	490【30】	
1807年賄入用（銀：匁）		総支出内比（対総収入比）
飯料	324（4人分、米3.2石、麦4石）	36.13%（66.12%）
上納・小入用	212.63	23.71%（43.39%）
造用	175（3人半分）	19.51%（35.71%）
利足銀	150（1貫目借用銀）	16.72%（30.61%）
肥代	20	2.23%（4.08%）
農道具代	15	1.67%（3.06%）
支出計	896.63	
収支差引（銀：匁）	−406.63	
総支出/総収入	182.98%【30】	
等価可処分所得（銀：匁）	63.685【35】員数は4人で計算	
主食エンゲル係数	60.67%【39】	

1808年報告：戸主	31　彦太郎	
1808年報告：員数	6人	
1806年宗門改帳：員数	7人（彦太郎39、妻きり26、女子いし8、男子乙松6、女子なつ2、彦太郎弟喜兵衛24、母ゆき65）	
1807年宗門改帳：員数	7人（彦太郎40、妻きり27、女子いし9、男子乙松7、女子なつ3、彦太郎弟喜兵衛25、母ゆき67〔66ヵ〕）	
1811年宗門改帳：員数	6人（彦太郎44、妻きり31、女子いし13、男子乙松11、女子かな2、彦太郎弟喜兵衛29）	
1806年宗門改帳：持高（石）	9.9171（貼紙9.6512）【11】	
1807年宗門改帳：持高（石）	9.6512【14】	
1810年免割：持高（石）	7.721【16】	
1811年宗門改帳：持高（石）	9.651【15】	
1806年宗門改帳：家持、棟数	家持、3つ（屋鋪、本家、土蔵、小家）	
1807年宗門改帳：家持、棟数	家持、3つ（屋鋪、本家、土蔵、小家）	
1811年宗門改帳：家持、棟数	家持、3つ（屋鋪、本家、土蔵、小家）	
1806年宗門改帳：牛数	1	
1807年宗門改帳：牛数	1	
1811年宗門改帳：牛数	1	
1807年出来作物（銀：匁）		
米	490（7石）	54.32%
麦	175（7石）	19.40%
小麦	20（0.5石）	2.21%
和薬品々	80	8.86%
種	45.5（0.7石）	5.04%
大豆	30（0.6石）	3.32%
たばこ	18（30斤）	1.99%
小豆	16.5（0.3石）	1.82%
粟	15（0.5石）	1.66%
空大豆	12（0.4石）	1.33%
収入計	902【18】	
1807年賄入用（銀：匁）		総支出内比（対総収入比）
飯料	486（6人分、米4.8石、麦6石）	39.33%（53.88%）
上納・小入用	311.41	25.20%（34.52%）
造用	300（6人分）	24.28%（33.25%）
肥代	40	3.23%（ 4.43%）
給銀	30	2.42%（ 3.32%）
牛代	30	2.42%（ 3.32%）
農道具代	20	1.61%（ 2.21%）
利足銀	18（120匁借用銀）	1.45%（ 1.99%）
支出計	1235.41	
収支差引（銀：匁）	−333.41	
総支出/総収入	136.96%【17】	
等価可処分所得（銀：匁）	233.75【13】	
主食エンゲル係数	53.64%【20】	

1808年報告：戸主	32　藤九郎	
1808年報告：員数	6人	
1806年宗門改帳：員数	8人（藤九郎50、妻とわ38、女子ちよ18、女子ひさ15、男子勇吉11、男子佐太郎8、男子留五郎2、藤九郎弟文蔵36）	
1807年宗門改帳：員数	8人（藤九郎51、妻とわ39、女子ちよ19、女子ひさ16、男子勇吉12、男子佐太郎9、男子留五郎3、藤九郎弟文蔵37）	
1811年宗門改帳：員数	8人（藤九郎55、妻とわ43、女子ちよ23、女子ひさ20、男子勇吉16、男子佐太郎13、男子留五郎7、藤九郎弟文蔵41）	
1806年宗門改帳：持高（石）	9.3009（8.2936）【12】	
1807年宗門改帳：持高（石）	8.2936【18】	
1810年免割：持高（石）	4.8【23】	
1811年宗門改帳：持高（石）	6【23】	
1806年宗門改帳：家持、棟数	家持、3つ（屋鋪、本家、土蔵、小家）	
1807年宗門改帳：家持、棟数	家持、3つ（屋鋪、本家、土蔵、小家）	
1811年宗門改帳：家持、棟数	家持、3つ（屋鋪、本家、土蔵、小家）	
1807年出来作物（銀：匁）		
米	420（6石）	46.35%
麦	150（6石）	16.55%
小麦	24（0.6石）	2.64%
給銀取込	120	13.24%
和薬品々	50	5.51%
いも	45（15荷）	4.96%
たばこ	30（50斤）	3.31%
大豆	30（0.6石）	3.31%
牛房	20（1駄）	2.20%
小豆	11（0.2石）	1.21%
空大豆	6（0.2石）	0.66%
収入計	906【17】	
1807年賄入用（銀：匁）		総支出内比（対総収入比）
飯料	486（6人分、米4.8石、麦6石）	33.04%（53.64%）
上納・小入用	374.67	25.47%（41.35%）
造用	300（6人分）	20.39%（33.11%）
利足銀	225（1貫500目借用銀）	15.29%（24.83%）
肥代	50	3.39%（5.51%）
農道具代	20	1.35%（2.20%）
牛代	15	1.01%（1.65%）
支出計	1470.67	
収支差引（銀：匁）	−564.67	
総支出/総収入	162.32%【25】	
等価可処分所得（銀：匁）	125.05【26】	
主食エンゲル係数	55.79%【28】	

1808年報告：戸主	33　兵蔵	
1808年報告：員数	5人	
1806年宗門改帳：員数	5人（兵蔵45、妻りゑ36、女子よね7、男子政之介4、兵蔵妹くめ31）	
1807年宗門改帳：員数	5人（兵蔵46、妻りゑ37、女子よね8、男子政之助5、兵蔵妹くめ32）	
1811年宗門改帳：員数	4人（兵蔵50、女子よね12、男子政之介9、兵蔵妹くめ36）	
1806年宗門改帳：持高（石）	8.8685（貼紙14.6118）【13】	
1807年宗門改帳：持高（石）	14.6118【11】	
1810年免割：持高（石）	11.6895【11】	
1811年宗門改帳：持高（石）	14.6118【11】	
1806年宗門改帳：家持、棟数	家持、3つ（屋鋪、本家、土蔵、小家）	
1807年宗門改帳：家持、棟数	家持、3つ（屋鋪、本家、土蔵、小家）	
1811年宗門改帳：家持、棟数	家持、3つ（屋鋪、本家、土蔵、小家）	
1806年宗門改帳：牛数	1	
1807年宗門改帳：牛数	1	
1811年宗門改帳：牛数	1	
1807年出来作物（銀：匁）		
米	490（7石）	43.36%
麦	162.5（6.5石）	14.38%
小麦	20（0.5石）	1.76%
たばこ	90（150斤）	7.96%
和薬品々	90	7.96%
大豆	75（1.5石）	6.63%
種	65（1石）	5.75%
いも	60（20荷）	5.30%
わた	25（1貫目）	2.21%
粟	21（0.7石）	1.85%
空大豆	18（0.6石）	1.59%
茶	7.5（1本半）	0.66%
ときひ	6（0.2石）	0.53%
収入計	1130【13】	
1807年賄入用（銀：匁）		総支出内比（対総収入比）
上納・小入用	471.17	33.74%（41.69%）
飯料	405（5人分、米4石、麦5石）	29.00%（35.84%）
造用	250（5人分）	17.90%（22.12%）
給銀	150	10.74%（13.27%）
肥代	60	4.29%（5.30%）
農道具代	30	2.14%（2.65%）
牛代	30	2.14%（2.65%）
支出計	1396.17	
収支差引（銀：匁）	−266.17	
総支出/総収入	123.55%【11】	
等価可処分所得（銀：匁）	294.63【10】	
主食エンゲル係数	43.78%【11】	
役職		
1811年年貢免割帳	組頭	

1808年報告：戸主	34　忠五郎	
1808年報告：員数	7人	
1806年宗門改帳：員数	10人（忠五郎76、妻さわ70、男子小兵衛51、小兵衛妻りき45、小兵衛女子やす23、男子伝治〔元伝之助〕19、男子伊之助16、女子つね12、男子福松7、女子せん2）	
1807年宗門改帳：員数	10人（忠五郎77、妻さわ71、男子小兵衛52、小兵衛妻りき46、小兵衛女子やす24、男子伝次20、男子伊之助17、女子つね13、男子福松8、女子せん3）	
1811年宗門改帳：員数	7人（伝治24、姉やす28、弟友七〔元伊之助ヵ〕21、妹つね17、弟福松12、妹せん7、祖母さわ74〔75ヵ〕）	
1806年宗門改帳：持高（石）	2.2759（1.436）【30】	
1807年宗門改帳：持高（石）	1.436（貼紙6.6288）【34】	
1810年免割：持高（石）	5.303【21】	
1811年宗門改帳：持高（石）	6.6288【21】	
1806年宗門改帳：家持、棟数	家持、3つ（屋鋪、本家、土蔵、小家）	
1807年宗門改帳：家持、棟数	家持、3つ（屋鋪、本家、土蔵、小家）	
1811年宗門改帳：家持、棟数	家持、2つ（屋鋪、本家、土蔵）	
1806年宗門改帳：牛数	1	
1807年宗門改帳：牛数	1	
1811年宗門改帳：牛数	1	
1807年出来作物（銀：匁）		
麦	150（6石）	22.62%
小麦	4（0.1石）	0.60%
給銀取込	130	19.60%
米	105（1.5石）	15.83%
和薬品々	80	12.06%
種	52（0.8石）	7.84%
たばこ	48（80斤）	7.23%
いも	45（15荷）	6.78%
粟	15（0.5石）	2.26%
大豆	15（0.3石）	2.26%
苧	7.5（500目）	1.13%
ときひ	6（0.2石）	0.90%
小豆	5.5（0.1石）	0.82%
収入計	663【22】	
1807年賄入用（銀：匁）		総支出内比（対総収入比）
飯料	567（7人分ヵ、米5.6石、麦7石）	42.01%（85.52%）
造用	350（7人分）	25.93%（52.79%）
上納・小入用	217.63	16.12%（32.82%）
利足銀	150（1貫目借用銀）	11.11%（22.62%）
肥代	30	2.22%（4.52%）
農道具代	20	1.48%（3.01%）
牛代	15	1.11%（2.26%）
支出計	1349.63	
収支差引（銀：匁）	−686.63	
総支出/総収入	203.56%【35】	
等価可処分所得（銀：匁）	111.63【30】	
主食エンゲル係数	57.73%【33】	

1808年報告：戸主	35　藤兵衛	
1808年報告：員数	7人	
1806年宗門改帳：員数	8人（藤兵衛41、妻まつ44、男子善兵衛〔元吉松〕18、男子亀松16、女子むめ14、男子由松11、男子粂之助9、男子乙次郎4）	
1807年宗門改帳：員数	8人（藤兵衛42、妻まつ45、男子善兵衛19、男子亀松17、女子むめ15、男子由松12、男子粂之助10、男子乙次郎5）	
1811年宗門改帳：員数	8人（藤兵衛45〔46ヵ〕、妻まつ49、男子善兵衛23、男子新助〔元亀松ヵ〕21、女子むめ19、男子由松16、男子粂之助14、男子乙次郎9）	
1806年宗門改帳：持高（石）	8.5456（貼紙8.8012）【15】	
1807年宗門改帳：持高（石）	8.8012【16】	
1810年免割：持高（石）	9.209【14】	
1811年宗門改帳：持高（石）	11.105【14】	
1806年宗門改帳：家持、棟数	家持、2つ（屋鋪、本家、小家）	
1807年宗門改帳：家持、棟数	家持、2つ（屋鋪、本家、小家）	
1811年宗門改帳：家持、棟数	家持、2つ（屋鋪、本家、小家）	
1807年出来作物（銀：匁）		
米	1050（15石）	60.94%
麦	175（7石）	10.15%
小麦	28（0.7石）	1.62%
たばこ	126（1駄）	7.31%
和薬品々	120	6.96%
いも	60（20荷）	3.48%
種	45.5（0.7石）	2.64%
大豆	40（0.8石）	2.32%
楮木	20（100貫目）	1.16%
わた	17.5（700目）	1.01%
ときひ	15（0.5石）	0.87%
粟	15（0.5石）	0.87%
小豆	11（0.2石）	0.63%
収入計	1723【8】	
1807年賄入用（銀：匁）		総支出内比（対総収入比）
上納・小入用	718.18	35.90%（41.68%）
飯料	567（7人分、米5.6石、麦7石）	28.34%（32.90%）
造用	350（7人分ヵ）	17.49%（20.31%）
利足銀	225（1貫500目借用）	11.24%（13.05%）
肥代	80	3.99%（4.64%）
農道具代	30	1.49%（1.74%）
牛代	30	1.49%（1.74%）
支出計	2000.18	
収支差引（銀：匁）	−277.18	
総支出/総収入	116.08%【9】	
等価可処分所得（銀：匁）	294.74【9】	
主食エンゲル係数	53.64%【21】	
役職		
1811年年貢免割帳	組頭	

1808年報告：戸主	36　市郎兵衛	
1808年報告：員数	2人	
1806年宗門改帳：員数	1人（市郎兵衛70）	
1807年宗門改帳：員数	1人（市郎兵衛71）	
1811年宗門改帳：員数	1人（市郎兵衛75）	
1806年宗門改帳：持高（石）	無高【38】	
1807年宗門改帳：持高（石）	無高【38】	
1810年免割：持高（石）	0【38】	
1811年宗門改帳：持高（石）	無高【38】	
1806年宗門改帳：家持、棟数	家持、1つ（屋鋪「但村地ニ罷在候」、本家）	
1807年宗門改帳：家持、棟数	家持、1つ（屋鋪「但村地ニ罷在候」、本家）	
1811年宗門改帳：家持、棟数	家持、1つ（屋鋪、本家「但手余り村地ニ罷在候」）	
1807年出来作物（銀：匁）		
米	35（0.5石）	38.88%
麦	25（1石）	27.77%
大豆	10（0.2石）	11.11%
わた	10（5斤）	11.11%
和薬品々	10	11.11%
収入計	90【41】	
1807年賄入用（銀：匁）		総支出内比（対総収入比）
飯料	162（2人分、米1.6石、麦2石）	57.00%（180.00%）
造用	100（2人分ヵ）	35.18%（111.00%）
上納・小入用	17.2	6.05%（19.11%）
農道具代	5	1.75%（5.55%）
支出計	284.2	
収支差引（銀：匁）	−194.2	
総支出/総収入	315.77%【41】	
等価可処分所得（銀：匁）	51.47【38】	
主食エンゲル係数	60.67%【38】	

1808年報告：戸主	37　庄右衛門	
1808年報告：員数 1806年宗門改帳：員数 1807年宗門改帳：員数 1811年宗門改帳：員数	4人 6人（7人）（庄右衛門51、妻きく45、女子つね23、女子まさ13、男子由松7、女子べん5、男子鶴松2） 7人（庄右衛門52、妻きく46、女子つね24、女子まさ14、男子由松8、女子べん6、男子鶴松3） 6人（庄右衛門56、妻きく50、女子まさ18、男子由松12、女子べん10、男子鶴松7）	
1806年宗門改帳：持高（石） 1807年宗門改帳：持高（石） 1810年免割：持高（石） 1811年宗門改帳：持高（石）	5.5451【21】 5.7175【20】 4.574【24】 5.7175【24】	
1806年宗門改帳：家持、棟数 1807年宗門改帳：家持、棟数 1811年宗門改帳：家持、棟数 1806年宗門改帳：牛数 1807年宗門改帳：牛数 1811年宗門改帳：牛数	家持、1つ（屋鋪、本家） 家持、1つ（屋鋪、本家） 家持、1つ（屋鋪、本家） 1 1 1	
1807年出来作物（銀：匁）		
米	420（6石）	62.68%
給銀	150	22.38%
稼	100	14.92%
収入計	670【21】	
1807年賄入用（銀：匁）		総支出内比（対総収入比）
飯料	324（4人分、米3.2石、麦4石）	38.73%（48.35%）
造用	200（4人分）	23.91%（29.85%）
上納・小入用	187.42	22.40%（27.97%）
利足銀	60（400目借用銀）	7.17%（8.95%）
牛遣ひ減（掛ヵ）り	50	5.97%（7.46%）
農道具代	15	1.79%（2.23%）
支出計	836.42	
収支差引（銀：匁） 総支出/総収入 等価可処分所得（銀：匁） 主食エンゲル係数	−166.42 124.83%【12】 211.29【16】 55.00%【26】	

1808年報告：戸主	38　万蔵	
1808年報告：員数	8人	
1806年宗門改帳：員数	9人（万蔵36、妻そよ32、女子そゑ4、万蔵甥宇吉17、甥三蔵13、姪のゑ11、姪かゑ8、万蔵女子わゑ2、万蔵兄藤次郎45）	
1807年宗門改帳：員数	9人（万蔵37、妻そよ33、女子そゑ5、万蔵甥庄蔵〔元宇吉〕18、甥三蔵14、姪のゑ12、姪かゑ9、万蔵女子わゑ3、万蔵兄藤次郎46）	
1811年宗門改帳：員数	9人（万蔵41、妻そよ37、女子そゑ9、女子わゑ7、女子ミゑ3、万蔵甥庄蔵22、甥専蔵〔元三蔵〕18、姪のゑ16、万蔵兄藤次郎50）	
1806年宗門改帳：持高（石）	24.1663（貼紙25.2797）【5】	
1807年宗門改帳：持高（石）	25.2797【5】	
1810年免割：持高（石）	22.7028【3】	
1811年宗門改帳：持高（石）	28.2797【3】	
1806年宗門改帳：家持、棟数	家持、3つ（屋鋪、本家、土蔵、小家）	
1807年宗門改帳：家持、棟数	家持、3つ（屋鋪、本家、土蔵、小家）	
1811年宗門改帳：家持、棟数	家持、3つ（屋鋪、本家、土蔵、小家）	
1806年宗門改帳：牛数	1	
1807年宗門改帳：牛数	1	
1811年宗門改帳：牛数	1	
1807年出来作物（銀：匁）		
米	1400（20石）	57.18%
麦	275（11石）	11.23%
小麦	40（1石）	1.63%
和薬品々	200	8.16%
たばこ	150（1駄）	6.12%
種	97.5（1.5石）	3.98%
いも	90（30荷）	3.67%
大豆	50（1石）	2.04%
山ノいも	43（21貫500目）	1.75%
わた	25（1貫目）	1.02%
粟	24（0.8石）	0.98%
楮木	20（100貫目）	0.81%
ときひ	18（0.6石）	0.73%
小豆	11（0.2石）	0.44%
茶	4.5（5斤）	0.18%
収入計	2448.5（2448）【2】	
1807年賄入用（銀：匁）		総支出内比（対総収入比）
上納・小入用	810.02	33.08%（33.08%）
飯料	648（8人分、米6.4石、麦8石）	26.47%（26.47%）
造用	400（8人分）	16.33%（16.33%）
給銀	300	12.25%（12.25%）
肥代	150	6.12%（6.12%）
農道具代	80	3.26%（3.26%）
利足銀	30（200目借用銀）	1.22%（1.22%）
牛代	30	1.22%（1.22%）
支出計	2448（2448.02）	
収支差引（銀：匁）	+0.48（−0.02）原文の+0.48は2448.5−2448.02	
総支出/総収入	100.00%【4】	
等価可処分所得（銀：匁）	568.5【1】	
主食エンゲル係数	40.29%【5】	
役職		
1808年報告	庄屋	
1811年年貢免割帳	組頭	

1808年報告：戸主	39　平次	
1808年報告：員数	3人	
1806年宗門改帳：員数	3人（平治36、妻いそ28、男子亀蔵3）	
1807年宗門改帳：員数	3人（平治37、妻いそ29、男子亀蔵4）	
1811年宗門改帳：員数	5人（平治41、妻いそ33、男子亀松7、女子くに5、女子さん2）	
1806年宗門改帳：持高（石）	2.7059（2.9525）【28】	
1807年宗門改帳：持高（石）	2.9525【29】	
1810年免割：持高（石）	2.842【32】	
1811年宗門改帳：持高（石）	3.5925【31】	
1806年宗門改帳：家持、棟数	家持、1つ（屋鋪、本家）	
1807年宗門改帳：家持、棟数	家持、1つ（屋鋪、本家）	
1811年宗門改帳：家持、棟数	家持、1つ（屋鋪、本家）	
1807年出来作物（銀：匁）		
米	280（4石）	52.53%
麦	75（3石）	14.07%
小麦	20（0.4石）	3.75%
和薬品々	70	13.13%
いも	30（10荷）	5.62%
種	26（0.4石）	4.87%
大豆	20（0.4石）	3.75%
粟	9（0.3石）	1.68%
ときひ	3（0.1石）	0.56%
収入計	533【27】	
1807年賄入用（銀：匁）		総支出内比（対総収入比）
飯料	243（3人分、米2.4石、麦3石）	42.27%（45.59%）
造用	150（3人分）	26.09%（28.14%）
上納・小入用	101.77	17.70%（19.09%）
給銀	40	6.95%（7.50%）
肥代	30	5.21%（5.62%）
農道具代	10	1.73%（1.87%）
支出計	574.77	
収支差引（銀：匁）	−41.77	
総支出/総収入	107.83%【8】	
等価可処分所得（銀：匁）	248.97【11】	
主食エンゲル係数	51.37%【16】	

1808年報告：戸主	40　治兵衛		
1808年報告：員数	6人		
1806年宗門改帳：員数	6人（治兵衛52、妻まさ52、治兵衛弟藤吉42、治兵衛男子伝蔵25、女子すて16、男子乙吉13）		
1807年宗門改帳：員数	6人（治兵衛53、妻まさ53、治兵衛弟藤吉43、治兵衛男子伝蔵26、女子すて17、男子乙吉14）		
1811年宗門改帳：員数	5人（治兵衛57、弟藤吉47、治兵衛男子伝蔵30、女子すて21、男子乙吉18）		
1806年宗門改帳：持高（石）	5.732（9.325）【19】		
1807年宗門改帳：持高（石）	9.325【15】		
1810年免割：持高（石）	7.46【19】		
1811年宗門改帳：持高（石）	9.325【17】		
1806年宗門改帳：家持、棟数	家持、2つ（屋鋪、本家、小家）		
1807年宗門改帳：家持、棟数	家持、2つ（屋鋪、本家、小家）		
1811年宗門改帳：家持、棟数	家持、2つ（屋鋪、本家、小家）		
1806年宗門改帳：牛数	1		
1807年宗門改帳：牛数	1		
1811年宗門改帳：牛数	1		
1807年出来作物（銀：匁）			
米	490（7石）	53.84%	
麦	125（5石）	13.73%	
小麦	20（0.5石）	2.19%	
和薬品々	120	13.18%	
たばこ	80（135斤）	8.79%	
種	32.5（0.5石）	3.57%	
大豆	20（0.4石）	2.19%	
粟	9（0.3石）	0.98%	
楮木	6（30貫目）	0.65%	
空大豆	4.5（0.15石）	0.49%	
茶	3（10斤）	0.32%	
収入計	910【16】		
1807年賄入用（銀：匁）		総支出内比	（対総収入比）
上納・小入用	659.41	41.46%	（72.46%）
飯料	486（6人分、米4.8石、麦6石）	30.55%	（53.40%）
造用	300（6人分）	18.86%	（32.96%）
肥代	50	3.14%	（5.49%）
利足銀	45（300目借用銀）	2.82%	（4.94%）
牛代	30	1.88%	（3.29%）
農道具代	20	1.25%	（2.19%）
支出計	1590.41		
収支差引（銀：匁）	−680.41		
総支出/総収入	174.77%【29】		
等価可処分所得（銀：匁）	83.93【32】		
主食エンゲル係数	54.85%【25】		

1808年報告：戸主	41　安兵衛	
1808年報告：員数	2人	
1806年宗門改帳：員数	2人（与吉17、母いち43）	
1807年宗門改帳：員数	2人（安兵衛〔元与吉〕18、母いち44）	
1811年宗門改帳：員数	2人（安兵衛22、母いち48）	
1806年宗門改帳：持高（石）	5.6446（貼紙4.57）【20】	
1807年宗門改帳：持高（石）	4.57【24】	
1810年免割：持高（石）	3.656【26】	
1811年宗門改帳：持高（石）	4.57【28】	
1806年宗門改帳：家持、棟数	家持、2つ（屋鋪、本家、小家）	
1807年宗門改帳：家持、棟数	家持、2つ（屋鋪、本家、小家）	
1811年宗門改帳：家持、棟数	家持、2つ（屋鋪、本家、小家）	
1807年出来作物（銀：匁）		
米	350（5石）	67.86%
麦	62.5（2.5石）	12.11%
小麦	12（0.3石）	2.32%
たばこ	24（40斤）	4.65%
大豆	20（0.4石）	3.87%
種	19.5（0.3石）	3.78%
いも	15（5荷）	2.90%
和薬	10	1.93%
小豆	2.75（0.05石）	0.53%
収入計	515.75【29】	
1807年賄入用（銀：匁）		総支出内比（対総収入比）
飯料	162（2人分、米1.6石、麦2石）	34.30%（31.41%）
上納・小入用	152.75	32.34%（29.61%）
造用	100（2人分ヵ）	21.17%（19.38%）
利銀	37.5（250匁借用銀）	7.94%（ 7.27%）
肥代	20	4.23%（ 3.87%）
支出計	472.25	
収支差引（銀：匁）	＋43.5	
総支出/総収入	91.56%【3】	
等価可処分所得（銀：匁）	230.16【14】	
主食エンゲル係数	57.44%【32】	

第三章　家計から迫る貧困

はじめに

本章では、第二章で紹介した、大和国吉野郡田原村の一八〇八年『去卯年御田畑出来作物書上帳』という稀有な世帯収支報告書を手掛かりに、家計という観点から、近世日本の村人たちをとりまく貧困の質に迫っていきたい。家計分析による貧困判断という、貧困史研究ではもっとも肝心要の事柄でありながら、従来の近世日本史研究ではもっとも弱かったこの基礎作業はきっと、（1）世帯収支の実情に迫れば迫るほど、個別世帯の次元で「貧しい」か否かの判断をくだすことが、いかに難しいことなのか、（2）貧困の指標となりそうな破産や夜逃げについて、その状況に陥っていく世帯の性格から、「法則性」のようなものを導き出すことが、いかに困難なことなのか、を明らかにするに違いない。加えて、右の（1）（2）で示される複雑さは、「困窮」を主張し続ける民衆運動の史的性格を理解するうえでも、重要な分析視角を与えてくれることであろう。

こうした点を意識しながら、以下、第二章で掲げた世帯表を利用しながら、考察を進めていきたい。

第一節　田原村全体の特徴

第二・三節で個別世帯の分析に入る前に、まず、一八〇八年の世帯収支報告書からみた、田原村全体の特徴を確認しておこう。各戸の収支を集計すると、左表のように、一八〇七年の一年間における、田原村全体の年間収入と支出を得ることができる。また「出来作物」の一部については、一八七三年の田原村「一村限産物表」[1]で、自家消費の有無や売り先が判明するので、参考までにその史料文言も挿入しておいた。

まず収入面についていえば、六％弱の給銀・手稼ぎ（日用賃含む）、および貸付銀利足を除く、総収入の九割以上が、農作物で占められていたことがわかる。この点で当時の田原村は、典型的な農村であったといえよう。しかもこのうち、米が五二％を占めるほど圧倒的な地位を有しており、米作りを中心とした近世日本の村落という、よく思い描かれる一般的な歴史像とも合致する。

とはいえ、逆にいえば残り半分の収入は、一二％弱の麦を筆頭として、多くても数％、ものによっては一％にも満たないような、実に細ごまとした諸作物の生産によって成り立っていたこともわかる。さらにそうした微細な収入も、その性格は一様ではなく、里芋、綿、粟、とうきび、黍、茶のように自給的要素の強い作物もあれば[2]、木香《もっこう》、白芷《びゃくし》、荊芥《けいかい》といった薬草（「和薬品々」も）や、煙草、菜種、小豆、楮木のごとく、販売による現金収入目的のものもあった（田原村の近隣にある町場・松山町には、当時、薬種や和紙（宇陀紙、国栖《くず》紙）をあつかう業者がたち並んでいた）。安室知が注意をうながすように[3]、一見とるに足らないものにみえる些細な収入も、目的が自家消費であれ販売であれ、村人たちの経営にとっては、決して侮ることのできない地位にあったことが知られる。

1807年　田原村全体の年間収支（銀：匁）

総収入計	38760.99	1873年産物表
米（作り米）※1	18840.5（48.60%）	貢納、自用費消
下作米	1319.5（3.40%）	
麦	4540（11.71%）	自用費消
小麦	719（1.85%）	
麦安	104（0.26%）	
給銀、手稼ぎ	2295（5.92%）	
たばこ	2126（5.48%）	自国売物
和薬品々	1971.88（5.08%）	
木香	160（0.41%）	
白芷	34（0.08%）	自国売物
けいかい（荊芥）	3.2（0.008%）	
いも（里芋）	1446（3.73%）	自用費消
種（菜種）	1317.5（3.39%）	自国売物
大豆　※2	930.4（2.40%）	自用費消、自国売物
わた	470.5（1.21%）	
粟	468（1.20%）	自用費消
山ノいも	366（0.94%）	
小豆	354（0.91%）	自用費消、自国売物
ときひ（とうきび）	243.6（0.62%）	
楮木	225.51（0.58%）	自国売物
空大豆	163.5（0.42%）	
苧	162（0.41%）	
きひ	141.4（0.36%）	
茶	104.1（0.26%）	
苧黄、苧木	79.5（0.20%）	
貸付銀利足	75（0.19%）	
ゑんとう（えんどう豆）	32.7（0.08%）	
牛房	24（0.06%）	
まめば	23.8（0.06%）	
大こん	14（0.03%）	
畑稲	6.4（0.01%）	

※1：16半兵衛・17源七の推定米作込み。作り米・下作米合算の22彦左衛門の分は、便宜上「作り米」に一括。

※2：大豆・小豆合算の4要蔵の分は、便宜上「大豆」に一括。

総支出計	54413.69	対総収入比
飯料	16687（30.66%）	43.05%
上納・小入用	15206.19（27.94%）	39.23%
造用	10625（19.52%）	27.41%
利足銀	4740.5（8.71%）	12.23%
給銀	3480（6.39%）	8.97%
肥代	1756（3.22%）	4.53%
農道具代	1109（2.03%）	2.86%
牛代	710（1.30%）	1.83%
その他	100（0.18%）	0.25%

次に、支出面をみていこう。第二章で述べたように、そもそもこの世帯収支報告書がつくられたきっかけは、「御高免」に対する村側の不満にあった。したがって、まずそれに関わる「上納・小入用」（小入用の占める割合は小さい）からみてみると、村の総収入の四〇％弱と、かなりの比率を占めていたことがわかる。「御高免」を訴える田原村の主張を、具体的な数字でもって実証しているかにみえるが、ここで注意しなければならないのは、世帯収支報告書上の上納・小入用計銀一五貫二〇六・一九匁と、実際の単年度税額とのズレ、である。

田原村を含む吉野郡村々は、一六四一年（寛永一八）段階には、すでに年貢米の代銀納を実現しており[4]、田原村の一八〇七年の単年度税額も、十分一大豆銀納、九分米銀納、小物成（山年貢）、高掛三役、口米、すべて込みで計銀一二貫一五三・一四匁（皆銀納）であった（一八〇八年三月「卯御年貢皆済目録」〔片岡4—4—3—75〕）。したがって、村の総収入銀三八貫七六〇・九九匁に占める実質税率は、三一・三％にまで引き下げられることとなる。

また単年度税額と比べると、世帯収支報告書では、三貫余り余計に上納・小入用が計上されていたことも判明する。詳細は今後の課題だが、田原村では免割に際し、公定免率以上の割合で、年貢を高持世帯に割り付けていたことが確認できる[5]。それをふまえるとおそらく、田原村では年貢徴収にあたり、滞納世帯の年貢立て替えなど緊急時に備えて、高持百姓から少しずつ余分に年貢をとるような慣習があり、そうした行動の結果が、上述の差額となってあらわれたものと思われる。

実質税率三一％を、「御高免」＝「高税率」とみなせるかどうかは、微妙なところであろう。ただ後述するように、各世帯の税負担率に相当な落差があったことをふまえると、そもそも村という単位で実質税率を云々すること自体、あまり生産的な議論ではないのかもしれない。この点については、またのちほど議論することとしよう。

加えてより重要なことに、支出全体からみると、実は上納・小入用などより、飯料や造用といった、人びとの「消費欲」に関わる支出項目の方が、はるかに大きな負担となっていたことがわかる（総収入に占める割合は、両者を足すと七〇％以上）。田原村が困窮の元凶としてやり玉にあげた年貢、およびそれをきっかけに生じた借金（利足銀）の割合も決して低くはないのだが（両者で五一％余）、それ以上に村人たちの足を引っ張っていた――村全体では、銀一五貫以上の大赤字――可能性が高いのが、米・麦という主食穀物に対する消費欲と、世帯員各自の個人支出であった。困窮訴願運動で主張される事柄と、実際の支出内容とのズレが何を意味するのか、次節で検討することとしよう。

第二節　世帯間比較からみた困窮主張村落の実像

第二章で述べたように、『去卯年御田畑出来作物書上帳』の最大の強みは、村内全戸の家計事情をつかめるところにある。よってここではその強みを活かして、各種の指標から世帯間比較を試み、困窮を主張する村の内実に迫っていきたい。

（1）総収入と持高

まず、これまでの研究で、村内における階層差や経済格差の指標としてよく用いられてきた、持高の位置について考えてみよう。図表1は、一八〇七年の総収入順に各世帯を並べたもの（棒グラフの左側が総収入、右側が総支出）、図表2は、一八〇七年の世帯収支情報を残したまま（後述の図表3・4も同じ）、各世帯を一八一〇年の持高順に並べ替えたものである。

ここからすぐわかるように、持高順に並べると、一応は総収入順と同じく右肩下がりの傾向を示すが、

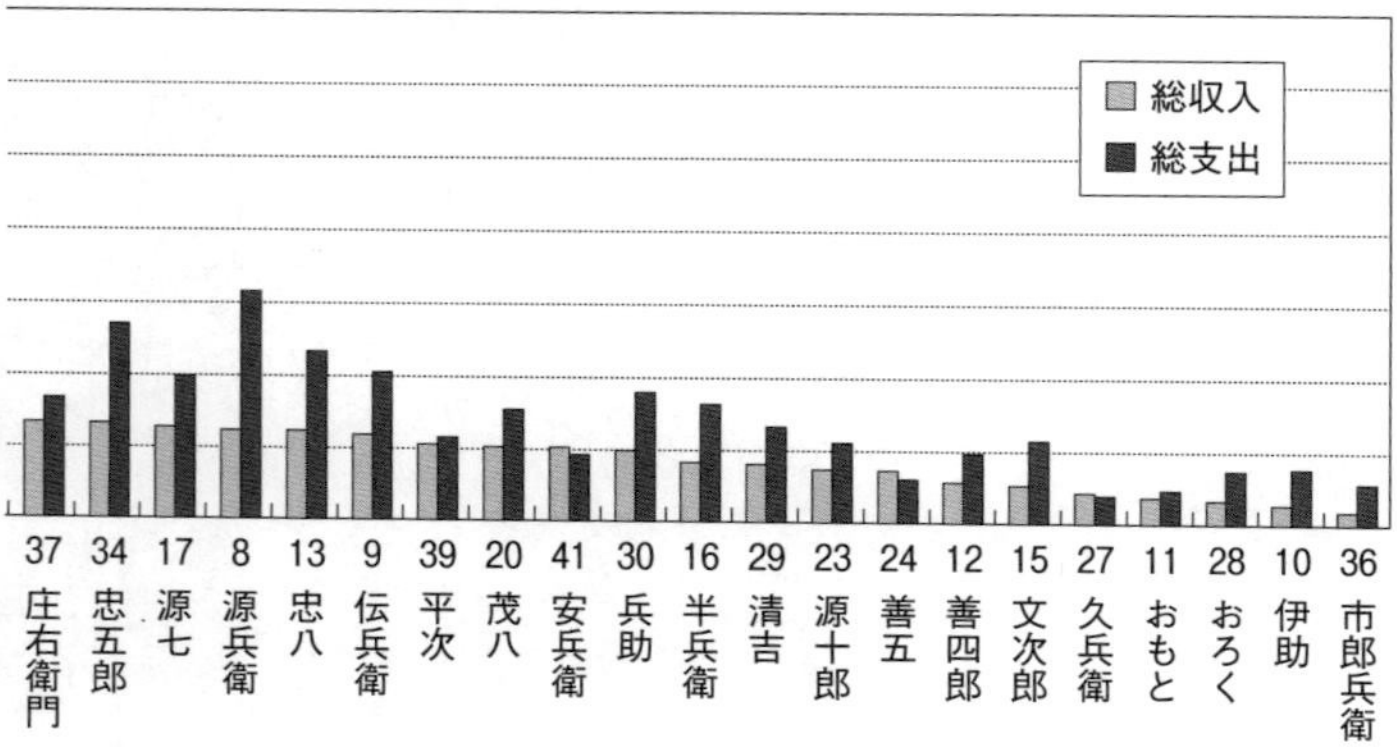

7	8	9	10	11	12	13	14
21 善次郎	35 藤兵衛	19 おとよ	4 要蔵	5 藤右衛門	2 林蔵	33 兵蔵	26 源蔵
1724	1723	1446.1	1351.4	1177	1148.5	1130	1010.95
2230	2000.18	1530	1927	2156	2430	1396.17	1174.56
257	257	215	201	175	171	168	150

21	22	23	24	25	26	27	28
37 庄右衛門	34 忠五郎	17 源七	8 源兵衛	13 忠八	9 伝兵衛	39 平次	20 茂八
670	663	637	619	617.78	599.5	533	517.4
836.42	1349.63	990	1578	1170	1032	574.77	777.5
100	98	95	92	92	89	79	77

35	36	37	38	39	40	41
12 善四郎	15 文次郎	27 久兵衛	11 おもと	28 おろく	10 伊助	36 市郎兵衛
286	263.6	208	180	161.25	134.1	90
479	573	184.92	240	365.71	387	284.2
42	39	31	26	24	20	13

図表1　1807年　総収入順

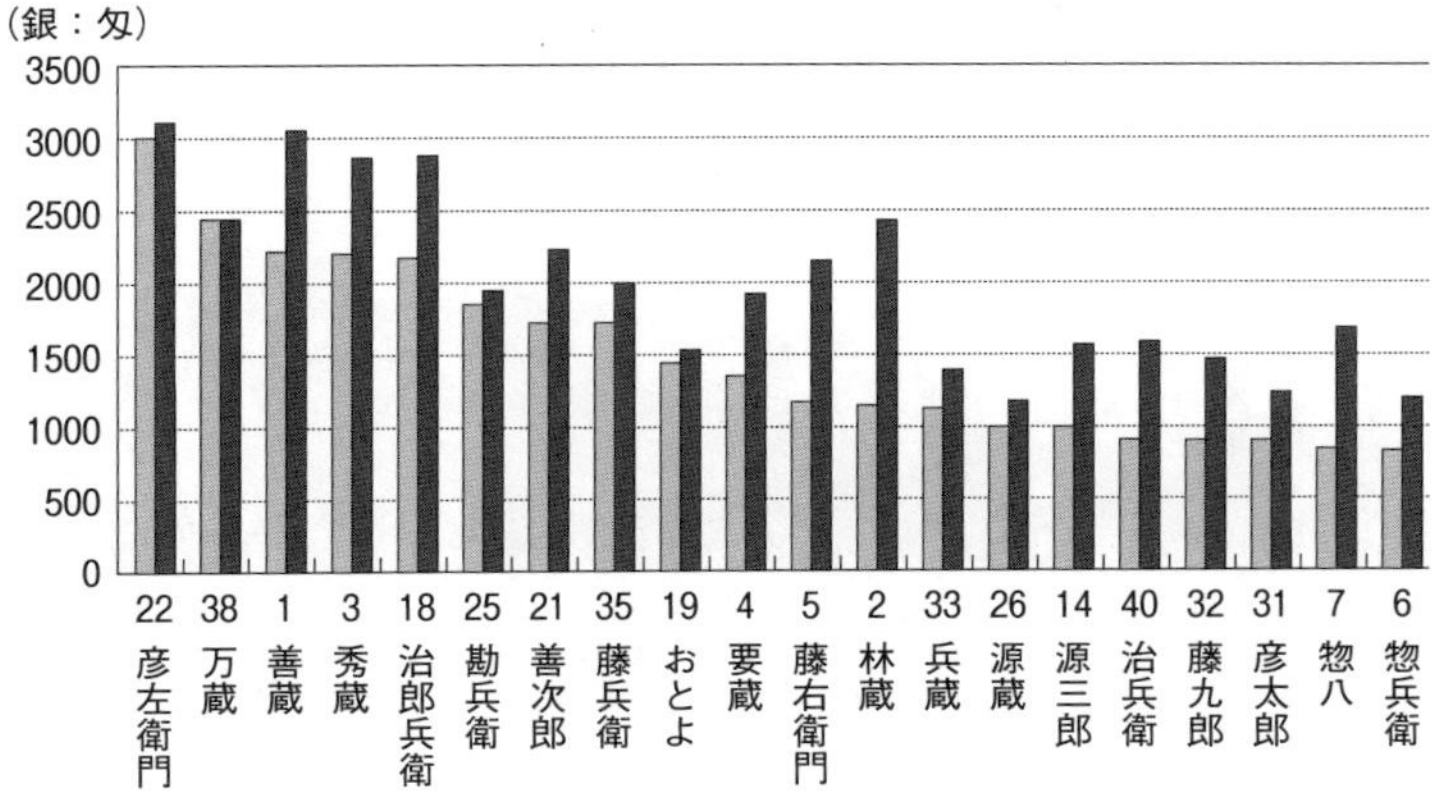

順位	1	2	3	4	5	6
世帯名	22　彦左衛門	38　万蔵	1　善蔵	3　秀蔵	18　治郎兵衛	25　勘兵衛
総収入（匁）	3005.6	2448	2221.5	2208	2178	1854
総支出（匁）	3109	2448.02	3052.4	2866	2876	1948.29
指数	448	365	331	329	325	276

順位	15	16	17	18	19	20
世帯名	14　源三郎	40　治兵衛	32　藤九郎	31　彦太郎	7　惣八	6　惣兵衛
総収入（匁）	1009.66	910	906	902	847	831
総支出（匁）	1567.7	1590.41	1470.67	1235.41	1683	1200
指数	150	135	135	134	126	124

順位	29	30	31	32	33	34
世帯名	41　安兵衛	30　兵助	16　半兵衛	29　清吉	23　源十郎	24　善五
総収入（匁）	515.75	490	413.1	400	368.3	362.5
総支出（匁）	472.25	896.63	816	663.85	551	301
指数	76	73	61	59	54	54

※指数は、中央値を100とした場合の値（図表2・4も同じ）。

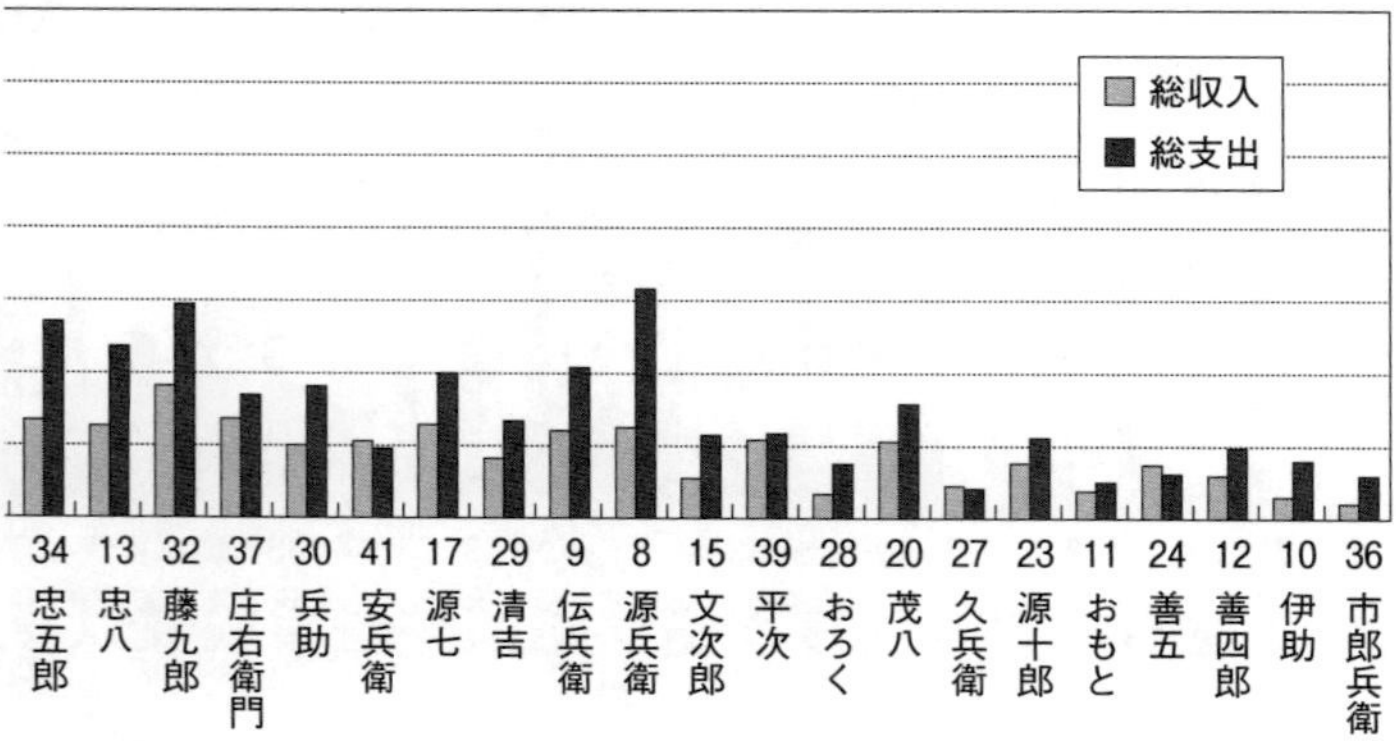

7	8	9	10	11	12	13	14
19　おとよ	5　藤右衛門	18　治郎兵衛	2　林蔵	33　兵蔵	4　要蔵	14　源三郎	35　藤兵衛
1446.1	1177	2178	1148.5	1130	1351.4	1009.66	1723
13.9565	13.35	13.309	12.5135	11.6895	10.21	9.367	9.209
263	251	250	235	220	192	176	173

21	22	23	24	25	26	27	28
34　忠五郎	13　忠八	32　藤九郎	37　庄右衛門	30　兵助	41　安兵衛	17　源七	29　清吉
663	617.78	906	670	490	515.75	637	400
5.303	4.967	4.8	4.574	3.994	3.656	3.516	3.3285
100	93	90	86	75	68	66	62

35	36	37	38	38	38	38
27　久兵衛	23　源十郎	11　おもと	24　善五	12　善四郎	10　伊助	36　市郎兵衛
208	368.3	180	362.5	286	134.1	90
0.64	0.556	0.236	0	0	0	0
12	10	4	0	0	0	0

図表2　1810年　持高順

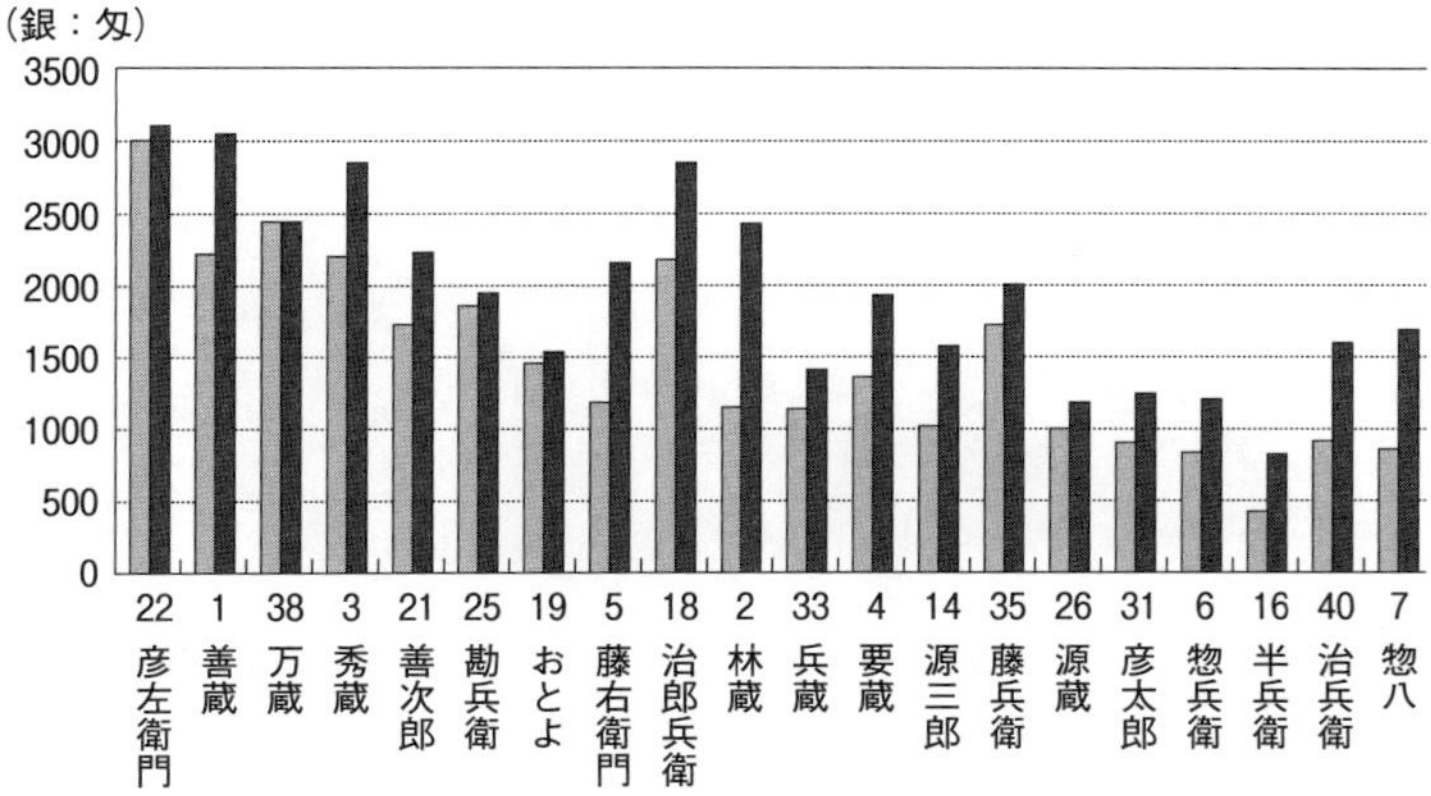

順位	1	2	3	4	5	6
世帯名	22　彦左衛門	1　善蔵	38　万蔵	3　秀蔵	21　善次郎	25　勘兵衛
総収入（匁）	3005.6	2221.5	2448	2208	1724	1854
持高（石）	26.277	25.367	22.7028	20.5295	17.89	14.41
指数	495	478	428	387	337	271

順位	15	16	17	18	19	20
世帯名	26　源蔵	31　彦太郎	6　惣兵衛	16　半兵衛	40　治兵衛	7　惣八
総収入（匁）	1010.95	902	831	413.1	910	847
持高（石）	8.023	7.721	7.7	7.499	7.46	5.444
指数	151	145	145	141	140	102

順位	29	30	31	32	33	34
世帯名	9　伝兵衛	8　源兵衛	15　文次郎	39　平次	28　おろく	20　茂八
総収入（匁）	599.5	619	263.6	533	161.25	517.4
持高（石）	3.296	3.15	3.06	2.842	1.904	1.144
指数	62	59	57	53	35	21

それはかなり大まかにみた場合の話であり、むしろ子細にみれば、総収入順と合致しない例が多々あることに気づかされる（一八〇七年三月段階の持高順でも同じ）[6]。試みに、一八〇七～一〇年の持高が三～四石、年収銀四〇〇匁であった29清吉を軸に、世帯規模を無視した単純比較をしてみると、持高がほぼ同水準であった17源七とは二〇〇匁以上もの差をつけられているし、持高では勝っているはずの8源兵衛、9伝兵衛、20茂八、39平次とも、年収では一〇〇～二〇〇匁ほど負けてしまっている。

このことを、世帯規模がほぼ同じであった14源三郎と35藤兵衛の世帯表を使って、もう少し厳密に検討してみよう。両者は一八〇七～一〇年の持高では、八～九石ほどとほぼ同程度であったが（村内順位一三・一四位）、総収入では、源三郎家が銀一貫余（一五位）であったのに対し、藤兵衛家は銀一・七貫余（八位）と、七〇〇匁もの差がついていた。その最大の要因は米作りの量にあり、源三郎家では持高とあまり変わらない七石＝銀四二〇匁であったのに対し（源三郎家は他家と異なり、米一石＝銀六〇匁を採用）、藤兵衛家では持高の倍近い、一五石＝銀一貫余を稼ぎ出していた。持高と実際の米穀生産量の差を、如実に物語る数字である。

同様のことは、総収入が同程度の世帯同士でも指摘し得る。たとえば21善次郎と35藤兵衛を比べると、両者の総収入には、銀一匁の差しかないにもかかわらず（村内順位七・八位）、持高上は、前者が一七石で、後者が八～九石と、倍近い差があった。実際の米の生産量は、ともに一五～一六石とほとんど差がなかったわけであるから、ここでもまた、持高と米作の実情とのズレを看取し得る。

しかもややこしいことに、持高が善次郎家の半分程度しかない藤兵衛家の方が、実は年貢負担が大きかったことも判明する（善次郎家の「上納」が銀五五二匁であったのに対し、藤兵衛家では小入用想定分を除くと、約七〇〇匁）。持高は、収入面はともかくとして、せめて税負担の差ぐらいは教えてくれるのではないかという淡い期待は、見事に裏切られることとなる（この点については、本節第三項も参照）。

持高が有するこうした虚偽性は、14源三郎、21善次郎、35藤兵衛のような、総収入の中上層世帯だけでなく、10伊助のような低所得層でも導き出せる。伊助家は、持高上は「無高」と登録され、総収入も銀一三四匁余（村内順位四〇位）と、田原村のなかでは下層に位置づく世帯であった。また、無高であることと連動して、賃労働で得られた給銀が、収入の主軸（年収の六割弱）となっていた。

とはいえもう一面では、残りの収入は麦、小麦、大豆、えんどう豆といった、実に細ごまとした諸作物の集合によって構成され、しかもその割合は四〇％ほどと、決して小さくはなかった。おそらくそれらの作物は、小作地でもなく、また検地帳や名寄帳などの公的な土地台帳類にも登録されないような、家庭菜園的な畑に植えられていたのであろう。詳細は今後の課題だが、小作地ももたない無高であったとしても、決して非農家だったのではなく、むしろ、自給作物であれ、商品作物であれ、農業収入がかなりの重みをもっていたこと――ゆえに無高であっても、農道具代（場合によっては肥料代も）が計上される――には、十分注意する必要がある。

このことをより端的に示すのが、36市郎兵衛である。市郎兵衛もまた無高で、総収入も村内最下位の銀九〇匁であったが、その年収を支えていたのは、賃労働のような非農部門ではなく、むしろすべて農作物であった（農道具代も支出にあがっている）。しかも微量ながら、水田で米まで作っており、「田んぼをもった無高」という存在があり得たことが知られる。彼は一八〇七年には、七一歳を迎える高齢者となっていたが、世帯収支報告書では世帯規模を二名と報告し、支出にも給銀を計上していないことから、実際には市郎兵衛本人が独りで農作業に打ち込んでいたのではなく、奉公人ではない何者かの支えを得て、日々の生活を送っていたものと思われる。[7] 市郎兵衛は、宗門改帳だけをみていると、「農業に従事しない無高貧農の独居老人」にしかみえないが、その経営実態は、まったくかけ離れたところにあったわけである。

このように、これまで多くの研究で階層差や経済格差、あるいは貧富差の指標として用いられてきた持高は、それらを厳密に実証していくうえで、まったく当てにならず、参考にすらならないのである。第一章でみたように、検地で算出された石高・村高が、実際の農業生産力と一致しないことは、先行研究でもつとに指摘されてきたところであるが、本章での分析により、それは個別世帯の次元でも、よりはっきりと示されたといえよう。持高を用いて村内の階層構成表をつくったり、持高五石を基準に貧農の多寡を計ったりするなどという行為は、実証手法として完全に破綻しているのだ。

一方、戦前以来、貧農の指標としてよく用いられてきた、作付面積五反（ないしは三反）についてはどうであろうか。史料の関係で、残念ながら現段階では個別世帯の収支と作付面積を対応させることができないが、ここで注意すべきは、当の本人たちが世帯経営の実情を他人（この場合、領主の五条代官）に伝えようとする際、各戸の持高や作付面積の開示にほとんど頓着していない、という点であろう。つまり、一九世紀初頭に生きる田原村の人びと自身、持高や作付面積をいくら提示しても、それは世帯経営の実情（とりわけ収入面）を伝えたことには何らならず、むしろ自給部分も含めて、金銭化された世帯収支を開示した方が、はるかに経営の現実をあらわすことになる、と自覚していたものと推測されるのである。村人たちが五条代官に年貢減免を迫るとき、一方で持高にこだわらない世帯収支報告書を作っておきながら、もう一方で石高を基準に年貢の譲歩を引き出そうとしていたのは、石高が村経済の実情を反映していたからではなく、あくまでも困窮訴願運動を有利に進めるうえでの一つの手段、戦法の一種として理解されていたからにすぎないのであろう。

（2）経営健全度と等価可処分所得

ここまでは、総収入と比べた場合の、持高がもつ「あやふやさ」を指摘してきた。では持高にかわって、総収入を基準にすれば、村内の階層や格差、あるいは貧富の実態に迫ることはできるのであろうか。どうもそうではなさそうである。そのことを示すのが、経営健全度（総支出を総収入で割ってはじき出した黒字・赤字率）順に各世帯を並べ替えた図表3と、等価可処分所得順に並べた図表4である。

まず経営健全度でみると、黒字世帯が上位三軒しかおらず（ただし38万蔵の赤字は、わずか銀二匁）、高収入を得ていたところが、軒並み順位を下げていたことがわかる。なかには1善蔵（三位→一八位、赤字率約三七％）や5藤右衛門（一一位→三一位、八三％）、2林蔵（一二位→三六位、一一一％）のごとく、大幅に順位を落としている世帯もある。年収はそこそこあるが、現実は「火の車」であったことを象徴する世帯だといえよう。

一方、四一軒中、唯一、単年度収支が黒字となっていたのは、24善五、27久兵衛、41安兵衛の三世帯であった。いずれも総収入でみれば、村内の低所得層にあたるような家々であり（善五・三四位、久兵衛・三七位、安兵衛・二九位）、世帯規模も一～二人と最小であった。持高五石という旧来型の貧農線をあえてあてはめるなら、「黒字の貧農」家庭――貧しいけれども余裕はある、余裕はあるけれども貧しい――ということにもなろう。安兵衛家にいたっては、借金も抱えている。

こうした面だけを切り取れば、右の三世帯は、「年収の少ない単身・二人世帯が、カツカツの生活を送って、何とか単年度黒字にしている」ようにみえるかもしれない。だが注意すべきは、いずれの家庭も飯料と造用については、一人前米〇・八石＋麦一石＝銀八一匁、造用一人前五〇匁、という第二章でみた基本設定額を、他の赤字世帯と同様、普通に適用しているところである。つまりこれらの黒字は、生活費をギリギリまで切り詰めた結果生じたものだったのではなく[8]、むしろ、米・麦という主食穀物に対する摂取量や、世帯員の個人支出をめぐる、世間一般（この場合、田原村）の消費欲・消費水準を維持しながら獲得されていたものだったのである。彼らは特段、カツカツの生活を送っていたわけではな

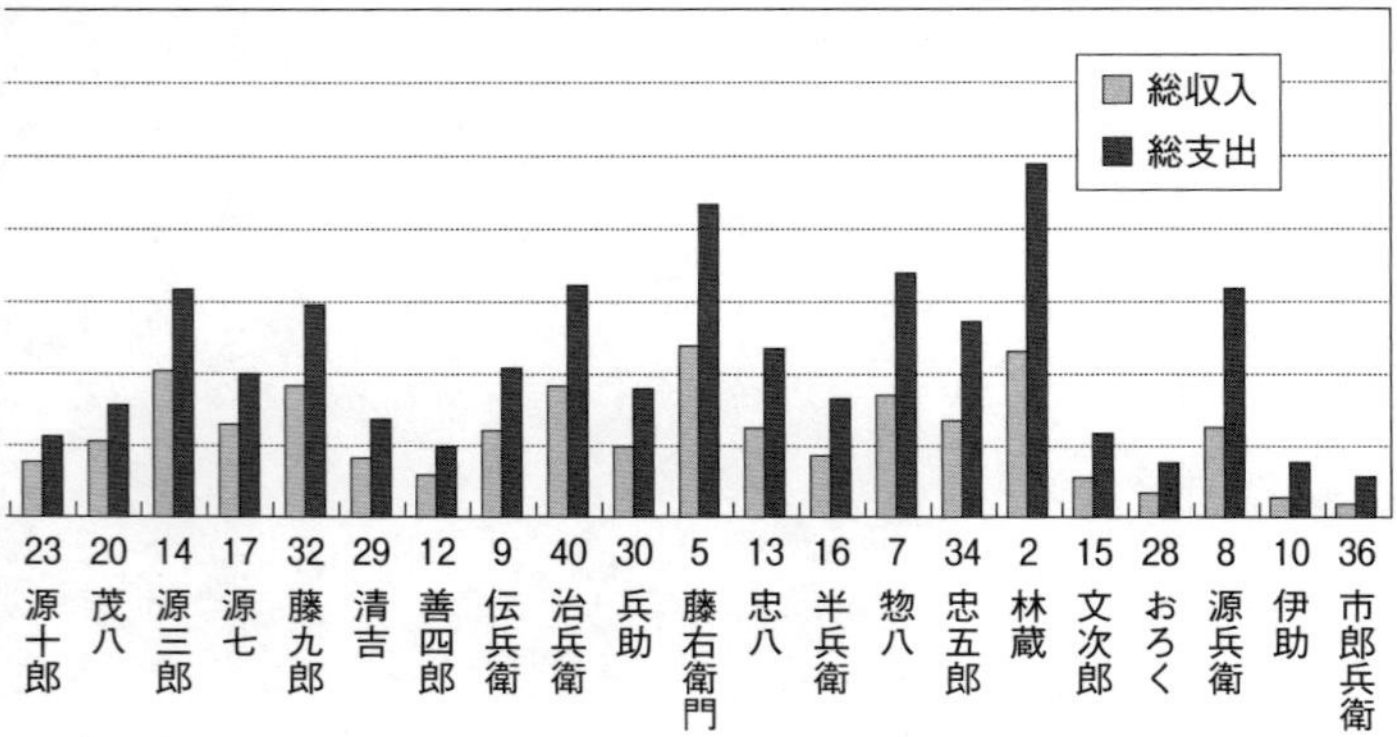

7	8	9	10	11	12	13	14
19　おとよ	39　平次	35　藤兵衛	26　源蔵	33　兵蔵	37　庄右衛門	21　善次郎	3　秀蔵
105.80	107.83	116.08	116.18	123.55	124.83	129.35	129.80

21	22	23	24	25	26	27	28
23　源十郎	20　茂八	14　源三郎	17　源七	32　藤九郎	29　清吉	12　善四郎	9　伝兵衛
149.60	150.27	155.27	155.41	162.32	165.96	167.48	172.14

35	36	37	38	39	40	41
34　忠五郎	2　林蔵	15　文次郎	28　おろく	8　源兵衛	10　伊助	36　市郎兵衛
203.56	211.58	217.37	226.79	254.92	288.59	315.77

図表3　1807年　経営健全度順

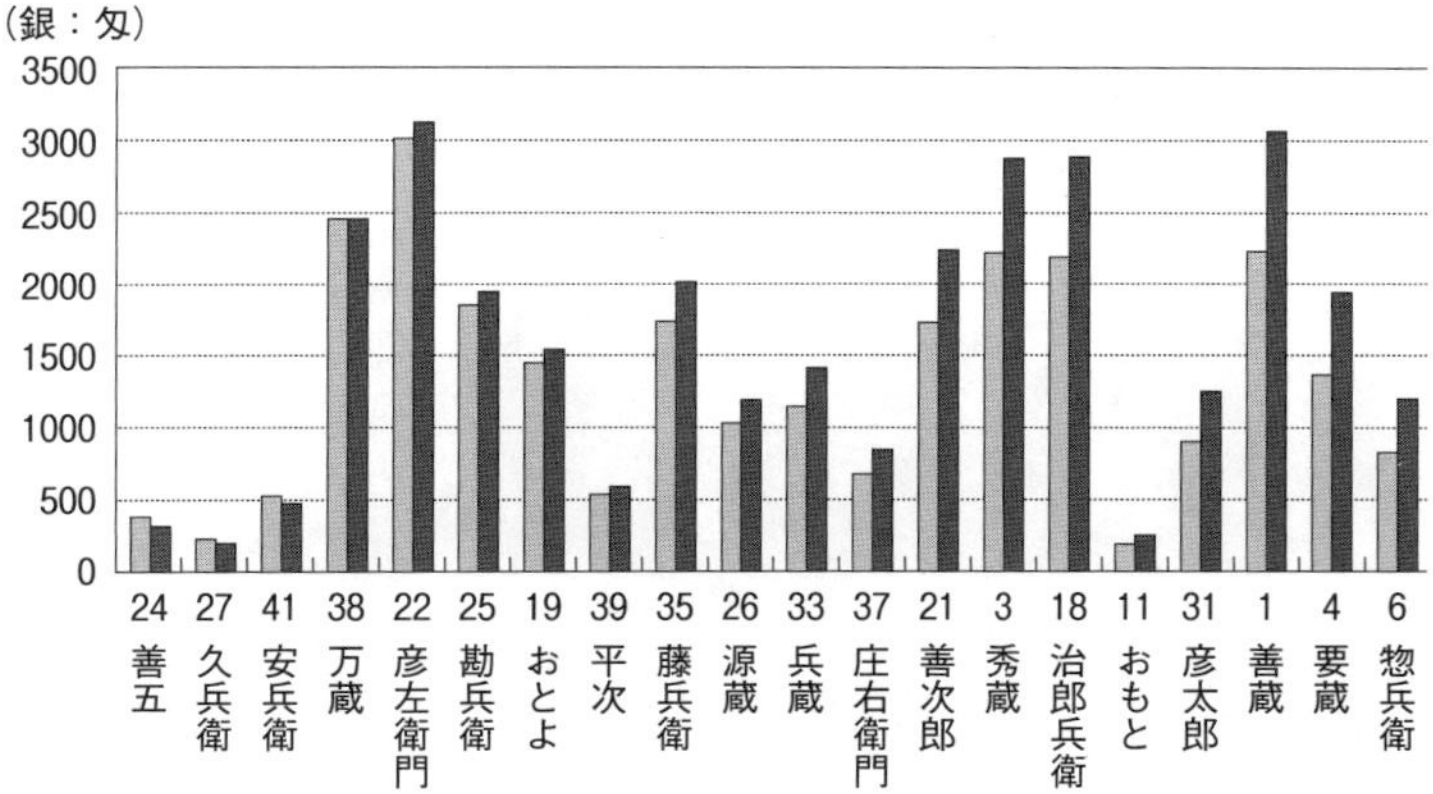

順位	1	2	3	4	5	6
世帯名	24　善五	27　久兵衛	41　安兵衛	38　万蔵	22　彦左衛門	25　勘兵衛
健全度（%）	83.03	88.90	91.56	100.00	103.44	105.08

順位	15	16	17	18	19	20
世帯名	18　治郎兵衛	11　おもと	31　彦太郎	1　善蔵	4　要蔵	6　惣兵衛
健全度（%）	132.04	133.33	136.96	137.40	142.59	144.40

順位	29	30	31	32	33	34
世帯名	40　治兵衛	30　兵助	5　藤右衛門	13　忠八	16　半兵衛	7　惣八
健全度（%）	174.77	182.98	183.17	189.38	197.53	198.70

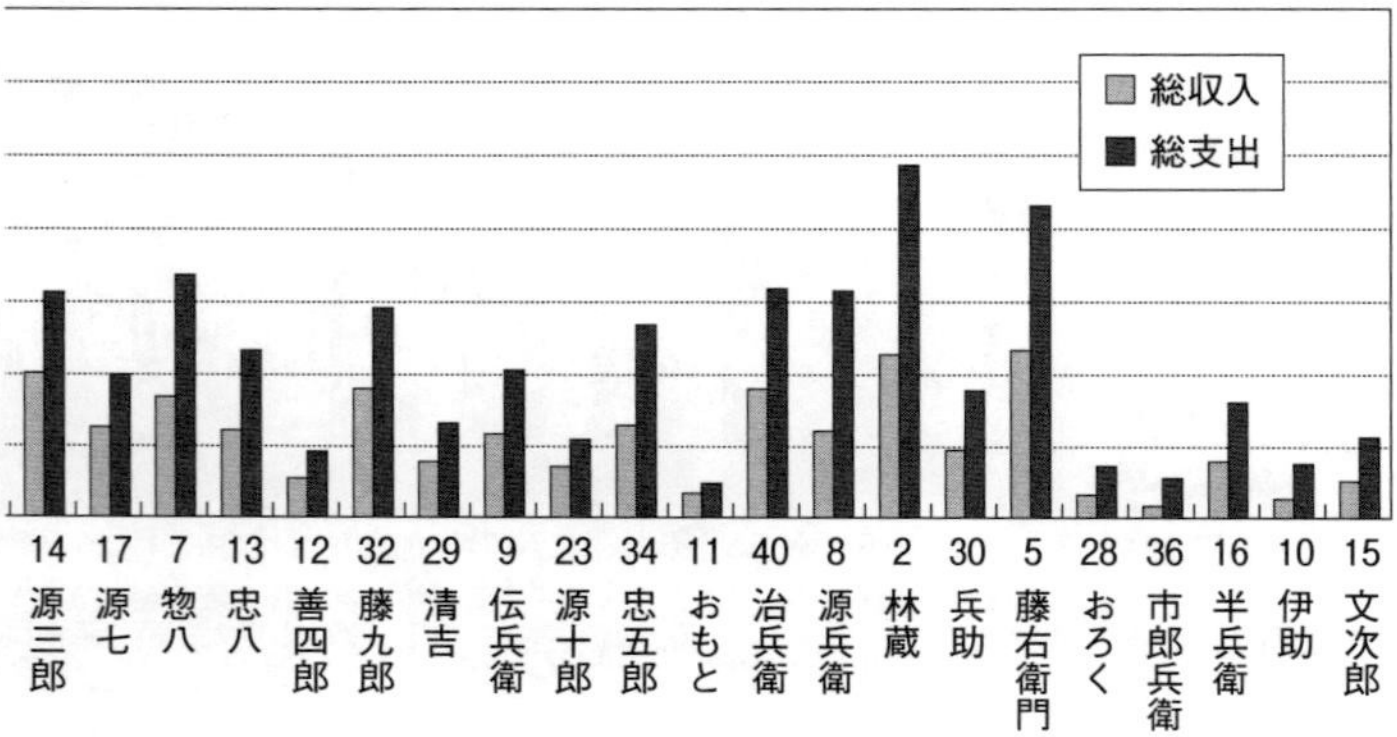

7	8	9	10	11	12	13	14
4 要蔵	26 源蔵	35 藤兵衛	33 兵蔵	39 平次	18 治郎兵衛	31 彦太郎	41 安兵衛
306.68	302.67	294.74	294.63	248.97	235.96	233.75	230.16
191	189	184	184	155	147	146	144

21	22	23	24	25	26	27	28
14 源三郎	17 源七	7 惣八	13 忠八	12 善四郎	32 藤九郎	29 清吉	9 伝兵衛
159.79	150.71	127.98	127.66	127.01	125.05	122.75	121.86
100	94	80	79	79	78	76	76

35	36	37	38	39	40	41
30 兵助	5 藤右衛門	28 おろく	36 市郎兵衛	16 半兵衛	10 伊助	15 文次郎
63.685	55.93	54.82	51.47	27.77	17.04	−19.37
39	35	34	32	17	10	−12

図表4　1807年　等価可処分所得順

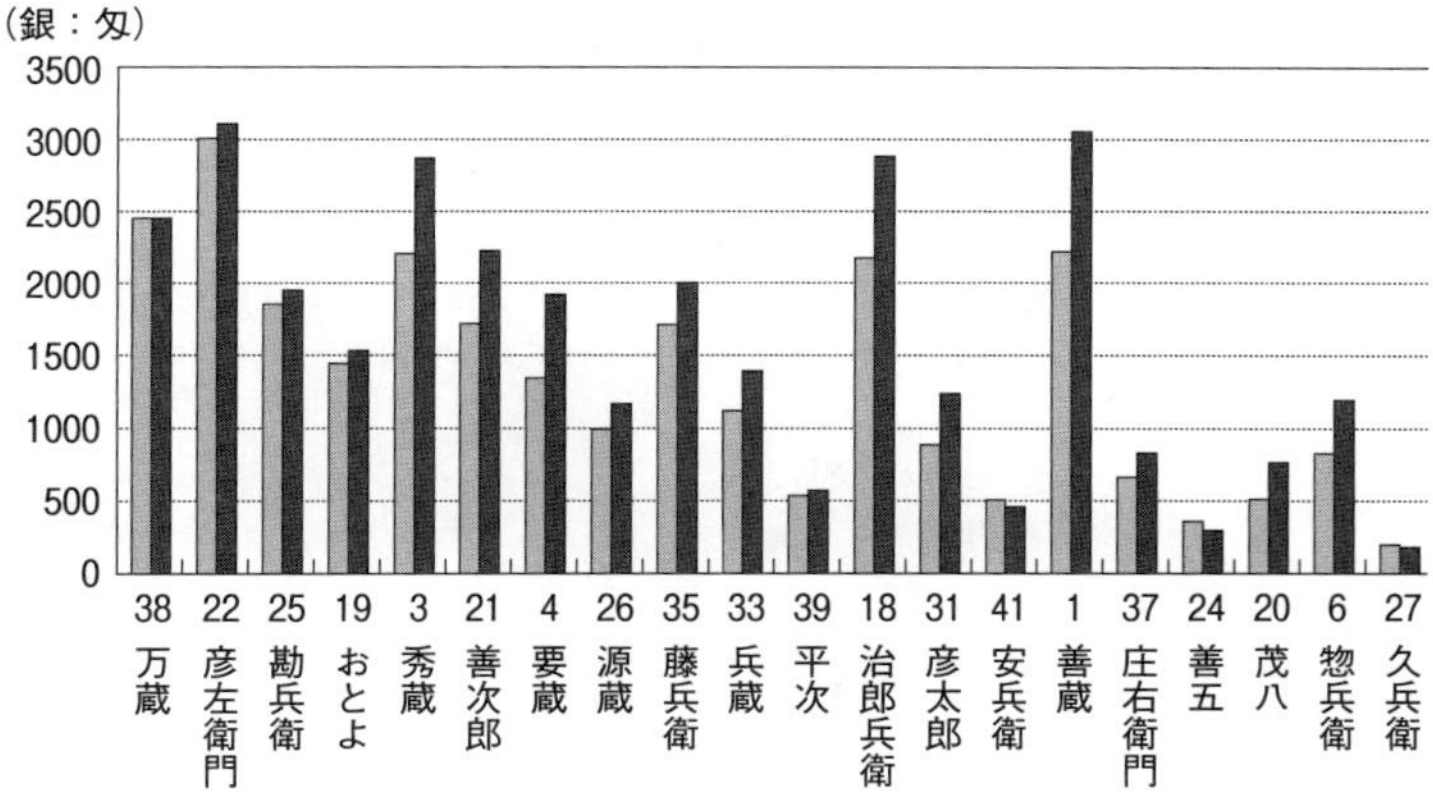

順位	1	2	3	4	5	6
世帯名	38　万蔵	22　彦左衛門	25　勘兵衛	19　おとよ	3　秀蔵	21　善次郎
等価可処分所得(匁)	568.5	555.2	442.48	413.05	367.45	342.59
指数	355	347	276	258	229	214

順位	15	16	17	18	19	20
世帯名	1　善蔵	37　庄右衛門	24　善五	20　茂八	6　惣兵衛	27　久兵衛
等価可処分所得(匁)	221.52	211.29	192.5	179.95	177.09	174.08
指数	138	132	120	112	110	108

順位	29	30	31	32	33	34
世帯名	23　源十郎	34　忠五郎	11　おもと	40　治兵衛	8　源兵衛	2　林蔵
等価可処分所得(匁)	112.39	111.63	92.37	83.93	80.96	70.18
指数	70	69	57	52	50	43

く、普通の生活をして、がんばって金を稼いで、黒字を達成していたのであった。

また税負担でみると、一六％ほどの27久兵衛を別として、四七％弱の24善五、三〇％弱の41安兵衛と、黒字世帯とはいえ、その比率は決して低くはなかったことも看取される。とりわけ善五については、員数・持高と総収入・税負担率だけで判断すると、一見、「低収入で重税にあえぐ持高五石未満の単身貧農」にみえる。だが子細にみればその内実は、（おそらく小規模な）所有地を小作に出して、年間五石という ささやかな「下作取込」＝小作料収入を得て、それをもとに米・麦をしっかりと食べ、自分の個人支出もきちんと確保し、なおかつ単年度黒字を実現するという、見ようによっては悠々自適な独身生活を送っていたとも言えるわけである。税負担や持高、総収入の額面だけで、その世帯の階層や、生活の苦しさ／貧しさを云々することの不毛さが知られよう。

続いて、等価可処分所得順の図表4を検討していこう。第二章で説明したように、等価可処分所得とは、世帯規模が異なる者同士で所得比較をする際有効となるもので、各世帯員がどれほど自由に処分できる所得（可処分所得）を有しているかを示す数値である。

ここでもまた、等価可処分所得順は、総収入順とも、経営健全度順とも、まったく一致しない。たしかに、等価可処分所得の上位十位以内に、総収入第一位の22彦左衛門、二位38万蔵、四位3秀蔵、六位25勘兵衛、七位21善次郎、八位35藤兵衛、九位19およ、一〇位4要蔵の八世帯が入っているように、全体としてみれば、「金持ちの方が、自由に処分できる金が多い」とは言える。

だが子細にみれば、ことはそう単純ではない点もみえてくる。たとえば前述の黒字三世帯は、ここでも、総収入では自分たちと二～五倍もの差がある世帯を押しのけて善戦しているし（41安兵衛・一四位、24善五・一七位、27久兵衛・二〇位）、総収入では第二七位の39平次も、等価可処分所得では、高収入世帯の18治郎兵衛や1善蔵を抜いて、第一一位まで順位を押し上げている。加えてその高収入世帯も、等価可処分所得では同列視できず、総収入銀二貫二〇〇匁前後で三〜五位を独占していた1善蔵、3秀蔵、18治郎兵衛も、等価可処分所得でみると、第五位の秀蔵と、一二位治郎兵衛、一五位善蔵との間には、指数で八二〜九一ポイントもの差がついていた。その背景には、年収に占める非消費支出（上納・小入用＋利足銀）の割合の差が横たわっていよう（3秀蔵が四七％ほどだったのに対し、18治郎兵衛と1善蔵は七三％余）。

このように、世帯間で所得比較をするうえで、おそらくもっとも公平な数値になると思われる等価可処分所得を導入すると、総収入や赤字率、ましてや持高だけでは見えてこない世界が広がってくる。また、等価可処分所得順に各世帯を並べると、その分布が結構ばらついていて、多数派を占める「普通」の世帯を導き出すことが、意外と難しい点にも気づかされる。中央値は一応、銀一六〇匁弱の14源三郎となるが、その前後に明確な「層」が築かれていたわけでもなく、あえていうなら、そこから指数で二〇ポイントほど離れた、二三位7惣八〜二八位9伝兵衛の銀一二〇匁台層が、「普通」の世帯の一群といえるのかもしれない（そこには、無高の12善四郎も含まれる）。いずれにせよ、等価可処分所得をもってしても「普通」を導き出すことが難しいということは、どこに貧困線を引いて、どこからを貧困層とみなすべきなのかも意外と困難、ということを意味していよう。

（3）税負担と飯料・造用

先述した黒字世帯の税負担率が、一六％ほどの27久兵衛、四七％弱の24善五、三〇％弱の41安兵衛と、三世帯のなかだけでも一様ではなかったことが示すように、世帯単位でみると、税負担率はかなり多様であったことがわかる。全体でみると、税負担率四〇％台（一三世帯）と三〇％台（一二世帯）が突出して多いが、その一方で二〇％台も六世帯、一〇％台も五世帯あり、12善四郎のごとく、七・三％しかないような世帯もあった。逆に、五一・九％の28おろく、六七・九％の5藤右衛門、そして七二・四％の40治兵衛のごとく、過半の三〇〜四〇％台をはるかにしのぐ「超高税率」世帯もあり、15文次郎にいたっては、八七・六％にもおよんでいた。二〜三石と、15文次郎とほぼ同じ持高であった39平次の税負担率が一九％であったことをふまえると、持高と税負担率は、単純な相関関係（正比例の関係）にはなかったといえよう（本節第一項で比較した、21善次郎と35藤兵衛の場合も同じ）。

前節で確認したように、田原村全体の実質税率は、三一・三％であった。だが個別世帯の次元にまで降りてみると、各世帯の間には税負担をめぐって相当な落差があったことが看取され、そこで平均値（三七・二七％）を求めて、村全体での実質税率と比べてみても、ほとんど意味をなさないといえよう。つまり、これまでの研究のように、村という次元だけで実質税率を云々していると、それより低い税負担世帯を見逃すだけでなく、たとえ村全体では低税率が実現されていたとしても、それよりはるかに高率の税を負担していた世帯を見逃す可能性も出てくるわけである。村が「高免」を嘆いたり、あるいは逆に「あの頃は低税率でよかった」と過去を振り返っていたとしても、その背景には、村の「高免」より低い税負担の世帯もいれば、低税率だった「古き良き時代」でも、（超）高税率負担を強いられていた世帯がいたかもしれない、と想定しておかなければならないのだ。

では四一軒中、三八世帯（赤字が微量な38万蔵を除くと三七世帯）までをも赤字に追い込んだ元凶とは、いったい何だったのであろうか。村側の主張に従えば「御高免」、およびそれによって引き起こされた借金が最大の「悪者」となるわけだが、それは額面通りに受け取っていいのであろうか。

たしかに、第一節で確認したように、田原村全体でみると、村の総収入に占める上納・小入用と利足銀の割合は、決して低くはない（両者で五一％余）。また個別世帯の次元でみても、世帯収入に占める上納・小入用と利足銀の比率が、四〇％台が九世帯、五〇％台が七世帯、六〇％台が二世帯、七〇％台が四世帯、八〇%台以上が五世帯と、二七世帯もあり、なかには15文次郎のごとく、一〇〇%を超える世帯すらあった。「御高免」と借金のせいで赤字となり、首がまわらない世帯が頻出しているという村側の主張は、一面では「ことの真実」を言い当てているといえよう。

では、この「高い」税金と借金問題さえ解決されれば、みな黒字に転向できるのであろうか。実はそうでもない。というのも、上納・小入用と利足銀をチャラにする、という非現実的なことを想定したとしても、赤字を解消できる、あるいはできそうなのは、赤字世帯（赤字微量の38万蔵は除く）の三七軒中、たったの一七世帯であり、しかもそのうち一三世帯は、等価可処分所得が銀二〇〇匁以上もある、中上層世帯であった（図表4の上位一六世帯のうち、38万蔵、4要蔵、41安兵衛を除く一三世帯。残りの四世帯は、二一位14源三郎、二六位32藤九郎、三一位40治兵衛、三六位5藤右衛門）。加えて、年貢減免をめぐる村側の当初要求四三%減（年平均一六四石余→九四石余、第二章参照）をふまえて、上納・小入用半減、利足銀ゼロを適用すると、赤字解消家庭は、1善蔵、18治郎兵衛、19おとよ、22彦左衛門、25勘兵衛、35藤兵衛、39平次の七世帯にさらに絞り込まれる。

つまり、村側の要求が最大限に実現されたとしても、その恩恵にあずかって赤字を解消し、「必至難渋」ぶりから解放される可能性があったのは、実はごく一部の比較的裕福な家だけ、だったのである（しかもすべての「金持ち」世帯が救われるわけでもない）。したがって、人びとを困窮に陥れる根本原因は、もっと別のところにある、とみなさなければならない。そしてそのとき気づかされるのが、前節でも指摘した、飯料と造用の重み、である。

第一節でみたように、飯料と造用が村の総収入に占める割合は、上納・小入用と利足銀の五一・四%をはるかにしのぐ、七〇・四%であった。また個別世帯でみても、飯料と造用だけで年収を超えてしまう世帯は、実に一五世帯もあり、続いて九〇%台が四世帯、八〇%台が三世帯と、八〇%以上世帯だけでも過半に達してしまう。上納・小入用と利足銀の年収占有率が、八〇％以上世帯で五軒、うち一〇〇％以上世帯にいたっては、たった一軒しかなかったことと比べると、その差は歴然としていよう。しかも上納・小入用と利足銀では、四〇％以上世帯が全部で二七であったのに対し、飯料・造用のそれは三九と、ほぼ全世帯を占めていた（18治郎兵衛と24善五だけが三〇％台）。

つまり、「困窮」する田原村の人びとの足を引っ張っていたのは、「御高免」でも借金でも何でもなく、むしろ彼ら自身の旺盛な消費欲に支えられた、米・麦の主食穀物に対する摂取量と、造用という個人支出部分だったのである。とりわけ、一〇〇％以上世帯の一五軒のうち一四世帯は、等価可処分所得の中央値（14源三郎）以下にいたことが示すように、飯料と造用の負担は、中下層の家庭に重くのしかかっていた。これこそが、田原村の人びとを「必至難渋」に陥れていた元凶だったのであり、彼らは飯料と造用に象徴される一定の生活水準[9]を保とうとするがゆえに、自らの手で赤字を招来してしまっていたのである。

このことがもつ意味は大きい。なぜならこうした実態は、困窮を主張する村側の嘆願書には、一切登場してこないからである。困窮をもたらす決定的な元凶にはあえて触れず、要因としては二番手にあたる年貢と借金の問題で、領主に詰め寄る。そこからみえてくるのは、そもそも困窮を旗印にした民衆運動というのは、その根本原因に迫るような性格のものだったのではなく、むしろ税金や借金という、責任の所在（敵の存在）が比較的わかりやすく、「攻めやすい」ところを狙っておこなわれた政治運動だったのではないか、という歴史像である。

考えてみれば、飯料を規定する米・麦の価格相場は、誰も最終的には統制できなかったであろうし、造用にいたっては、領主や幕府のまったく関知し得ないところだったであろう。であれば、そのような責任の所在もよくわからず、誰を敵にしたらいいのかもよくわからない問題について、ことさら運動のなかで取り上げてみても、詮なきことであったろう。ましてや、ことの発端は自分たち自身の消費欲――須田努のいう「私慾」（第一章参照）――にあったわけだから、なおさら領主に詰め寄る筋合いがない。田原村が、領主の五条代官に年貢減免を迫るとき、実際には銀で年貢を納めておきながら、その銀額の総計や、銀建ての米相場を論点に領主側と交渉するのではなく、あくまでも石高の量でかけ引きしていたところなども、「代官側に、実際の税額を規定する米相場の調整能力はない。ゆえに攻めるなら、具体的な交渉が可能な石高の量だ」という村側の判断のあらわれだといえよう。

第三節　赤字世帯のその後を追う

ここまでは、世帯表の集計や世帯間比較などを通して、困窮を主張する田原村全体の実情をみてきた。本節では、もう少し個別世帯に寄り添い、世帯表と宗門改帳を照らし合わせながら、赤字を抱えて難渋する人びとが、その後どうなっていくのかを追っていきたい。とりわけ、貧困の指標となりそうな破産と夜逃げに着目し、それがどのような世帯におとずれるのか、またそこに法則性のようなものを見出せるのかどうかを検討していくこととしよう。

（1）しぶとく生き続ける大赤字世帯

田原村には一八一一年（文化八）以降、ほぼ毎年のように宗門改帳が残されており、[10]一八〇八年の『去卯年御田畑出来作物書上帳』に掲載された各世帯について、宗門改帳上の家族構成がどのように推移していくのか、追っていくことができる。また、ある家で破産が生じた場合も、「去御改後、身上沽却仕候」などと注記したり、本来ならば持高や棟数を記すべき箇所（記載形式は第二章参照）に「無高無家」と記したりして、破産の事実を比較的丁寧に記録してくれているので、どの家族でいつ破産がおきたのか、ある程度正確に把握することができる。その史料的特性を活かして、以下、大赤字をだしていた世帯の、その後を追ってみよう。

まず注目されるのは、全世帯のなかで唯一、可処分所得がマイナスとなっていた15文次郎の動向である。彼の家は、非消費支出にあたる年貢と利足銀、計銀二九一匁だけで年収の二六三・六匁を超過し、自由に処分できる所得がまったく残されていなかっただけでなく、総支出が総収入の倍以上にものぼるような、大赤字世帯であった。しかも宗門改帳上の家族構成は、男手ひとつで小さな子どもの面倒をみなければならないような、父子家庭的様相を呈していた。まさに嘆願書でいうところの「必至難渋」ぶりを体現する世帯だったわけである。ただ、どれだけ赤字を抱え「困窮」していようとも、飯料と造用に象徴される一般的な消費水準を引き下げようとは、決してしていなかった。

年貢が、年収の九割近くに達していたということは、事実上、納税はほとんどままならなかった、ということであろう。そのうえ、赤字率も一〇〇%を優に超えていたわけであるから、客観的には破産して、潰れ百姓となって財産処分をし、それで滞納税と借金を弁済する、ということがなされていても良さそうなものである。

ところが宗門改帳をみる限り、文次郎家が身上沽却に追い込まれた形跡はまったくみられず、むしろ、一八〇八年の世帯調査から三〇年以上もたった一八四一年の宗門改帳でも、同家は普通に家族登録されていた。この間、一八〇八年の世帯調査時には八歳だった文次郎の息子菊松が、一八歳で勘次郎と改名し、結婚、離婚、再婚を経たのち、父文次郎の跡を継いでおり、文次郎自身も、一八三八年（天保九）に七三歳の高齢で亡くなるまで、宗門改帳上の戸主であり続けた。年貢の支払いもままならないほどの低収入で大赤字の世帯といえども、破産せずに村で生活し続けることは可能だったのである。[11]

同様のことは、高収入で村内の役職にも就くような家でも確認できる。たとえば2林蔵は、村の年寄や組頭を務めていたような家で、年収も村内第一二位の銀一貫一四八匁余を稼ぎ出していたが、前述の文次郎家と同じく、支出が収入の倍以上もあるような大赤字世帯であった。[12]だがそれでも破産に追い込まれることはなく、一八一一年に二〇歳だった林蔵の息子栄蔵が、その後、父林蔵の跡を継ぎ、一八四一年段階でも持高一一石余、牛一疋を有する八人家族として登録されていたのであった。

一方、破産してしまうものの、村には居続ける家もあった。その一例が、10伊助である。伊助家は、総収入・等価可処分所得ともに、村内第四〇位に位置づく低所得層であり、その年収は、二人分の年間主食費すら賄いきれないほどのものであった。また、赤字率も二〇〇%におよばんばかりの、超・大赤字世帯であった（これも村内第四〇位）。前述の文次郎家と同様、村側のいう「必至難渋」ぶりを体現する「困窮」世帯――飯料・造用の一般消費水準を堅持したままの――だったのである。

とはいえ、文次郎家がそうであったように、伊助家もまた、右のような「悲惨」な家計実態であったにもかかわらず、すぐさま破産に追い込まれたわけではなかった。逆に一八一三年（文化一〇）以後は、無高から脱却して五・七石の高持百姓となり、一八一六年（文化一三）から一八二五年（文政八）の間も、ずっと四・七三石の高持百姓として登録されていた（この間、伊助本人も結婚と離婚を経験している）。経営の実情を示す数値としては頼りない持高とはいえ、伊助家の経営が一八〇八年の世帯調査以後、いくぶんか上向きになっていたことが示唆される。

ところが、結局は家計のやりくりはうまくいかなかったらしい。一八二五年の宗門改帳では、「高四石七斗三升」および「本家壱軒」の記載箇所に、「無高」「家なし」と記す付箋が貼り付けられ、宗門改帳が作成された同年三月以降、いずれかの段階で破産してしまったことが知られる。そしてその後の宗門改帳でも、「無高無家」の家として登録し続けられ、一八三九年（天保一〇）には、とうとう伊助の妹とよ（四五歳、年齢は原文通り）一人だけの家になってしまった（伊助は、六〇歳代に入った一八三六～三八年〔天保七～九〕頃に病死したものと思われる）。

このように、一八〇八年の世帯調査以後、低所得で超・大赤字世帯の伊助家が歩んだ道のりは、良いときもあれば悪いときもあるような、決して平坦なものではなかった。伊助たちの苦労が偲ばれるが、それでも彼らは、破産したとは言っても、即、夜逃げを強いられたわけではなく、住み慣れた居村に居続けることができた。田原村にはそうした選択肢が、破産者たちに与えられていたのである（他村の例については、第五章参照）。

（2）破産と夜逃げに陥る健全世帯

前項では、世帯収支の数値上、いかにも破産に陥りそうな世帯に注目して、破産や夜逃げの有無を検討してみた。その結果、破産にいたる経緯や条件が、そう簡単には説明できないことがみえてきたが、実はそのことは、数字のうえではとても破産に陥りそうにもない世帯の行く末からも指摘できる。それを象徴するのが、18治郎兵衛の破産と夜逃げの過程である。

治郎兵衛家は、一八一一年には庄屋を務め、一八〇七年三月段階の持高は三七石余で村内第一位、同年の年収は銀二貫一七八匁で第五位、等価可処分所得でも二三六匁弱で第一二位と、世帯収支上は裕福にみえる家庭であった。また赤字も七〇〇匁ほどあったものの、その比率は三二％程度で、前述した15文次郎、2林蔵、10伊助などと比べれば、はるかにその経営は健全であった。ところがこの裕福で健全な世帯が、一八〇八年の世帯調査以後、急降下していくこととなる[13]。

すなわち、持高を一八〇七年の三七石余から、一八一三年の六・九石余へと激減させていた治郎兵衛家は、一八一四年（文化一一）三月、宗門改帳で「無高家（無脱ヵ）」と登録されて「家持」の肩書きがはずれ、

「去御改後、身上沽却仕候ニ付、親子共奉公稼ニ罷出居候」と注記される。治郎兵衛家は前年三月の宗門改め後、土地や家屋、牛などを処分して破産してしまい、一八一三年当時三六歳の治郎兵衛と、一〇歳の息子万次郎、および七歳の娘りか（りう・りよとも）は、奉公人として働きに出ることになった。一八一六年宗門改帳には、「去ル酉年（一八一三年――引用者注）、身上沽却仕候而無家、親子三人共親類方へ奉公稼ニ罷出居候」とあるから、彼らの奉公先は村内や近隣の親族であったことがわかる。

また治郎兵衛の妻いゑは、「此所妻いゑ儀、離縁仕、親元同村秀蔵江罷帰り候」（一八一四年宗門改帳）と、治郎兵衛と離婚して、実家の3秀蔵家に戻っていた（一八一六年には、高二石余、「屋鋪壱ヶ所、本家壱軒」をもつ「家持」として、いゑ一人で「別家」）。さらに四歳の息子忠吉も、「此所忠吉儀、去御改後、宇陀郡下守道村仁兵衛と申者子分ニ差遣申候」（一八一四年宗門改帳）と、隣村の宇陀郡下守道《しももち》村（宇陀市〔旧大宇陀町〕）の仁兵衛家へ「子分」（養子か）として差し出されていた。治郎兵衛家は、破産にともなう大幅な収入減に対処するため、妻を経済的に余裕のある村内の親元に戻し（3秀蔵の年収と等価可処分所得は、一八〇七年時に村内第四・五位、持高は一八一三年段階でも二五石余）、世帯規模を小さくして飯料・造用の支出を抑えるとともに、家族全員が奉公稼ぎで外出して面倒をみられない幼児を、近所の他家へ出して子育ての手間をはぶく、という選択肢をとったのである。

このように治郎兵衛家の生活は、破産を契機に激変したが、それでも先述の10伊助と同じく、身上沽却しても宗門改帳には登録し続けられ、居村に住み続けることができた。加えて一八一八年（文化一五）宗門改帳では、いまだ「無高」で「当時奉公仕居申候」という状況でありながらも、「家持」の肩書きが復活し、「土蔵壱ヶ所」をもつなど、再建の兆しもみえてきていた。

ところが一八一九年（文政二）宗門改帳では、「無高」の「家持人」という立場のまま、治郎兵衛の息子万次郎（一六歳）と娘りう（一三歳）の二人家族となる。治郎兵衛の名は消え、「此所次郎兵衛義、出奔仕候」という注記のみが残される。どうやら治郎兵衛は、前年三月の宗門改め後、当時一五歳と一二歳の子どもを残して、一人だけで「出奔」、すなわち夜逃げしてしまったらしい（前述の一八一八年宗門改帳でも、「家持」治郎兵衛の名に「出奔人」の追記がある）。

その後、残された子どもたちは一八二〇年（文政三）、治郎兵衛家と縁深い19おとよの家から出た弥三郎家（註13参照。当時の持高は一二石余）に一時的に預けられることとなる。さらに翌年、万次郎と妹のりよは弥三郎家から「別家」し、一八歳の万次郎を戸主として、高五石余、「屋鋪壱ヶ所、本家壱軒」を有する「家持」となった。そしてそこに合流したのが、八年前の破産時に（宗門改帳上は）離ればなれとなった、母いゑであった。こののち右の三人家族は、二〇年後の一八四一年まで宗門改帳に登録し続けられていく。

一八一三年の破産から、一八二一年（文政四）の再興にいたる治郎兵衛家の八年は、実に波瀾万丈であった。その過程からは、興味深い問題を多々議論できるが、ここではひとまず、世帯収支だけでみれば、とても破産しそうには見えない世帯であっても、身上沽却と出奔の憂き目に遭う可能性はあったことを指摘しておきたい。

同様のことは、39平次でも確認できる。平次家は、総収入は銀五三三匁（第二七位）と大したことはなかったものの、等価可処分所得では銀二四九匁弱と上位に位置し（前述の治郎兵衛家をしのぐ第一一位）、赤字率もわずか八％弱（第八位）と、かなり健全な経営をしていた。その後も、持高を微増させていたところをみると（一八一〇年二・八石余、一八一一年三・六石弱、一八一三年四・九九石、一八一五年四・七四石）、経営的には特段大きな問題を抱えてはいなかったらしい。

ところが、一八一六年三月の宗門改帳に、「此所平次儀、家内五人共、去亥（一八一五年――引用者注）十二月、一同召連出奔仕」とあるように、一八一五年（文化一二）の年末、当時四五歳の平次は、妻いそ（三七歳）、および六〜一一歳の子ども三人を引き連れて、突如、夜逃げしてしまう。村側は、さきの文章に続いて、「（平次家の行方を――引用者注）相尋候得共、未夕行衛相知不申候ニ付、無印ニ而奉差上候」と注記し、出奔から三ヵ月ほど経った時期ではあったが、いまだ行方知れずだったため、ひとまず通常の家族情報（五名の名・年齢・続柄、持高〔四・九九石〕、棟数、「家持」の肩書き）だけを書き上げて、平次の判を得ないまま、領主の五条代官に宗門改帳を提出している。[14]

前述の治郎兵衛は、単身での出奔であったが、平次家の場合、一家総出での夜逃げであり、事態はより深刻のように思える。だが実は、翌一八一七年（文化一四）三月の宗門改帳をみると、まるで何事もなかったかのように、何の注記もなく平次家は登録されており、しかもハンコまできちんと押されている。そして、この二四年後の一八四一年段階でも、七一歳の平次を戸主に、高四・四石余、「屋敷壱ヶ所、本家壱軒、小屋壱軒」を有する「家持」として、宗門改帳上でその健在ぶりをみせつけるのであった。いったん家族全員で出奔したものの、彼の家は実にあっさりと復帰を果たし、その後も村内で普通に生活し続けていたのである。

だがもちろん、治郎兵衛個人がそうであったように、皆がみな、夜逃げからの返り咲きを果たせるわけではない。たとえば20茂八（勘七と改名）は、平次家と同じく、「此所勘七家内六人共一同、去亥（一八一五年――引用者注）十一月出奔仕」と、一八一五年冬に一家全員で夜逃げし、一八一六年三月の宗門改帳では「無印」で家族登録がなされた。ところが結局復帰を果たせず、翌年の宗門改帳では、「所々相尋候得とも、行衛相知不申候ニ付、帳外奉願上、御聞届有之候ニ付、帳外ニ仕候」と、帳外扱い（無籍者＝無宿となる）となって、田原村の宗門改帳から消滅した。

茂八家の赤字率は五〇％ほどで、健全経営といえるかどうかは微妙なところであったが、税負担率が一二・五％と低率だったおかげで、持高は一石程度ながら、等価可処分所得では銀一八〇匁弱（第一八位）と、村内では健闘している方だった。だがそれでも一家総出で出奔せざるを得ず、しかも平次家のような返り咲きも叶わなかった。税負担率や等価可処分所得といった客観数値だけで、破産や夜逃げ、そしてそこからの敗者復活の可能性を探ることは、意外にも難しいのである。

（3）貧困への道に法則性はあるのか

このように、一八〇八年の世帯収支報告書と宗門改帳をかけ合わせていくと、各世帯の動向がいかに多様であったか、また身上沽却や出奔に陥りそうな世帯を予測することが、いかに困難なことなのかがみえてくる。

たとえば15文次郎のように、可処分所得がまったくなく、世帯収支も大赤字だったにもかかわらず、破産も夜逃げもせず、普通に在村し続けられた世帯がいた一方、それよりもはるかに健全経営にみえた18治郎兵衛や20茂八が、破産したり、出奔や帳外の憂き目に遭う。また同じ村役人級の家でも、2林蔵より圧倒的に赤字が少なく、等価可処分所得もはるかに上回っていた18治郎兵衛が破産し、治郎兵衛個人も行方知れずになったのに、林蔵家は大赤字を出しながらも、破産も夜逃げもすることなく、平然と村内で生活し続けることができた。加えて、健全経営からの転落＝出奔では同じ経験をしながらも、あっさりと復帰し得た39平次のような家もあれば、20茂八のごとく、そのまま帳外扱いとなってしまう家もあった。茂八家よりもはるかに経営実績が悪く、破産まで経験した10伊助ですら、居村に住み続けることができたのに、である。

田原村の各世帯がみせるこうした多様さ、融通無碍さは、いったい何を意味しているのであろうか。おそらくそれは、近世日本の村社会における破産や夜逃げとはそもそも、年収や等価可処分所得、あるいは赤字率といった客観数値が、あるところまで来たら必ず生じる、という類のものではなかった、ということであろう。つまり、貧困の指標となりそうな身上沽却や出奔という事態には、それを必然化させる「客観的な科学法則」などない、のだ。

これまでの近世日本史研究は、小百姓の没落と貧農化の背景に、「貨幣経済の進展」や「幕藩領主と特権商人との私慾の連鎖」を見出した須田努のごとく（第一章）、村の貧困（困窮）化過程には、何か特定の「法則」や「構造（的矛盾）」があると仮定して、それを実証した気でいた。だが、従来の史料水準をはるかに上回る『去卯年御田畑出来作物書上帳』にもとづくと、そうした想定と実証は、はかなくも崩れ去っていく。村人たちがたどる可能性のあった没落と貧困への道は、「幕藩領主と特権商人との私慾の連鎖」などという、本人たちの外側にある特定の「敵」で説明できるほど、単純なものではなかったのだ。近世日本の村社会において、貧困にいたる客観法則などない、という謙虚な姿勢をとってこそ、新しい村の貧困史研究は始まる。

破産や夜逃げを通して貧困を考えるとき、もう一つ注意しなければならないのは、身上沽却や出奔後の生活を、必ずしも「貧しく、悲惨」なものとは即断できない点である。たとえば18治郎兵衛の場合、破産後は父子三人で働きに出ることになったわけだが、「無高で、賃労働収入を主とする世帯」という面では共通する10伊助の例をふまえると、家族総出での奉公稼ぎとは言っても、それとは別に、農作物収入が四割ほどあった可能性があるし、収入的にはどれほど苦しい生活を送っていようとも、一般消費水準の飯料と造用は、普通に適用されていたかもしれない。また家出や夜逃げが、即「路頭に迷う」ことを意味していなかった以上（第四章）、出奔して村には戻らなかった治郎兵衛個人や茂八一家が、その後どのような生活を送ることになったのかは、変な先入観をもたずに、相当慎重に吟味しなければならない。[15] それだけ破産と夜逃げ、そして貧困の世界は奥深いのである。

おわりに

以上、大和国田原村の一八〇八年『去卯年御田畑出来作物書上帳』という稀有な史料を用いて、一九世紀初頭〜前半における村民世帯収支の実情、および赤字世帯の行く末を追ってきた。従来の近世日本史研究ではほとんど試みられたことのない、この新たな基礎作業からみえてきたのは、持高という指標の頼りなさと、赤字をもたらす米・麦の主食費と個人支出の重み、そして「普通」の世帯と「貧しい」世帯を導き出すことの難しさと、貧困化を必然化させる客観法則のなさ、である。

この分析結果は、村の貧困と貧農の実在――しかも、あやふやな実証にもとづいた――を前提に理解されてきた、通説的な近世日本の民衆運動像に、根本的な見直しを迫る。すなわち、村人たちが「重税反対」を旗印に困窮訴願運動を展開していたのは、何も本当に「御高免」が困窮の根本原因だったからではなく、むしろ責任の所在がはっきりして、攻めやすい論点だったからであった。また実際問題としても、村人たちが懸念した身上沽却や出奔の発生要因に、一目瞭然な法則性など存在していなかった以上、対領主交渉において、具体的な算段が可能な――困窮化要因を法則的に説明できそうな――税金や借金の問題に、「民衆の敵」が絞られていくのも、ゆえなきことではなかった。

したがって、民衆運動のなかで繰り返し主張される、「重税（と借金）による困窮」という責め立ては、社会の実情を反映したものというよりも、領主から年貢減免を引き出すための、一種の「政治（運動）用語」とみなした方がよほどいい。人びとを困窮に陥れていた本当の要因は、米・麦に対する消費欲と個人支出にあったのであり、そうした社会の現実と運動の主張内容のズレにこそ、ことの本質が潜んでいる。

村人たちの没落と貧困を理解する際、注視すべきは、「幕藩領主と特権商人との私欲の連鎖」などという、当時の人びとにとって「外在的」で「よそよそしい」事柄ではない。大事なのは、自らの消費欲という「内なる」問題だったのであり、実際の年収をあまり顧みないまま、飯料と造用に象徴される一般消費水準を保とうと無理をし、結局は赤字を招き入れて、破産や夜逃げの可能性を高めるという、自分で自分の首を絞めてしまう事態の方が、よほど深刻だったのである。歴史上の貧困を「誰かのせい」にする前に、もっと没落と貧困に向き合う当事者たちの身に寄り添わなければならない。

本章で明らかにした事柄からは、今後、さまざまな論点が議論可能となる。たとえば世帯経営の多様さについては、一七世紀以来の射程で検討すべきであろう。田原村の一六八三年（天和三）人別帳でも、①三・八石余の持高を質入れして、「物領」（長男）を近村で年季奉公させる世帯、②持高二・六石程度ながら、一年季の女性「召使」を雇って、七〇歳の母親と二人暮らしをする世帯、③「高無」のため「日用取」や「出奉公」で家族を養う世帯、④「乞食」として登録される一四歳の単身男性世帯など、早くも世帯経営が多様化していたことがわかる。[16] この多様さをふまえると、おそらく、持高だけでは計りきれない世帯総収入や、〈普通―貧困〉世帯の線引きの難しさ、そして困窮にいたる客観法則のなさも、遅くとも一七世紀後半以来の問題であった可能性が高い。

また、世帯経営の浮沈をめぐる「とらえどころのなさ」は、貧困救済をめぐる自己責任の問題とも連関してこよう。第五章でみるように、近世日本の村社会は、困窮村民に救いの手をさしのべるとき、村の社会責任と、村民の自己責任とのあいだで、たえず揺れ動いていた。両者のせめぎ合いが生じる歴史的背景はなかなか複雑であるが、困窮にいたる法則性のなさは、村社会のなかで自己責任論を強固に正当化する、一つの「実態」として認識されていた可能性があろう。

さらに、第三節で試みた個別世帯の追跡調査からは、極度の没落を食い止めるさまざまな社会的装置

――湯浅誠のいう「溜め」（第五章）――の存在意義が痛感される。とりわけ破産後の18治郎兵衛家が、再就職先の手配をはじめとして、ありとあらゆる場面で親類の手を借りることができたのは、親族組織の相互扶助機能を検討するうえで、非常に興味深い。また10伊助や36市郎兵衛のごとく、無高世帯の屋敷地が、「村地」「手余り村地」となっていたのも、村の低所得層対策の一環であったと思われる。それが発動される基準や選定手続きがどのようなものであったのか、さきの自己責任論との兼ね合いも含め、今後追究していく必要がある。

このほか、10伊助や36市郎兵衛のように、そもそも飯料すら賄いきれない年収で、どうやってメシにありつけたのかも課題となろう。市郎兵衛にいたっては、超・大赤字だったにもかかわらず借金がなく、そうした「赤字だが借金はゼロ」という家庭は、ほかにも八世帯あった。借金に頼るか否かも含め、根本的な問題として、そもそもどのようにカネをまわせば、一般的な消費水準を維持しながらの自転車操業が可能となるのか、地道に検証せねばなるまい。

このように、田原村の『去卯年御田畑出来作物書上帳』から広がる歴史の世界は、果てしなく広い。たった一村の事例で全体を語れるのか、というもっともらしい批判が出てくるかもしれないが、そうした批判はおそらく不毛である。なぜなら、『去卯年御田畑出来作物書上帳』が示す世帯収支情報は、これまでの研究が依拠してきた、どの数値、どの史料的根拠よりも、圧倒的に精緻で豊かだからであり、一般化できるか否かを問われるべきは、田原村側ではなく、これまで実態だと思い込まれてきた先行研究側の数字（持高や作付面積など）だからである。それだけ、田原村の一八〇八年『去卯年御田畑出来作物書上帳』がもつ意義は大きいのであり、今後はこれを基準に、村の貧困史研究は語られなければならない。すべては田原村から始まるのである。

註

（1）『新訂大宇陀町史』史料編第三巻（二〇〇二年）、二〇六～二〇七ページ。

（2）綿は、一八〇七年段階では全四一軒中、過半の二三軒が植えていたが、自家消費用として各世帯の作付規模があまりにも小さかったのか、一七二〇～三〇年代の史料では、「木綿作無御座候」という表現がしばしばみられる（拙稿「近世・近代の田原村における生業と農事暦」『宇陀市文化財調査報告書第六集　片岡家文書調査報告書』宇陀市教育委員会、二〇一六年）。また四一軒中、一八軒が作っていた茶については、一九一五年の『上龍門村風俗誌』（田原村含む）に、「茶ハ自家用ノ外、製スルモノナク」とある（『新訂大宇陀町史』史料編第三巻、八七四ページ）。ただ、一七三一年（享保一六）に田原村が領主の幕府代官に提出した「戌之極月相場付」では、前年末の茶の相場を一〇斤につき銀一匁九分としたうえで、「宇陀町・上市商人、村々江買ニ相廻り、三百目壱斤ニ付、代銀壱分九厘ゟ弐分迄程宛ニ買申候」とも記すので、田原村でも茶を販売目的で作っていた時期があったかもしれない（片岡彦左衛門家文書分類番号4―13―3・整理番号1。以下、同家文書を利用する場合は、前掲『片岡家文書調査報告書』の分類番号と整理番号にもとづいて、本文中に〔片岡4―13―3―1〕などと記す）。

（3）安室知「稼ぎ」（『暮らしの中の民俗学2　一年』吉川弘文館、二〇〇三年）。なお近世日本農業における多作物性については、平野哲也「関東主穀生産地帯における米の生産・流通と消費の諸相」（渡辺尚志編『生産・流通・消費の近世史』勉誠出版、二〇一六年）も参照。

（4）『新訂大宇陀町史』史料編第一巻（二〇〇一年）、三二一～三二二ページ。

（5）たとえば一八一〇年（文化七）の場合、毛付高（控除後の課税対象村高）に対する免定上の免率は、「免四ツ弐分七厘八毛余」（四二・七八％余）であったのに対し〔片岡4―4―1―139〕、村内の免割では「免五ツ壱分六厘」（五一・六％）という、全高持世帯共通の割合で年貢が割り付けられていた〔片岡4―4―2―106〕。

（6）19おとよの世帯表にあるように、一八〇七年三月段階の持高が得られる同年月付の田原村宗門改帳では、おとよの家はまだ18治郎兵衛家に包摂されているので、ここではおとよ家単独の持高情報が得られる一八一〇年時点での比較を試みている。

（7）第二章註15で述べたように、市郎兵衛が「壱人別家」した、29清吉家の関係者である可能性がある。

(8) 飯料の一人前基本額八一匁は、「これ以上切り詰められないギリギリのもの」だったのではなく、一人前約二三匁で計上した11おもと、五〇匁で計上した13忠八のごとく、「切り詰めようと思えば切り詰められるもの」であった。

(9) 一人前一・八石という米・麦の年間消費量が、田原村における一般消費水準を示していたことは、主食エンゲル係数による世帯間比較からもうかがえるところである。たとえば四一世帯中、二二世帯は、主食エンゲル係数五〇%台に含まれていたし、飯料を極端に切り詰めていた主食エンゲル係数第一位の11おもと(三一・八%)を除くと、主食エンゲル係数による世帯間格差は、等価可処分所得順などより、はるかに小さくなっていた(中央値五三・六%の指数を一〇〇とすると、最下位24善五の六一・八%とは一五ポイント差、上位第二位18治郎兵衛の三八・〇%とは三〇ポイント差)。こと主食の米・麦についていえば、「金持ち」も「貧乏人」も、似たような食文化圏にいた、すなわち一般的な消費水準を共有していた、ということであろう。

(10) 直接用いるのは、一八一一~四一年(天保一二)の田原村宗門改帳〔片岡4―5―44~75〕。以下、これらにもとづいた記述は、いちいちその典拠を示さない。

(11) 村内で唯一、赤字率が二〇〇%超えをして、群を抜いて「悪成績」だった36市郎兵衛も、結局破産も夜逃げもすることなく、七八~七九歳まで長生きして、一八一五年(文化一二)三月の宗門改め前に天寿を全うしている(ただし家としては「跡退転」=絶家)。

(12) 実は15文次郎は、2林蔵の弟で、文次郎が三三歳を迎えた一七九七年(寛政九)三月の宗門改帳〔片岡4―5―28〕で、持高一七石余の林蔵家より、無高、「屋鋪壱ヶ所、本家壱軒」の家として「別家」していたことが確認できる。なお、後述する39平次も林蔵の弟で、一七九八年(寛政一〇)宗門改帳〔片岡4―5―29〕では、林蔵家から「別家」して単身世帯を組んでいる。

(13) 旧稿では、「治郎兵衛家の持高が、文化三年から七年にかけて、三七石余から一三石余に急減しているのは経営悪化によるものではなく、文化三~四年の間に治郎兵衛の息子文右衛門が、(おそらく治郎兵衛の死去をきっかけに)家督相続をして次代・治郎兵衛となり、先代・治郎兵衛の妻とよが、隠居分家して別世帯(19おとよ)を形成した際、持高を分割したことによる」としていたが、正確な記述ではなかった。一八〇五~一三年(文化二〜一〇）の宗門改帳〔片岡4—5—36〜46〕によれば、①18治郎兵衛家はもともと、先代・治郎兵衛が当主だった一八〇五年三月段階では五三石余を有していたが（村内第一位）、②一八〇六年三月までに、先代・治郎兵衛の娘まつ（二五歳）が、妹その（二二歳）とともに、治郎兵衛家より高一五石余を分け与えられて「別家」し、それにともなって、治郎兵衛家の持高も三七石余に減少（それでも村内第一位）、③その後、先代・治郎兵衛は、一八〇七年三月までに家督を息子文右衛門（次代・治郎兵衛）に譲ったのち、同年八月に亡くなり（持高は、治郎兵衛家もまつ家も前年と変わらず）、④先代・治郎兵衛の妻とよも、一八〇八年三月の世帯調査までに、娘すゑを連れて治郎兵衛家を出、②で別家していた娘まつの家に入って当主となり（これが19おとよの家）、まつは、とよ家に婿養子として入った弥三郎と結婚して、そのまま母とよの家に同居、⑤ところが一八一〇年分の年貢割付（免割）時には、治郎兵衛家の持高は一三石ほどに急減し、とよ家（元まつ家）も一四石弱に微減、⑥一八一一年三月段階では、とよ家の持高は一九石ほどと当初段階以上に持ち直し、治郎兵衛家の持高も一六石余へと若干増えたものの、以前の三七石余には遠くおよばず、⑦さらに一八一三年三月段階では、治郎兵衛家の持高は六・九石ほどへと急減し、とよ家の持高についても、病死したとよの跡を継いだ娘すゑの持高が四・六石ほど、とよ家から出た弥三郎・まつ夫妻の持高が七・七石ほどと、全体としては目減りする、という経緯が導ける。したがって、一八〇五年の五三石余から、一八〇六年の三七石への持高の減少は、治郎兵衛家の経営悪化によるものではないが、一八〇七年の三七石余から、一八一〇年の一三石余、さらには一八一三年の六・九石余への急減は、旧稿での判断とは逆に、治郎兵衛家の急激な経営悪化を指し示している可能性が高い。

(14) 出奔したからといって、すぐさま破産手続きに入るわけではない。『地方凡例録』巻之七下「勘当・旧離・帳外之事」では、「扨又欠落者《カケヲチモノ》、定法通り六箇月相尋ねても行方相知れず、永尋《エイタヅネ》伺ひ済ミたる上、村方より帳外相願ひ、代官聞届け、宗門帳を除くなり」と、出奔人が出てもすぐさま帳外扱いにせず、六ヵ月間は探索期間にあてるのが、幕府の「定法」であったと伝える（大石慎三郎校訂『地方凡例録』下、東京堂出版、一九九五年、一二五ページ）。

(15) 茂八（勘七）家の場合、夜逃げから八年以上たった一八二四年（文政七）三月には、「紀州三軒茶屋村」（紀ノ川南岸の渡し場であった三軒茶屋〔和歌山県橋本市〕のことか）で生活していたことが確認できる〔片岡4—5

―325]。

(16)『新訂大宇陀町史』史料編第二巻(一九九六年)、一一三～一三四ページ。

第四章　生き抜く術と敗者復活の道

はじめに

第三章で検証したように、たとえどれほど細かい世帯収支情報が得られたとしても、近世日本の村社会において、誰が「貧しく」て、どの世帯が「普通」なのかを、金銭的な数値から客観的に判断することは、極めて困難である。だがそのことは、近世の村に貧困が存在しなかったことを意味するわけでは、もちろんない。これも第三章でみたように、経営破綻に陥って夜逃げしたり、物乞いで生きざるを得なかったりと、厳しい生活を強いられた村人は、実際にいた。そこで本章では、物乞いと夜逃げ（家出）という「わかりやすい」貧困の現象に注目して、没落の憂き目に遭った人びとが、いかにして生きながらえることができたのか、また彼らにはいかなる敗者復活の道が用意されていたのかを検討して、近世日本の村社会における貧困の質に迫っていきたい。

右のような問題意識をもつ本章にとって、次の先行研究で培われた研究視角が重要となる。一つは、最新の小農経営論であり、いま一つは物乞いを主たる生業とする非人の研究である。

第一章で整理したように、かつて近世日本の小農は、一八世紀半ば以降に商品経済に巻き込まれた結果、農民層分解を余儀なくされ、そこからいかにして近代的な賃金労働者が誕生するか、という歴史像で描かれがちであった。しかし一九九〇年代以降、こうした小農像は一変することとなる。すなわち斎藤修、谷本雅之、平野哲也らの研究により、近世日本の小農は、市場経済に対して受け身にたっていたのではなく、むしろ積極的に市場対応し得ていたことが明らかにされ、市場の動向をにらみながら種々の生業を巧みに取捨選択していくような、極めて戦略的で柔軟な小農経営像が提起されるにいたったのである（第一章）。そこでは、賃労働は脱農化現象ではなく、あくまでも小農の世帯経営のなかで複合的に組み合わされた生業の一環とみなされ、農村荒廃や困窮の象徴とされてきた荒れ地の増加や離村（農村人口の減少）現象も、より有利な生業を模索する小農の主体的な経済行動と解される。しかも平野が強調するように、こうした柔軟な経営は、個々の小農世帯で勝手になされていたのではなく、村社会全体による下支えがあればこそ可能であった。経営破綻に着目する本章の視点からすると、なかなか没落しにくく、また没落しかかっても粘り強くその立て直しがはかられていくような、極めて強かで足腰の強い小農経営と村社会の歴史像が提示されているといえよう。

一方、完全に没落してしまった結果、物乞いを余儀なくされた人びとについても長年研究が進められてきた。それを主導してきたのが中近世の非人研究で、そこでは非人の生業や特権、組織のありようが追究されるとともに、「非人に相成る」（乞食・物貰いの境遇になる）という史料文言への着目から、非人を「百姓（平人身分）の一つの変容形態」とみなす議論などがなされてきた[1]。本章の関心からすれば、没落して離村し非人化した人びと、とりわけ非人組織に加入した人びとに、どのような人生が待ち受けていたのかが明らかにされてきたといえる。

このように、経営破綻と敗者復活の道を検討しようとする本章にとって、右の両分野における研究蓄積は大切な前提となるが、一方で両者の間には、重大な研究空白も生じている。すなわち、小農研究では人が没落するまでしか追究されない一方、非人研究では没落したあとにしか関心が払われてこなかったため（没落は所与の前提）、その狭間に位置づく人びと、たとえば非人組織に入らないまま自村で物乞いをする村人や、経営が破綻しているわけではないが、家計の補助として物乞いもする人びと、あるいは夜逃げするも非人組織への加入以外の道を選んだ村人の実態解明が、両研究の死角となって取り残されてしまっているのである。物乞いと夜逃げは、わかりやすい貧困の指標でありながら、そこに着眼して、近世日本における貧困の質を問う作業は、いまだ十分に進んでいないといえよう。

よって本章では、あらためて物乞いと夜逃げの実相に注目し、生きるか死ぬかのギリギリの生活を余儀なくされた人びとに、いかなる「生き抜く術」が備わっていたのかを追っていきたい。その作業はきっと、没落と貧困に向き合う個々の人と家、そして社会の姿勢をもあぶり出してくれることであろう。

第一節　物乞いの諸相

前述したように、物乞いという行為自体は、非人研究に主導される形で早くから着目されてきた。しかし逆にいえば、物乞いはこれまで、非人身分の問題に収斂されがちだったとも言え、物乞いの実態そのものに注視した実証研究は、意外にも少ない(2)。そこで本節ではまず、物乞いの多様な姿をみていくことにしよう。

物乞いというと、諸般の事情で居村を離れ、流浪しながら物乞い一辺倒で暮らす人びとがまずは想起されよう。そうした事例は事欠かないが(3)、一例をあげれば一八五一年（嘉永四）、河内国大県《おおがた》郡平野村（大阪府柏原市）で、三人の娘ともども行き倒れている「女乞食」がみつかった。その女性は三九歳の「わき」といい、彼女が平野村に流れついた経緯とは、「元若江郡今井村之産ニ而、其後志紀郡木本村利右衛門方へ縁付仕候へとも、時節柄ニ相逼り家出仕、同郡田井中村へ罷越、非人番ニ零落仕居候処、夫利右衛門義当月四日相果候付、其後近在乞食仕、当村迄罷越候」というものであった(4)。

わきは、河内国若江郡今井村（大阪府八尾市）で生まれたのち、同国志紀郡木本村《きのもと》（八尾市）利右衛門のもとへ嫁いだ。ところが経営が逼塞し、ついには一家総出の家出を余儀なくされる。居村を離れた利右衛門一家は、木本村の隣り村、志紀郡田井中村（八尾市）に落ち着き、利右衛門はそこで非人番として迎え入れられる。しかし、利右衛門が死去したため、遺されたわきと子どもたちは再び離村を余儀なくされ、近辺で物乞いをするうちに平野村に流れ着き、そこで行き倒れてしまったという。利右衛門・わき一家の動きからは、夜逃げ一家に与えられた生き抜くための選択肢や、「よそ者」を迎え入れ、あるいは見放す村社会の姿勢など、興味深い論点を多々引き出すことができるが、それらについては次節で検討することとして、ここでは、居村を離れ流浪しながら物乞いをする一事例として紹介するにとどめておこう。

このように物乞いというと、わき一家のように離村〜流浪する人びとを想像しがちであり、実際にもそうした事例は多い。しかし注意すべきはその一方で、村に定住し、普通の仕事をしながらも、同時に物乞いをする場合もあったことである。

和泉国泉郡南王子村（大阪府和泉市）の一八六九年『難渋人取調子書上帳』によると、無高・五六歳の嘉蔵を戸主とする四人家族（妻やす四四歳、悴安吉八歳、娘かじ三〇歳）は、「右之内かじ壱人者奉公稼致居候得共、夫婦儀者眼病ニ而臥居、悴壱人者袖乞致、親類・組合ゟ介抱致候」という生活状態にあったという(5)。両親が病気で働けないなか、三〇歳の娘が賃労働に出て金を稼ぐとともに、わずか八歳の息子が物乞いをして家計を支え、さらに親類と組合（五人組）から「介抱」＝生活援助をうけて何とか生き延びていたことがうかがえる。

また一八五二年（嘉永五）の段階で、南王子村の無高・半四郎のもとで同居していた「たつ」（五四歳）は、病気で結婚できず親類も一人もいないなか、「当時ぞうり・わらんじ近村江売ニ罷出、行先ニ而袖乞致し候者ニ付、兼々村役人共ゟ種々助抱致し遣シ候者」であった。[6] たつは、草履・草鞋売りを専らとしながらも、その行商先でついでに物乞いもし、そこに村役人からの「助抱」＝村の公的扶助も組み合わせて生計を成り立たせていたのであった。

さらに、南王子村の一八六六年（慶応二）『御救御手当金頂戴請印帳』は、次のように記す。すなわち、同村の人びとは「他村出作」をしながら、「平日男女共農業透間ニ革職専ニ相営」んできたが、近年、物価高騰で生活が苦しくなり、「村役人始メ重立候者共ゟ米金等差出」されたものの、それでも埒があかないため、「日々御領知者勿論、他領迄も袖乞ニ罷越、渇々露命を相繋」いでいるという。[7] 出作＋革職＋村内扶助でも不足する世帯収入を、物乞いで補う姿である。

右の南王子村の三事例は、家族か独身かの差があり、また賃労働もしくは自営の商工業・農業と、各世帯が選んだ基幹的な仕事に違いはあるものの、いずれの場合も物乞いが、世帯経営・生業複合の一環として位置づけられている点では共通している。物乞いは、何も「流浪の民」だけの専売特許だったのではなく、定住して普段は普通に仕事をしている人びとにとっても、状況次第では選択し得る処世術の一つだったのである。[8]

一方、村に定住しながらも物乞い一辺倒で暮らす人びともいた。前述した南王子村の一八六九年『難渋人取調子書上帳』は、無高・六〇歳の市助を戸主とする五人家族（四八歳の妻、一四歳の悴、一二歳と六歳の娘）について、「五人共病身者ニ御座候ニ付、家事難出来、極難渋人ニ付、袖乞致居候」と記し、無高・四三歳のちよを戸主とする世帯（一七歳と六歳の悴、同居する四二歳の妹とその悴一五歳）の生活状況を、「右之者共平日病身にて家業出来兼候ニ付、袖乞等仕候得共行届兼、親類・組合ゟ介抱仕罷在候

者共ニ御座候」と報告している。(9)

いずれも家族全員が病気で働けないため物乞いで糊口を凌いでいる世帯であり、その物乞いも限界に達すると、親類や五人組が救いの手をさしのべていたことが知られる。と同時に、たとえ一家全員が病身だとしても、すぐに村内扶助が発動されるわけではなく、まずは物乞いで生計をたてさせようとする力が村のなかで働いていたこともうかがえる。近世日本の村社会には、「身寄りのない者はよほどの高齢や疾患によって歩くことができなくなるまでは、「乞食」をしてでも口過ぎするのが当然だとする」(10)認識があり、その物乞いも不可能になった段階で初めて村が直接扶養する、という柳谷慶子の指摘を再確認することができよう。

居村にいながらにして物乞いをする右の諸事例は、ほかの仕事と物乞いを組み合わせるか、あるいは物乞い一辺倒で生きるかの違いこそあれ、一つの世帯を経済的に自立させるために物乞いが選び取られている点では共通している。しかしなかには、普通なら物乞いをしなくても済むはずの世帯において、家族内の人間関係のもつれから、特定の世帯構成員が物乞いを余儀なくされる場合もあった。

河内国石川郡水分村《すいぶん》（大阪府千早赤阪村）に住むとある「七十有余ノ老人」は、一六四一〜四二年（寛永一八〜一九）の大飢饉の際、「水分村ヲサマヨヒ出テ、杖ニスガリ乞食トナリ」、最後は自分の息子一家が住む河内国石川郡大ケ塚村《だいがつか》（大阪府河南町、人口一〇〇〇人程度の小規模な町場）に流れ着いて扶養を頼み込んだ。ところがその息子は、「先年其方我ニツラク当レリ。親ニハ非。又我ヲ子ト思事ナカレ。其上イトヲミ《(シ脱カ)》思フ我子共サヘ養ヒ兼迷惑スル折柄ナレバ、其方ヲヤシナハン事堅成間敷」と言い放って扶養を拒否し、父親を追い返してしまう。半年後、その状況を見かねた隣り近所の人が右の息子に対し、「食物コソアタヘズ共、路頭ニフセラン事不便ノ事也。セメテ起臥計ハ其方ガ家ニサセヨ」と進言する。そこで息子側は、自宅の庭の片隅に莚一枚を敷いて、父親がそこで寝泊まりすることを許し、以来父親は「夕べニハ来テ是ニ臥、朝ニハ出テ食ヲ乞」う生活を続けたという。[11]

一応、定住しながらの物乞いではあるが、ここにはもはや、今までみてきた「世帯経営のための物乞い」という姿は見出せない。右の状況は、件数そのものは少ない特殊な事例であろうが、物乞いとは、経済的な理由とは別次元の、極めて私的な家庭内事情でもおこり得るものだ、ということに気づかせてくれる。また、世帯構成員の誰かが物乞いをしているからといって、即、その世帯全体が物乞いを必要とするような経営状況にあったとは必ずしも決めつけられないこともみえてくるであろう。

このほか、一般的によく知られているように、寺社参詣の道すがら沿道の人びとに米銭を乞う、という形の物乞いもあった。それは、居村に戻らない覚悟の巡礼のなかでもみられたが[12]、普段は定住して普通の仕事についている者が参詣するときにもおこり得た。たとえば和泉国南郡下池田村（大阪府岸和田市）には、「もとより高もたぬ百姓なるに家族多く家貧し」き一家がおり、父親が亡くなったあとは、遺された子どもたちが奉公と耕作にいそしみ家計を支えていた。その家族が一七四八年（寛延元）、病身の母親の希望で山城国の愛宕山に詣でたとき、その道中は「道にて人に物こひなと」しながらのものであったという。[13] ここには、狭い意味での世帯経営とは一応切り離されたところで、一時的に物乞いをする人びとの姿が映し出されているといえよう。

このように、一口に物乞いといっても、その実態は、流浪しながらのものから、定住して普通の仕事をしながらの物乞いまで、実に多種多様であった。その幅広い多様性からは、物乞いから即「離村」や「流浪」を想像することが、いかに一面的な発想であるかが痛感させられるとともに、流浪系であろうと定住系であろうと、ギリギリの生活を余儀なくされた人びとにとって物乞いが、いかに「生きる術」として重要な生業選択肢となっていたかがうかがわれる。飢饉・凶作時に、「一時的な乞食・非人状態への緊急避難」が、近世民衆の一つの生き残り策だったことは菊池勇夫がつとに指摘するところであるが[14]、そうした一時的な物乞いの採用は、飢饉・凶作時のみならず、平時でも大切な生存手段であったといえよう。

さらに、物乞いが検出されるからといって、すぐさまそれを世帯経営の実情と結びつけられるわけでもないこともみえてきた（大ヶ塚村や下池田村の事例はその象徴）。そのことは、物乞いから即「没落」や「貧困」を連想することのまずさを示しているのかもしれない。近世日本の村人にとって物乞いのもった意味合いは、奥深い。

加えて、物乞いがもつこの多様性を前提とすると、「非人に相成る」という史料文言の裏側にも、実はさまざまな様相が潜んでいることも判明する。それは、物乞い一辺倒で生活しているさまをあらわしているかもしれないし（しかもその場合でも、在村／離村両方の場合があり得る）、ひょっとしたら物乞いと普通の仕事をかけ持ちしている状況もそこには含まれているかもしれない。「非人に相成る」が示す実態は一様ではないことを前提に、今後この文言に接していくべきであろう。

同じことは、物乞いを受け入れる側がよく用いる、「非人体」あるいは「見馴候非人」という文言でもいえる。というのも、物乞いの受容者である村や町からしてみれば、物乞いにやってきた者が流浪系であろうと定住系であろうと、あるいは物乞い一辺倒の者であろうとなかろうと、すべて同じ「非人（体）」にみえたであろうからである。したがって、「非人に相成る」と同じく、「非人（体）」という史料文言からもまた、「非人」や物乞いについて、何か統一された歴史像を引き出すのは容易ではない。物乞いをする側がもつ実態の多様性と、物乞いを受け入れる側がみせる「非人（体）」としての一括視の併存は、そのまま、近世日本社会がもった「非人」観の幅広さと柔軟さをも示しているのであり、その点で、物乞いを通してみえる非人の問題には、非人組織への加入や公認の有無を基点に、「身分」としての非人と、「状態」としての非人を議論しようとする塚田孝の見方より[15]、はるかに奥深いものがあるといえよう。

物乞いが、多様な形で生存手段として機能していたということは、それだけ近世日本の村社会が、物乞いという行為を良しとしていたことを意味する。それは、次節で述べる村社会の「包容力」を示しているともいえるが、注意すべきは、物乞いを許容するその村社会は、同時に、物乞いを拒絶する社会でもあった点である。たとえば大和国広瀬郡大塚村（奈良県広陵町）では一六九九年（元禄一二）、「諸勧進人・ものもらひ、一円ニ立入申間敷候」ことが取り決められたし、一七二四年（享保九）に河内国丹北郡内の旗本小出氏領一一ヵ村で取り交わされた倹約定でも、「諸勧進・物もらい入申間敷事」という箇条が掲げられた[16]。そこからみえてくるのは、自村民、あるいはある程度顔見知りの範囲内の人びとが自村内で物乞いをするのはいいが、それ以外のよそ者の物乞いには応じたくないという、かなり「恣意的」な使い分けをする村社会の姿である。またこのことを、一人の人間に即して考えるならば、居村に定住して物乞いをする人は、同時に、自村に物乞いにやってきた人びとを追い払ってしまう人でもあり得た、ということになろう。物乞いに対する近世村民の態度は、微妙である。

この微妙さは、そもそも物乞いを生きる術として選択するかどうか、という判断基準の問題にも関わっていく。和泉国南王子村では一八五〇年（嘉永三）、「極難之時節」であったため、「村内身元相応之者六拾軒」の村民が、「極難末々之者」へ米、麦、銭を施していた。ところが村内の「中分之者」（中流の家格に属する人びと）は、「村内施行ハ請不申、他村江袖乞等ニ者不被出」という行動をとったため、彼らへの援助策として、「村役人・組頭幷重立候者六拾軒」が二年間積み立てておいた「積銭」、および「村中一同ゟ積立置候積銭貸附利足」、さらには郡中からの拠出金が合わされ、「中分百七拾軒余」（計六七八人分）へ「割賦」＝「施行」されたという[17]。

「他人《ひと》の金」で生活するという意味では、積立金の分配にあずかるのも、村内施行をうけるのも、他村で物乞いをするのも、大した差はないようにみえる。しかし、それでも「中分」の人びとは、あえて村内で施しをうけたり、他村へ物乞いに行くようなことをしようとはしなかった。つまり当時の人びとは、たとえどれほど生活が苦しくても、すぐさま物乞いを選択したわけではなく、その決断の前には、露骨にひとの施し、情けにあずかるような真似だけはなるべくしたくないという、いわば「見栄」のようなものが立ちはだかっていたと考えられるのである。[18]

おそらく村人たちは、苦しい生活に直面したとき、この見栄と現実との間で絶えず揺れ動いていたことであろう。そしてこうした「見栄っ張り」が、人びとの行動を律していく背景には、ひとの手を借りず、自己責任にて自活することに高い価値を見出すような発想、あるいは「勤労／勤勉」こそを是とし、「勧進物もらい」を怠惰の象徴とみなすような平人身分の価値観念[19]が横たわっていたに違いない。それは、次節の夜逃げ問題とも関わることなので、のちほどあらためて検討することとしよう。

第二節　夜逃げ人の行く末

多重債務などで経営が行き詰まり、一家総出の夜逃げを余儀なくされる。そうした人びとにはその後、どのような生活が待ち受けていたのであろうか。近世日本では、借金などによる破産が必ずしも離村を意味するわけではなかったことは、身代限り・分散の研究ですでに指摘されており[20]、第三章でも確認したところであるが、一方で諸般の事情により実際に夜逃げした人びとの行く末を追った研究はいまだ少ない。そこで本節では、いくつかの事例を通して、夜逃げや家出をした人びと、とりわけ家出した結果、帳外扱い（宗門改めによる人別把握からはずれ、無籍者＝無宿となる）となり、居村からほぼ見放された人びとに与えられた生存選択肢を確認していくこととしよう。

前節では、経営が逼塞した結果、一家で隣り村に夜逃げし、非人番として新たな人生を送ることとなった河内国の利右衛門・わき一家の事例を紹介した。非人番としての再就職は、史料文言的には「零落」と表現されるものではあったが、それでも早期の再定住という事実からは、たとえ住み慣れた村から夜逃げしたとしても、何とか新天地で再出発し得る余地が、当時の社会にはあったことを予感させる。

はたしてその余地は、一八六七年（慶応三）、河内国錦部《にしごり》郡小塩《おしお》村（大阪府河内長野市）で行き倒れていた「三十七八歳斗」の「男非人」品吉の事例でも確認できる。[21] 品吉は、もと同国丹南郡池尻村（大阪府大阪狭山市）の出身で、「拾ヶ年以前」（いまでいう九年前）に家出して帳外扱いとなり、その後「非人与相成、先頃迄加賀田村ニ而農番いたし居候得共、病気ニ取合、農番難相勤候ニ付、所々ニ而乞食致居候所、歩行も難致難渋」するうちに小塩村に流れ着き、行き倒れたという。

品吉の家出したきっかけが何であったのか、また錦部郡加賀田村（河内長野市）にたどりつくまで「非人与相成」っていた期間（流浪的な物乞いをしていたのであろうか）がどれほどであったのかは不明だが、出身村では帳外扱いとなった品吉でも、何とか加賀田村に再定住し、農番として人生をやり直す道があったことが知られる。帳外人が農番に雇われる事例はほかでも確認でき、山城国乙訓《おとくに》郡長法寺村（京都府長岡京市）では一七八九年（寛政元）、「数年非人無宿ニ而相渡」ってきた「非人」庄助（出身地不明）を、「両作共子々《しし》番幷ニ日傭等」あるいは「秋作稲番」として雇用していた。[22] このほか、池尻村品吉の事例からは、前節でみた物乞いが、帳外人にとっても大切な生きる術であったことを再確認できる。

一八五一年（嘉永四）、河内国錦部郡滝畑村（河内長野市）で行き倒れていた「袖乞順礼男」藤四郎一家も、帳外者に与えられた再出発方法の一例を示すものである。[23] 藤四郎一家は、もと河内国石川郡寛弘寺村（大阪府河南町）に住んでいたが、あるとき「借用銀出入」をおこされ、「済方等出来不申」状況に陥ったため、係争中の一八四九年（嘉永二）、一家で家出し、居村の寛弘寺村から「帳外無宿者」扱いとされた。

まさに経営破綻により夜逃げ同然に村を出ていった光景が目に浮かぶが、それでも彼らは完全に路頭に迷ったわけではないらしく、家出後は「所々へ参り日稼」の「歩荷持稼《ぼっかもち》等」をしながら生活していたという。日雇いの単純労働が、帳外者に与えられた生存選択肢の一つであったことがうかがえるとともに、前述の池尻村品吉の場合と同様、たとえ出身村では帳外扱いにされた人びとであっても、彼らを労働力として受け入れることに、出身村以外の村や町がさほど神経質になっていたわけではなかったこともみえてくる。

ただしこの藤四郎一家の場合、日雇いによる生活は必ずしも順調ではなかった。すなわち、家出後「日稼」で暮らしてはいたものの、「歩荷持稼等仕候故、自然病身ニ相成」と、荷担ぎ業の過労がたたって、一家の大黒柱である藤四郎が思うように働けなくなってしまったらしい。さらに、「何分子供多く、時節柄ニ而暮兼」ねたため、結局一八五一年九月二日より「四国順拝之志願ニ相成、高野山へ参詣、夫より慈尊院へ参り候」と、高野山や慈尊院（和歌山県九度山町）などへの巡礼を名目とした、事実上の物乞い行脚の道に入った。そしてその約一週間後、滝畑村で行き倒れているのがみつかり、藤四郎本人は同月九日朝に病死してしまったという。藤四郎一家の事例は、日雇いをし、さらには物乞いをしてでも何とか生き延びようとする夜逃げ一家のたくましい生活力を示しているが、同時に、帳外者に待ち受けていた社会の厳しさも物語っているといえよう。

一方、一度帳外を宣告された者であっても、場合によっては居村に復帰できる道も残されていた。一例として一八五八年（安政五）、理由不明ながら家出し帳外扱いとなった、河内国丹南郡池尻村の五人家族、捨松一家の事例があげられる。彼らが家出した直後の生活状況はわからないが、二年後の一八六〇年（万延元）には、「当四月頃者四国順拝仕、夫ゟ紀州橋本・河室《かむろ》辺袖乞木賃宿等仕」と、さきの藤四郎一家と同じく、「四国順拝」を名目として、紀伊国伊都郡橋本町や学文路《かむろ》村（ともに和歌山県橋本市）といった高野街道沿いの木賃宿を転々としながら、物乞いで何とか食いつないでいたことが判明する。そしてその後、捨松は妻と離婚し、二人いた子どものうち一人を引き連れて、再び河内国石川郡森屋村（千早赤阪村）や龍泉村（大阪府富田林市）辺に舞い戻り、知人を介して池尻村に帰村を打診し、村側でも「帰村御願之内談ニ取懸」かったという。(24)

　復帰願いの内談中、なにゆえか捨松親子はまたまた池尻村を出て「諸方袖乞徘徊」するようになったため、帰村話は立ち消えになってしまったようだが、それでも右の一件からは、帳外扱いが、必ずしも居村からの完全な見放しを意味していたわけではなく、条件次第では帳外扱いが解除され、居村に復帰し得る可能性が無きにしもあらずだったことがうかがえよう。復帰の条件が何だったのかはよくわからないが、あるいは、ある一定の時間が過ぎれば社会的制裁は十分うけたとして、帳外が許されるという観念が働いていたのかもしれない。たとえば、山城国乙訓郡奥海印寺《かいじ》村（長岡京市）の一七七一年（明和八）村定には、「家職不情（精）身持放埒ニ而家出致候者、三ヶ年之間村方江入申間鋪事」という箇条がある。(25)「身持放埒」な家出人について、三年間はその帰村を許さないという規定は、一面で、「自己責任」によって身を滅ぼし家出した者に対する村社会の厳しい姿勢を示しているが、もう一面では、具体的な時限を設定することで、そのような帳外者であっても、「三年たてば帰ってきてもいい」という、村社会の「懐の深さ」が含意されている可能性もある。家出人に対する、そうした村社会の「冷たさ」と「温かさ」の併存については、のちほどあらためて考えることとしよう。

　ここまで、経営破綻などの諸事情で居村を飛び出し、帳外扱いとなった数例の家族と個人の行く末を追ってきた。そこから浮かび上がってくるのは、夜逃げが即「路頭に迷う」ことを意味していたのではなく、むしろ家出・帳外人には新天地――場合によってはもとの居村――で再定住・再就職し得る余地があった、という歴史像である。いずれの事例も、どこかの段階で流浪的な物乞いを経験していたであろうことが匂わされるように、まさに路頭に迷う状況も帳外者に待ち受けていた一つの現実であったことは間違いないが、その場合でもそうした厳しい現実は、常に再出発の可能性と裏腹の関係にあった、という柔らかい視線が必要となろう。

家出した個人や家族に、再出発する余地が残されていたということは、彼らを受け入れる村社会側にも、それだけの「度量の広さ」があったことを意味する。村に残された大量の人別送り状や奉公人請状が物語るように、当時の村社会は人の出入りに関し、執拗に身元保証を求めるような社会であったが、同時にその社会は、どこの馬の骨かもわからないあかの他人――しかも相手は、出身村からの身元保証が基本的に期待できない帳外者である――を受け入れるだけの「包容力」も持ち合わせていたといえよう。池尻村の帳外人品吉が、およそ普段の顔見知りの範囲を超えていたであろう加賀田村（直線距離では一〇キロメートル程度だが）で、農番として再就職できたのはその象徴である。

一方、夜逃げ人の行き先は、居村での日常的な生活圏から離れた新天地ばかりではなかった。その典型が木本村の利右衛門・わき一家の事例で、経営破綻の末、夜逃げ同然に彼らが向かったさきは、木本村のすぐ隣り村、田井中村であった。しかも、利右衛門を亡くしたあとのわき親子が、流浪的な物乞いをしながら最終的に流れ着いたのも、田井中村から直線距離でわずか二キロメートルほどしか離れていない平野村であった。つまり、利右衛門・わき一家が経験した家出や行き倒れは、ほとんど知り合いだらけと言っても過言ではない、極めて狭い世界のなかでおこっていたのである。

このことは、何を意味するのか。行き倒れは、顔見知りの狭い世界のなかですら生じるという、近世日本社会の厳しさをそこから引き出すことも可能であろう。そうした厳しさも一つの現実であったろうし、重要な論点となり得る。ただ同時に、隣り村への夜逃げと再就職という現象を重視するならば、そしてそれを、「乞食」稼業を「地域による救済システムの一つ」とみなす柳谷慶子の指摘になぞらえるならば、知り合いだらけのなかの夜逃げとその受け入れもまた、「地域による救済システムの一つ」であったととらえることができよう。それが、物乞いの受け入れと並んで、村社会がみせたもう一つの「包容力」であった。潰れ百姓株の粘り強い戦略的な復興という、平野哲也が見出した村社会の力量（第一章）は、こうした家出人やよそ者に対する「懐の深さ」でもあらわせられるといえよう。

右の包容力は、家出・帳外人を新規労働力として受け入れるという面だけでなく、親と死に別れた子どもたちの扶養でも示される。たとえば、帳外解除が相談されている最中であったにもかかわらず、居村の池尻村を再び出てしまった捨松親子は、その後「諸方袖乞徘徊」していたが、結局再々度池尻村に立ち戻ることになり、しかも捨松は飢えと寒さによる疲労で病死してしまう。その結果、遺された九歳の息子は、池尻村に住む捨松の親族と五人組、および隣り近所が協力して養うこととなった。自ら帰村を願い出たのに、肝心要の相談中に出奔し、しかも挙げ句の果てにまた居村に舞い戻って、子どもを遺したまま衰弱死した捨松の行動は、せっかく復帰の道を探っていた村側からすれば、相当「身勝手」なものに映ったことであろう。しかし、それでも取り残された子どもには責任はないとして、たとえ帳外一家の子どもであったとしても、居村で再び生活し続ける道が用意されたのである。

取り残された者に対する扶養は、右の場合に限らない。ここまでは、家族あるいは個人が「まるごと」家出している事例をあつかってきたが、実は家出には、世帯構成員の一部だけが家出し、残りの者は居村に居続けるという方法もあった。一例として一八五一年、和泉国南王子村には、無高・三九歳の寅吉を戸主とする六人家族がいた。この一家は、寅吉の「其日稼」で生計をたてていたが、三八歳の妻みよが「盲人」だったこともあって生活は苦しく、しかも頼るべき親類もいなかったため、「村役人・

組合ゟ種々介抱」をうけて何とか暮らしていた。ところが、村の援助をうけてもなお生活が立ち行かなかったらしく、とうとう寅吉は、一三歳の忰虎治郎と一六歳の娘こみを連れて、ある日の夜、家出する。そして、残された妻みよと一六歳の忰徳松および三歳の娘とみは、「組合之者共ゟ介抱」することになったのであった[26]。

妻と二人の子どもをおいて夜逃げした寅吉には、「其日稼」+村内扶助での六人暮らしは難しいが、三人家族なら村の「介抱」だけで何とか生活していける、という判断が働いたのであろう。一部の家族構成員が家出することで、世帯全体が共倒れとなることを避け、また村側も、残された家族を見捨てず援助することで、村内世帯の完全没落を防ごうとする。それは、当事者たちからしてみれば、大変重苦しい選択であったろうが、同時にそこには、結果として救済機能を果たす家出の姿を見出すこともできよう。また、離村した家族の財産や百姓株は村社会の管理下におかれ、いざ帰村・再興しようとするときの環境が整えられていたという平野哲也の指摘（第一章）をふまえるなら、そうした村社会の機能は物的な面だけでなく、家出人の残留家族の保護という形で、人的な面にもおよんでいたといえる。

さらに、寅吉親子のような家出方法をみると、単身もしくは親子連れの家出が史料に出てきた場合、それを当人たちだけの問題としてみるのは、実は狭い見方であることにも気づかされる。家出人の後ろには、居村に残された家族・世帯の問題が控えていたかもしれないのであり、家出関係史料は、そうした可能性をたえず想定しながら検討する必要がある。前節でみた物乞いと同じく、家出という現象もまた、一筋縄では解けない。

このように、たとえ家出・帳外人になったとしても、それなりに再出発し得る余地があり、村側にもそうした人びとを受け入れるだけの包容力がそれなりに備わっていたとすると、家出や夜逃げを「悲惨」一色で塗りたくることには躊躇を覚える。夜逃げは、何も無計画に闇雲になされていたのではなく、むしろある程度再定住・再就職の見込みがあったからこそ実行に移された、と考えるぐらいの発想が必要なのではないか。一七七三年（安永二）に家出した和泉国南王子村の五郎松の事例は、そうした「見込み」性を垣間見させるものである。無高百姓七兵衛の忰だった五郎松は、一七七三年二月二六日の夜、南王子村から「欠落《かけおち》」（家出）し、三ヵ月後の五月二六日夜、村に戻ってきた。その間の経緯を尋ねると、彼は家を出た翌日、まず摂津国西成郡渡辺村（大阪市）の左兵衛のもとに立ち寄ったという。そしてそこで九日間滞在したのち、左兵衛の世話で、大坂九之助橋（九之助町）一丁目のなたや善兵衛方にて半年季奉公をすることとなった。ところが「小瘡病気」にかかってしまい、仕方なく奉公を途中で切り上げ帰村してきたという[27]。五郎松が単身で家出した理由はわからないが、その出方が「行くあてのある」ものだったことは間違いあるまい。家出という現象は、右のようなある種の「計画性」も念頭におきながら解釈していく必要がある。

さらにいえば、在村より家出の方が、はたして絶対的に「不幸」な状況を示すものなのかどうかも考え直す必要があろう。そのことは、「天保クライシス期」における京都西陣の花車町では、経営立て直しのため、家持層はいち早く居町から転出していけたにもかかわらず、最下層の人びとは出るにも出られない状況にあったことを析出した浜野潔の研究[28]をみるにつけ、なおさら強く感じる。住み慣れた土地に居続ける＝裕福・幸福、そこから離れる＝貧乏・不幸、とは必ずしも言い切れないのだ。したがって重要なのは、家出や夜逃げからすぐに「悲惨／不幸／貧困」を連想し、そうした状況を示すものとして家出関係史料を決めつけていくことではなく、そもそもなぜ各々の家出は可能だったのか、その社会的条件——敗者復活の条件——とは何だったのかを複眼的に検討していくことであろう。それは、前節でみた物乞いとて同じである。

とはいえ、ここまでもたびたび触れてきたように、再出発の可能性は、常に厳しい現実と隣り合わせであったこともまた、否定しようのない事実であった。そのことをもっともよく示すのが、利右衛門・わき一家や単身の品吉、あるいは藤四郎一家のように、せっかく家出後の受け入れ先がみつかったにもかかわらず、そこで働けなくなった途端、再び離村を余儀なくされたという事例である。家出とその受け入れがもった事実上の救済機能は、働き手としての有用性如何で左右されかねないものだったのであり、その意味で、村社会が家出・帳外人に対してみせた包容力は、彼らに対する「見放し」とまさに紙一重であったといえよう[29]。

右のような見放しは、夜逃げ一家の子どもたちに対する扶養面でもあらわされる。河内国池尻村の捨松親子のように、親と死に別れた子どもには、もとの居村で扶養され生き続けられる可能性があったと述べたが、実はそればかりが実態ではなかった。そのことを示すのが、河内国滝畑村で行き倒れた藤四郎一家の事例である。一家は、巡礼を名目とした流浪的な物乞いをしていた最中、母の「いと」とはぐれてしまい、母不在のまま滝畑村に流れ着き、ほどなくして父藤四郎は三人の子どもを遺して病死する。子どもらから彼らの出身地を聞き出した滝畑村は、藤四郎親子を父子家庭と判断し、遺された子どもたちは一家の出身地である寛弘寺村に引き取ってもらおうとしたが、寛弘寺村に拒否されてしまう。そこで今度は領主役人に間に入ってもらい（滝畑村は狭山藩北条氏領、寛弘寺村は幕領）、狭山藩役人が先方の領主役人へ滝畑村側の意を伝え、幕府代官所役人が寛弘寺村とかけ合ったが、それでも寛弘寺村は子どもたちの引き取りを拒絶した。そしてその拒否理由とは、「藤四郎義、去々酉年中、町奉行所ニおゐて出入中、家出いたし候者ニ有之、尤同人親類身寄之ものも無之、旁右三人之小児、村方へ引受候義も難相成」というものであった。

結局、家族の行方を追っていた母いとが、偶然にも滝畑村役人と出会えたため、子どもたちは母に引き取られていったが（その後の動向は不明）、この一件からは、夜逃げ一家で取り残された子どもたちの扶養が、必ずしも無条件で受け入れられていたわけではなかった点がみえてこよう。寛弘寺村側の言い分に従うならば、夜逃げ後の扶養を認めるかどうかは、親類など実際に引き取り手がいるかどうかという物理的な条件にも左右されたが、そうした「客観的」な条件もさることながら、実は夜逃げの仕方に対する村内評価も大きな判断基準になっていたことが知られる。そしてこの場合、寛弘寺村の発言からにじみ出てくるのは、「そもそも借金訴訟の係争中に夜逃げしたのは藤四郎一家の勝手であり、したがってそのような身勝手な者たちの子どもを世話する筋合いもない」という、強い自己責任観にもとづく扶養拒否姿勢であった。

今回の一件を書き留めた狭山藩役人が、「此度之様成事も多からす稀成引合」という感想を漏らしているように、寛弘寺村のとった態度は、当時の人びとも驚きをもって受け止めるほどの稀さだったようである。しかし、いくら特殊な対応だったとしても、同村が掲げたような理由を突きつけられてしまっては、周囲はそれを認めざるを得なかったのが実情であった。それは、寛弘寺村とかけ合った幕府代官所役人がしたことといえば、ただ寛弘寺村側の意向を狭山藩側へ中継するだけであったり、同村の反応を知った狭山藩役人が、あとは「一旦家出いたし候者、其村方へ引戻し候義も容易ニ者難致事と被察候」と嘆くばかりで、領主役人が村の扶養可否判断にほとんど「行政介入」できなかったことからも明らかである。当時の人びとは、家出人の自己責任性は扶養拒否の正当な理由たり得る、とする社会に生きていたのであり、その価値観がもつ規定力は、親の行動にほとんど責任をもち得ない子どもの人生をも左右するほどのものであった。

ただ注意すべきは、右のような自己責任の追及は、何も村社会から家出・帳外人へ一方的に向けられていたのではなく、夜逃げする側もまた内面化していた価値観であった点である。たとえば、和泉国南王子村に住む半兵衛一家は、半兵衛が病気だったこともあって生活は苦しく、親類や五人組から「助抱」もうけていたが、なかなか家計は好転しなかった。そのような状況をみて債権者たちも、「難渋之儀を察、借用方厳敷催促等者無之候得共」と、借金の取り立てを厳しくおこなうことを差し控えていたが、それでも結局半兵衛一家は、一八四六年（弘化三）のある夜、「親類・組合江茂無沙汰ニ而」家出してしまう。そしてその夜逃げを決断させたのが、「此上日々介抱を請候而者冥加も無之」という理由であった[30]。

つまり、半兵衛たちを夜逃げに駆り立てたのは、村内扶助がもはや限界に達したとか、借金返済が二進《にっち》も三進《さっち》もいかなくなったなどという客観的・物理的な理由ではなく、むしろ、これ以上ひとの情けにあずかって生活し続けるのは忍びないという、極めて主観的な「いたたまれなさ」だったのである[31]。そして、半兵衛をしてこのように思わせた背景には、宇佐美英機が指摘するように、「債務を弁済できないことは「恥辱」であると考える社会通念[32]」、すなわち自己責任にて自活できないことを恥とみる発想が横たわっていたことは疑いない。

恥を忍んで村内扶助をうけ居村に居続けるより、いっそのこと一家総出で夜逃げしてしまった方がましだと考えさせ、現にそのように人を行動させる。あるいは前節でみたように、たとえどれほど生活が苦しくとも、ひとの施しにあずかるような真似だけはしようとはしない。そこに、恥辱観に支えられた自己責任観のもつ深刻さを看取できるとともに、没落と敗者復活をめぐる諸問題が、単に客観的な社会・経済指標だけでは理解できない点がみえてこよう。

おわりに

以上、従来とは異なる観点から物乞いと夜逃げの事象を取り上げ、没落・貧困と敗者復活に対する近世日本社会の向き合い方を論じてきた。その作業からみえてきたのは、「路頭に迷う」という言葉だけでは到底説明しきれない、物乞いと夜逃げ（家出）の世界がもつ論点の広がりであり、また、生きるか死ぬかのギリギリの生活を余儀なくされた人びとに備わっていたたくましい生活力であり、そしてそれを支えた村社会の包容力であった。近世日本の村社会が、いかに「やり直しのきく」世界であったか――敗者復活の機会がいかに与えられていたか――を検討してきたともいえるわけだが、その考察過程は同時に、没落の憂き目に遭った人びとに待ちかまえていた現実の厳しさと、自己責任観に裏打ちされた村社会の冷徹さをもあぶり出すこととなった。

いったい近世日本の村社会は、この包容力と冷徹さをどのように使い分け、いかなる判断基準でその線引きを正当化していたのか。言い換えるなら、一度人生に失敗した人に対し、村社会はどこまで救いの手をさしのべ、どこからを当人たちの自己責任に属する問題だとして、見放したのか。そのせめぎ合いを、次章以降で検討していこう。

註

（1）塚田孝『近世日本身分制の研究』（兵庫部落問題研究所、一九八七年）、峯岸賢太郎『近世被差別民史の研究』（校倉書房、一九九六年）、畑中敏之『「かわた」と平人―近世身分社会論』（かもがわ出版、一九九七年）など。深谷克己も、近世民衆の闘争を検討するなかで、「近世の農民にとって、乞食・非人の境遇はじつはきわめて近いところにあり、そういう不安が百姓の倫理的緊張をひきだすことにもなった」と指摘している（『百姓成立』塙書房、一九九三年、二五二ページ）。

（2）その点、柳谷慶子のように、「乞食」稼業を「広い地域社会のなかで養われるという意味で、地域による救済システムの一つとみる」見方は、物乞いの議論空間を広げる重要な研究視角である（『近世の女性相続と介護』

吉川弘文館、二〇〇七年、二五二ページ）。また今西一も、「村乞食」や他町村への物乞い慣行を、町村「共同体の扶養機能《ホスピタリティ》」ととらえている（「文明化と〈牛首乞食〉」西川長夫ほか編『幕末・明治期の国民国家形成と文化変容』新曜社、一九九五年、三六九ページ）。

（3）註1畑中前掲書四二～四四ページでは、一八六〇年（万延元）、水害をきっかけに「非人に相成」った大和国葛下郡大谷村（奈良県大和高田市）の五人家族が、当初は大谷村で物乞いをしながら生活していたものの、そのうち「なじみの貰い」がなくなったため、一家全員で国元を出て「所々徘徊」し、最終的には尾張国に流れ着く事例などが紹介されている。

（4）河内国丹南郡池尻村田中家文書四二二（『狭山池調査事務所平成一〇年度調査報告書』一九九九年）。大阪狭山市教育委員会架蔵写真版を利用。

（5）『奥田家文書』七（大阪府立図書館、一九七二年）、二八〇ページ。以下、『奥田家文書』全一五巻による記述は、典拠を『奥田』七―二八〇などと略す。なお南王子村は、研究史上著名なかわた（穢多）村であるが、物乞いを含む生業複合の問題からみれば、一般の百姓村と区別する必要はないと思われるので、本稿では南王子村を「普通」の村としてあつかう。

（6）『奥田』五―八一八。

（7）『奥田』七―一八七。ここでいう「革職」とは、雪踏の裏皮や雪踏表づくりをはじめとする、雪踏産業全般のことを指すのであろう。当時南王子村では、雪踏産業が隆盛をきわめていた（註1畑中前掲書）。

（8）大和国平群《へぐり》郡東安堵村（奈良県安堵町）の一六九九年（元禄一二）『飢人帳』でも、娘が奉公に出、両親が「乞食」をしている無高・三人家族の例が記されている（『安堵町史』史料編上巻、一九九〇年、二九四ページ）。

（9）『奥田』七―二八三～二八四・二八七～二八八。大和国高市郡根成柿《ねなりがき》村（奈良県大和高田市）の一六四〇年（寛永一七）株帳で「こつしき／こつぢき」の肩書きで登録された三〇～九六歳の単身世帯や（『改訂大和高田市史』史料編、一九八二年、八八五～八九四ページ）、同国吉野郡田原村の一六八三年（天和三）人別帳に「乞食」として登録された一四歳の単身男性（第三章）、あるいは同郡小《お》村の一七二九年（享保一四）『潰百姓・逐電百姓・牛馬改帳』で「御未進ニ付相潰、只今ニ而ハ乞食仕候」などと記された「潰百姓」も（第五章）、在村しながら物乞い一辺倒で暮らしていた村人たちであった可能性が高い。

(10) 註2柳谷前掲書、二五三ページ。

(11) 『河内屋可正旧記』（清文堂出版、一九五五年）、一三三～一三四ページ。

(12) 一例として一七八八年（天明八）、河内国古市郡西浦村（大阪府羽曳野市）で行き倒れていた「順礼親子三人」は、もと美濃国恵那郡正家村《しょうげ》（岐阜県恵那市）の一家で、「去年《（一七八七年）》十二月在所罷出、袖乞仕伊勢参、夫ゟ熊野へ参り、夫ゟ西国順礼致し候処、紀州二番之札所紀三井寺ゟ親父病気ニ付難義仕候而、少々宛歩行いたし袖乞仕」るうちに西浦村に流れ着いたという（田中家文書三九八）。なお、「乞食参詣」（参詣者の乞食化）については、新城常三『新稿社寺参詣の社会経済史的研究』（塙書房、一九八二年）参照。

(13) 菅野則子校訂『官刻孝義録』上（東京堂出版、一九九九年）、二七～二八ページ。

(14) 菊池勇夫『飢饉の社会史』（校倉書房、一九九四年）一〇六ページ、『飢饉—飢えと食の日本史』（集英社新書、二〇〇〇年）一六六～一七〇ページなど。

(15) 註1塚田前掲書、『近世身分制と周縁社会』（東京大学出版会、一九九七年）。

(16) 『広陵町史』史料編下巻（二〇〇一年）三五一～三五三ページ、『松原市史』四（一九七四年）一二～一三ページ。「物もらひ」の村内立入禁止規定は、一七一〇年代（正徳期）の大和国村々でも確認できる（中川みゆき「座頭祝銭をめぐる地域社会の動向」奈良県立同和問題関係史料センター『研究紀要』二、一九九五年）。

(17) 『奥田』六—七四〇～七五一。なお、この「中分之者」には、無高も大勢含まれていた（『奥田』六—七五二～七五八）。

(18) 同じ施行でも、村内施行は嫌だが、積立金や郡中拠出金の給付ならば構わないとする考えの裏側には、後者であれば自分も財源を負担しているので受給は何ら恥ではない、という価値判断が働いているのかもしれない。なお、一八世紀後半～一九世紀初頭の信州松本藩領における備荒貯蓄制度を考察した田中薫は、たとえ無高の村人であっても備蓄穀を出資している事象について、「急難時救いを請ける権利の留保となったものであろうか」と推測している（「備荒貯蓄制度成立をめぐる基礎的研究—松本藩とその預領を事例として（下）」『信濃』六三—五、二〇一一年、五八ページ）。田中が検討した事例は、備蓄金穀の給付ではなく貸与であるが（貸付という行為自身がもつ重要性については第六章参照）、救済に際して、当時の人びとが負担と受給の「権利」関係をどうとらえていたのかは、重要な視点となろう。

（19）　横田冬彦「〈平人身分〉の社会意識」（朝尾直弘教授退官記念会編『日本社会の史的構造　近世・近代』思文閣出版、一九九五年）、拙稿「働き方と自己責任を問われる賤民たち—近世後期、平人身分社会の稼働」（荒武賢一朗編『近世史研究と現代社会—歴史研究から現代社会を考える』清文堂出版、二〇一一年）。

（20）　福山昭『近世農村金融の構造』（雄山閣出版、一九七五年）、宇佐美英機「法と社会構造に関する小考—「分散」研究史を素材に」（『新しい歴史学のために』一七一、一九八三年）、大塚英二『日本近世農村金融史の研究—村融通制の分析』（校倉書房、一九九六年）、「近世後期尾張地方における百姓の分散について」（『愛知県立大学文学部論集』日本文化学科編五五、二〇〇七年）など。

（21）　註4参照。

（22）　『長岡京市史』資料編三（一九九三年）、二五九ページ。一八七一年以前の一九世紀大和国でも、家出したのち「非人ニ相成」った者が、新天地の村で野番や山番、あるいは番人（非人番）として雇用されることは、決して珍しいことではなかった（井岡康時「明治初年の野非人と地域の対応」奈良県立同和問題関係史料センター『Regional』八、二〇〇七年）。

（23）　註4参照。

（24）　註4参照。『大阪狭山市史』三（二〇一〇年）、六二七〜六二八ページも参照。都市の事例ではあるが、一八四〇〜六〇年代の摂津国尼崎においても、一度帳外扱いになった者が、数年後、再び居町に舞い戻って復籍している例を多数確認できる（岩城卓二「近世の「生存」—人口動態を中心に」『日本史研究』五九四、二〇一二年）。

（25）　『長岡京市史』資料編三、一四〇ページ。

（26）　『奥田』五—七六七〜七六八。

（27）　『奥田』四—六八七〜六八八。

（28）　浜野潔『近世京都の歴史人口学的研究—都市町人の社会構造を読む』（慶應義塾大学出版会、二〇〇七年）、一〇〇〜一〇四・一〇八〜一一〇ページ。

(29) 家出後、新天地で再定住・再就職を果たすも、病気で働けなくなった途端、流浪的な「乞食」となって、結局は行き倒れてしまう例は、二〇世紀初頭の茨城・福島県でも確認できる（竹永三男「「行き倒れ」の近代史—明治政府・福島県の「行き倒れ」対応法制と日露戦後の福島県における「行き倒れ」事例の検討」『部落問題研究』一八四、二〇〇八年）。

(30)『奥田』五—七八一〜七八三。なお、南王子村を出たあとの半兵衛一家は、すぐさま「元々名染之人」であった紀伊国那賀郡狩宿《かりしゅく》村（和歌山県紀の川市〔旧那賀町〕）勝治郎方へ夜通しで向かい、そこで人生のやり直しをはかっている。半兵衛は、物乞いをしながら熊野山へ湯治におもむき病気を治したうえで、勝治郎の斡旋で狩宿村内で年季奉公をしたり、高野山の麓で山番をしながら高野山上の「寺々ニ而雪踏細工等致」して生計をたてていた。本章でみてきた、敗者復活をめぐる諸論点が出揃っており、その意味でも半兵衛一家の動きは興味深い。

(31) 柳谷慶子も一八一一年（文化八）、甲斐国都留郡下谷《しもや》村（山梨県都留市）で、村内に血縁者がいないため、「皆々之世話」にて暮らし、病気後も五人組の介抱で生活していたとある後家が、「五人組から世話を受けることを心苦しく思い、これを遠慮するようになった」例を紹介している（註2柳谷前掲書、二五〇ページ）。

(32) 宇佐美英機「「分散」と「出世証文」」（国立歴史民俗博物館『歴博』八八、一九九八年）。約束の期限内に債務弁済ができなければ「はじ」だとみる発想は、すでに一五〇六年（永正三）の越後国頸城《くびき》郡京田《きょうでん》村（新潟県上越市）で確認できる（井原今朝男『中世の借金事情』吉川弘文館、二〇〇九年、二〇三ページ）。

第Ⅱ部　貧困への向き合い方

第五章　せめぎ合う社会救済と自己責任

はじめに

ある人・家・世帯が、経営に失敗して没落したり（しかかったり）、貧困に陥ったり（陥りかかったり）した場合、社会はどこまで彼らに救いの手をさしのべ、どこからをその者たちの自己責任に属することだとして突き放すのか。この、現代日本社会でも判断が悩ましく、ゆえに今も社会的な課題になり続けている問題を、どうやら近世日本の村社会も同様に抱えていたらしいことが、第四章の分析で明らかとなった。そこで本章では、右の問題を主軸にすえて、近世の村社会が、自村民の没落や貧困にどう向き合っていたのかを追究していきたい。

第一・四章で指摘したように、近世日本の小農経営と村社会については現在、平野哲也の研究によって、そう易々とは没落せず（貧困に陥らず）、またそう簡単には自村民を没落させず、仮に没落しかかっても粘り強くその立て直しがはかられていくような、極めて強かで足腰の強い小農経営と村社会の歴史像が提起されている。一方で、現実には経営破綻によって夜逃げしたり、居村を離れて流浪的な物乞いをせざるを得なくなった村人もおり、前章ではそうした貧困状態に直面した人びとに与えられた生存選択肢や敗者復活の道について考察した。したがって次なる課題は、没落や貧困をなるべく生じさせない社会環境をつくりながら、夜逃げや流浪的な物乞いを引き起こしてしまうような村社会をどう理解するか、という点にある。そして、そこへの切り込み方の一つが、村人の没落や貧困を目の前にしたとき、村社会は、どこまで彼らの救済を村の公的責任として引き受け、どこからを当該村民の私的な自己責任に属する問題だとして社会救済（村の公的扶助）を発動させなくなるのか、その線引きのありようを追究するという方法であろう。

残念ながら、こうした観点にたった近世日本の村落史研究はあまりないが、目を他分野に転じれば、参照すべき指摘がすでになされていることに気づかされる。それが宇佐美英機による近世京都の借金問題をめぐる研究であり、(1)京都では一七世紀末の元禄期以降ともなると、「本来個人の経済活動によって生じる債務や裁判費用」について、「直接かかわりのない他の町人が連帯保証や負担を行うことを不合理だと考える新たな意識の成長」がみられるようになるという。早くも一七世紀末の京都では、債務超過や破産に象徴される個別経営の浮沈について、それを自己責任の範疇に閉じ込めようとする動きが看取されるわけだが、宇佐美の仕事でもう一つ重要なのが、そうした自己責任路線の一方で、実際には明治初年にいたってもなお、「町が成員の生活維持にあたって保障と助力を供与」する方向が、決して消滅してはいなかった事実をも明らかにしている点である。

つまり近世の京都では、個人経営の救済をめぐって、町の社会責任（公的責任）と町人個々人の自己責任との間で、延々と綱引きがなされていたと想定されるわけで、村社会についても、そのような視点で史料を検討することが求められていよう。一九世紀前半の百姓分散を検討した大塚英二が、分散の執行条件の一つに、「自助努力を欠いた者を救済する必要はないとする論理」があったと述べている以上、(2)村社会でもきっと社会救済と自己責任をめぐるせめぎ合いと苦悩の歴史が見つかるに違いない。

本章では右のような問題意識のもと、まず、近世日本の村にどのような没落・貧困への対処法が存在していたのかを確認する。[3]そのうえで、社会救済と自己責任との間で揺れ、悩み続ける村社会の姿をあぶり出していくこととしよう。

第一節　「溜め」としての村

没落や貧困への社会対応を考える際、重要な研究視角となるのが、現代貧困研究で湯浅誠が提起する、「溜め」という見方である。[4]湯浅のいう「溜め」とは、人を貧困状態に陥れる「外界からの衝撃を吸収してくれるクッション（緩衝材）」であるとともに、人が貧困に陥らないための「エネルギーを汲み出す諸力の源泉」となるものである。そうした「溜め」の機能を有しているものとしては、たとえば金（どれほど貯金があるか）や人間関係（頼れる家族、親族、友人がいるかいないか）、そして自分自身に自信をもてるか否かといった精神的なものがあげられ、そのような有形・無形の「もろもろの〝溜め〟が総合的に失われ、奪われている状態」こそが貧困だという。

湯浅の視角は、直接には現代日本の貧困問題から立ち上げられたものであり、歴史研究と直結しているわけではもちろんない。だがこの「溜め」という発想は、時代を超えて通じる意義ある研究視角なので、本章でも湯浅の着眼点を借用して、村という生活・行政組織が、どれほど「溜め」の機能を有していたのかを検討していきたい。

村が「溜め」として機能している姿は、単身者や病人世帯といった要扶養・要介護の社会的弱者に対する、村・村役人・五人組からの経済援助や扶助を論じた柳谷慶子の仕事[5]や備荒貯蓄の研究など、すでに先行研究の成果からもうかがえるところである。第四章でも、一八六九年の和泉国南王子村で、家族全員が病気がちで物乞いでもなかなか生活が立ち行かない世帯や、両親が病身のため、娘が奉公に出、息子が物乞いをして生計をたてていた家族に対し、親類と五人組から「介抱」が差し向けられていた事例を紹介したし、場合によっては村社会が、帳外扱いとなった夜逃げ・家出人すら――それも、自村出身者のみならず、あかの他人である他村民までも――迎え入れる準備のあったことを指摘した。

このように「溜め」としての村は、これまで明らかにされてきた諸事実からも論じ得るところであるが、ここではもう少し事例の豊富化をはかって、村が有するさまざまな「溜め」のありようを探っていくこととしよう。

一つは、宇佐美英機が注目する「出世払い」（出世証文）(6) という、これまでの村落史研究ではあまり取り上げられてこなかった経済支援方法である。一例として一八〇一年（寛政一三）正月、河内国丹南郡野中村（大阪府藤井寺市）の久右衛門は、親類・五人組・世話人とともに、村の庄屋・年寄・百姓代にあてて、次のような出世証文をしたためた。

【史料1】

一札之事

一久右衛門儀、困窮之上、先達而ゟ家内不残病気取合候ニ付、夫食無御座候ニ付、組・親類共ゟ色々合力ヲ以今日迄取続申候処、組・親類共夫食大切候ニ付、何共致方も無御座候。右久右衛門儀、最早及飢ニ候ニ付、無拠村方御役人様江御届ケ申上候処、色々御勘弁之上、麦壱斗三升代鳥目壱貫匁(ママ)御借シ被下、依之組・親類共へ預り、壱日ニ付麦四合ツ、右久右衛門へ相渡し、都合日数三十日余之間露命繕続為仕可申候。依之本人ハ不及申、組・親類一同忝奉存候。尤右久右衛門本服(復)之上、出世仕候得ハ、急度御返納可仕候。依之一札如件(7)。

もともと困窮していたという久右衛門は、ただでさえやりくりが苦しいところに、家族全員が病気がちになってしまい、ますます生活が立ち行かなくなってしまったが、五人組と親類から「合力」＝経済援助を得ることで、何とかこれまでやり過ごしてきた。だが当然、支援する側にも個々の生活がかかっていたため、そうした合力も次第に限界を来すようになり、とうとう久右衛門家の扶養は五人組と親類の手には負えなくなる。そこで彼らがとった方策が、村全体から公的支援をあおぐことであった。その支援方法とは、麦一斗三升分にあたる銭一貫文を、久右衛門の五人組と親類が一括して預かる形で村から貸与してもらい、そこから一日四合ずつの換算で久右衛門方へ麦を手渡し、それで当面する一ヵ月間を何とか切り抜けようとするものであった。そしてその時とられた返済方式が、久右衛門が経営を立て直して「出世」したら、借銭一貫文を本人から返させるという、まさに出世払いによる借金返済だったのである。

これまで注目されてきた出世証文は、どちらかといえば債権者を商家などの「個人」とするものが多かったのに対し[8]、村もまた、村民の出世払いを認める債権者たり得たことがわかるとともに、五人組や親類による扶養限界の先に、借金の出世払いという選択肢を、当時の村社会が有していたことが知られる。借金という形ではあるが、あえて無利子にし物理的な担保もとらず（宇佐美がいうように、本人と子孫の「栄誉」が担保となる）、具体的な返済期限も設けないことで相手を無理に追い込まず、債務者の生活立て直しを長い目で見守ろうとするあたりに、困窮村民に対する村社会の信用と「懐の深さ」を看取し得よう。ただしその「やさしさ」も、久右衛門への麦代貸与が、五人組と親類による一括管理を条件としていたことが象徴するように、必ずしも当該村民に対して全幅の信頼をおくものではなかったし、宇佐美が強調するごとく、出世払いを認める背景には、「返済できなければ恥だ」とする強い自己規律／自己責任観が横たわっていた。出世証文から垣間見える村社会の「溜め」とは、そうした「やさしさ」と「厳しさ」が組み合わされたところに成り立っていたのである。

村の有する「溜め」は、債務超過や年貢未進の累積によって破産に追い込まれた村民の取り扱われ方でも見出せる。身代限りや分散を宣告された者が、小屋住まいを強いられたり、服装規制をうけるなど、村から種々の社会的制裁を食らいかねない立場におかれていたことについては、すでに一八八〇年の『全国民事慣例類集』などをもとにした先行研究で指摘されており、[9]場合によっては一六九九年（元禄一二）、山城国久世郡寺田村（京都府城陽市）で「つぶれ」た村民が、「年貢大分致不納候故、当村追放いたし候」と、年貢滞納の累積を理由に村から追放されているように、[10]かなり厳しい処分が村から下される場合もあった。その意味で村は、破産者にとって常に「溜め」として機能してくれるわけでは必ずしもなかったといえよう。

ただ一方で先行研究は、たとえ身代限りや分散をうけたり、潰れ百姓になろうとも、それが即、居村からの離脱・追放の強要と連動していたわけではなく、仮に小屋住まいであったとしても、引き続きの村内居住をとりあえずは許す程度の「度量の広さ」を、村社会が有していたことも教えてくれる。[11]

事例を追加するならば一六九九年、大和国平群郡東安堵村（奈良県安堵町）では『飢人帳』を作成した際、村側が「飢人」と認定した家族について、その者たちが「小屋」住みなのか「家」住みなのかを書き分けたうえで、「家」住みとなっている家族についてはすべて、「御未進大分負申候故」、あるいは「（田地・家財を「村へ押出し」たものの、それでもなお――引用者註）御未進銀ニ大分不足御座候故、村へ損銀大分ニ掛り難儀」などといった理由から、村の手で「家」＝居宅を「こほち売」にし（その先には「小屋」住まいが待っていよう）、村が肩代わりしている未進年貢の補填にまわそうとしていたことが知られる。[12]どれだけ飢えていようが、未進が嵩めば容赦なく居宅を取り上げて壊し、売り払ってしまう姿からは、同年に同じ理由から追放処分を下した山城国寺田村と同様、税金滞納者に対する村社会の厳しい姿勢が看取されるが、東安堵村の場合、その厳しさは、小屋住みであろうとも引き続きの在村は許容し、すぐさま路頭には迷わせない「懐の深さ」とも表裏一体であった。

また一七二七・二九年（享保一二・一四）に、大和国式下郡伊与戸村（奈良県田原本町）や同国吉野郡小《お》村（奈良県東吉野村）から、領主の幕府代官へ提出された『潰百姓・逐電百姓御改帳』や『潰百姓・逐電百姓・牛馬改帳』では、文字通りわざわざ（この一〇年間での）「潰百姓」と「逐電百姓」が書き分けられ、「潰百姓」については、「御未進ニ付相潰、只今ニ而ハ乞食仕候」「御未進ニ而相潰、村方ニ罷有候」「段々相煩候而相潰、村方ニ罷有候」「段々困窮仕候而相潰、村方ニ罷有候」といった注記が、各々の「潰百姓」家に付されている[13]。年貢未進や病気、あるいは困窮によって潰れたとしても、それは村からの逐電とは別次元の問題だったのであり、たとえ「乞食」生活を強いられようとも、「潰百姓」として「村方ニ罷有」ることは可能だったのである[14]。そこには前述の東安堵村と同様、破産者を完全には見放さず、とにもかくにも居住させ続けることで、何とか再興し得る時間的猶予と機会を与えようとする村社会の意向があらわされていよう。

このような、破産者たちの捲土重来を期そうとする姿勢は、破産して所有地を村に差し出した「絶人」に対する村側の対応でも見出せる。大和国山辺郡上入田《かみにゅうだ》村（奈良県天理市）では一七〇四年（元禄一七）、「絶人」一四名分の田畑七五石余を、それまでは「年々村中惣作」扱いにしてきたものの、結局「不作」地となってしまったため、「土地善悪、場所遠近等」を勘案して、右の「絶人跡」田畑を「上・中之百姓」一七名へ「鬮取」にて「甲乙無之、平等ニ分付」け、「銘々持地同事ニ支配仕」らせることで、何とか絶人跡に課される年貢諸役を捻出しようとしていた[15]。

こうした割り付け行為だけをみれば、村としては、所有地を放棄した絶人たちに、もはや復活の見込みはないものとみなして、彼らを完全に見放したかにみえる。だが上入田村では、右の田畑割符にあたり、次のような配慮を示すことも忘れてはいなかった。すなわち、「万一絶人共之内、余力出来立戻り候節ハ、絶人共借銀・借米、村中より相立候。然上ハ大庄屋幷村役人共致相談、相応之銀子出させ、前之持地相渡シ、御百性（姓）ニ成立候様ニ可仕之旨被仰付難有奉存候」と、文面的にはこの絶人跡割符を見届けた領主役人からの命令受諾という形をとってはいるものの、もし絶人たちが、再び一人前の「御百姓」として立ち直れるだけの「余力」を蓄えた場合、彼らの再出発がうまくいくよう、①絶人の債務を村全体で一時的に立て替えたうえで、②大庄屋と村役人が間にたって、絶人たちの元所有地を――おそらくあまり彼らの負担にならない程度の――「相応」の値段にて、割符先の前記一七名から買い戻させる用意のあったことが知られる。

同じく播磨国佐用郡大畠村（兵庫県佐用町）でも一八五三～五九年（嘉永六～安政六）、「極難渋」にて「百姓相続」が難しくなり、親類・五人組と「熟談」のうえ、「田畑・山林・竹木・家材（財）等」の「諸式」を村方へ「投出し」て「無高ニ罷成」り、「絶人ニ相成」った村人がいた。彼らの未進年貢、および放棄地に今後かかり続ける税金は、「村弁銀」「惑高」として村が肩代わりすることになるので、村は絶人たちに対し、年貢負担で村に迷惑をかけるとして、絶人である間は、①「上ミ下モ羽織」や雪踏、脇差、傘、「結物類」の着用・使用を禁止するとともに、②「村方立会」（村の寄合）の節は「末座」にすわり、③どの家でも「表口」から出入りせぬよう、「慎方」を命じた。極めて屈辱的な制裁を絶人に食らわせていたといえるが、そうした厳しさの一方で大畠村は、もし絶人が「起返り」、すなわち放棄地を取り戻して経営を復活させ「百姓出精」できるようになったら、「百姓相続」がうまくいくよう、村がこれまで立て替えてきた滞納税（「弁銀」）については、本人からの弁済は七割で良いこととし（残りの三割は棒引き）、村に「投出し」てきた田畑の年貢（「惑高」）についても、向こう三年間は、その三割は村方が「助成」することを約束した。[16] 一八世紀初頭の上入田村にしても、一九世紀半ばの大畠村にしても、村は絶人に対し、全面的に閉鎖的になっていたのではなく、むしろ復帰のための好条件を整えておくことで、いったん敗れ去った者が、再び返り咲ける道をも用意していたのである。

このように近世日本の村は、生活困難な住民に種々の経済援助を施したり、破産者に敗者復活の猶予を与えるなどして、経営破綻による家名の断絶や完全離村をギリギリのところで回避させる緩衝材となったり、没落しても再び立ち上がるための力の源となったりしていた。その意味で、これまでの研究成果からもある程度想定できるように、近世の村が「溜め」の機能を有し、村社会として没落や貧困を食い止めるための意思と手立てをもっていたこと自体は間違いあるまい。

ただし当然のことながら、そうした手立てが存在することと、それが実際に機能するかどうかは別問題であり、さきにみたように、破産者を村から追い出すなど、現実には「溜め」の機能が作動されない場合もあった。また発動させるにしても、それは居宅の取り壊しや日常的な行動規制など、厳しい社会的制裁と表裏一体の関係にもあった（第六章も参照）。しかもややこしいことに、村人のなかには、それらの「溜め」をあえて利用しない人びともいた。たとえば和泉国南王子村では一八五〇年、「極難之時節」で生活が苦しいにもかかわらず、「中分之者」としての家格意識に囚われて、「村内身元相応之者」からの施行をあえて受け取ろうとしなかった人びとがいたし、一八四六年には、これ以上親類や五人組からの「介抱を請候而者冥加も無之」という理由で、一家全員で夜逃げした家族もいた（第四章）。

つまり、いくら村側に救いの手をさしのべる意思と用意があったとしても、それが即、先方に受け入れられるとは限らず、現実には、救われる側自身が抱く、ひとの施しにあずかるような真似だけはしたくはないという「見栄」や、これ以上ひとの手助けを受け続けるのは忍びないという「いたたまれなさ」から、「溜め」の機能が発揮されない場合も存在していたわけである。その背景にはもちろん、第四章でも指摘したように、自己責任で自活できないのは恥だとみる、強い自己責任観が横たわっていよう。そしてこの、救われる側の行動をも律する自己責任観によって、「溜め」の機能が微妙になってしまう問題は、そもそも村が「溜め」の機能を発動させるかどうかという判断問題とも関わってくる。その点を次節で考察していくこととしよう。

第二節　社会救済と自己責任の狭間で

前節で確認したように、近世日本の村は、経営が破綻したり、しかかったりしている者に対し、経済援助を施したり、再興に向けた時間的猶予や機会を与える一方、破産者を村から追放するなど、強烈な「見放し」の姿勢を示す場合もあった。佐々木潤之介は後者の事象から、「この村の村請制の村としてのまぎれもない本質が露呈されている」[17]と読み取り、ゆえに「やはり、近世における村と家は、桎梏として、破砕されねばならなかったのである」[18]と斬り捨てたが、はたしてどちらがより村の「本質」を示しているのか、その問題を個別経営の浮沈、とりわけ個人の手には負えなくなった負債を、村の公的責任に関わるものとして村である程度面倒をみるのか、あるいは個々の債務者の私的な自己責任で処分すべき事柄として突き放すのか、という問題に置き換えて考えてみることとしよう。

まず前者の公的責任でいえば、前節の諸事例からも予想できるように、それが村の務めとして近世を通じて自覚され続けたであろうことは、諸種の史料からうかがえるところである。

一例として一六八七年（貞享四）、大和国山辺郡前栽村（天理市）では、「近年不作ニ付、未進借銀大分有之、居村ニ住居も難成者はかりに罷成迷惑」している状況を打開するため、村で諸事「かんりやく」を申し合わせた[19]。その際、これまでは「銘々ぶんさいニ余」る生活をしたあげく、村が滞納税を立て替えなければならない（「村弁」）ほどの「未進借銀」を抱え、しかもその支払いについても「何かと偽り」を言って延び延びにしている村民がいるのは村として迷惑だとして、次のことを定めた。

すなわち、①今後は、借金は「身から出たサビ」だということを肝に銘じて、「村弁」となっている「未進借銀」の返済期限の延期を、村へ安直に申し出ることをやめ（「身体相応より未進借銀有之を、村衆へ指延くれ候へと断不申」）、「自分ニ身体をつもり」＝自己の経営にきちんと責任をもって、村に迷惑がかからぬよう「まへかとより覚悟」せよと述べたうえで、②「未進借銀」を多く抱える者については、「其年之立毛、又ハ奉公なと致候者、給分私ニ取引仕間敷候。其組頭へ断、さしず次第ニ可仕候」と、当事者に家計管理を勝手にさせず、借金返済が確実におこなわれるよう、債務者が農業や奉公などから得る収入を五人組頭の監督下におくことを取り決めたのであった。債務に対する自己責任を喚起しつつ、借金が嵩んでしまえば――「村弁」の増大回避のためにも――村の責任（具体的には五人組）としてそれなりに面倒をみる（監督する）、という姿勢である。

こうした村の意志は、かなり時期をくだっても確認できる。たとえば大和国葛下郡染野《しめの》村（奈良県葛城市〔旧當麻町〕）では一八六四年（元治元）、「御未進」の取り扱いをめぐって村方騒動がおきた際、「是迄御未進ニ相成候ハヽ、村方江引受申べく例も有之」ということが再確認されているし[20]、同国吉野郡小村でも一八六九年、「水呑人」や「潰家」「独身之者」がいれば、「組内より精々手厚世話」をし、それでも行き届かない場合は、村の「重役衆中」へ申し出よと、庄屋から村民たちへ申し渡されている[21]。借金や税金滞納で首がまわらなくなったり、そうした状況に陥りやすい予備軍的な人びとに対し、村として一応目をかけておき、いざとなれば社会救済を発動させるのは村の責務だ――小村では、破産した「潰家」も救済対象になっている――という姿勢を、日本の村社会は近世を通じて保持し続けたといえよう。

ただし、右のような面倒見の良さが、村運営の基本路線として永続したかといえば、そうとばかりも言えなかった。それを象徴的に示すのが一七七一年（明和八）、紀伊国伊都郡赤塚村（和歌山県橋本市）で取り決められた、次のような村定である。

【史料2】

一当村ニ是迄度々潰百姓出来仕、不納銀米村迷ニ引受来候。右之御法式ニ御座候得共、残百姓近年御未進多ク相重凌兼候難渋村之儀ニ御座候得者、此上潰百姓御座候而村迷有之候而ハ物潰ニ罷成候ニ付、去ル寅ノ三月、甚五郎・次郎四郎両人諸身体村方へ突出シ村支配ニ致候様申出候得共、右之品ニ付、今度村中相談之上、地法極メ仕リ、右体不納・小入用相重ミ候共、銘々凌ニ仕リ、若不行届候ハヽ、本人幷親類・子々孫々ニ至迄急度為凌申筈、田畑之儀ハ本人支配ニ得不仕候ハヽ、為村中と世話仕リ其年々之御年貢諸役上納可仕筈、右之通村中相極候。為後日之印形仍而如件。[22]

赤塚村ではそれまで、「潰百姓」が出たとしても、彼らが払いきれなかった年貢を「村迷」、すなわち村全体で責任を負うべきものとして、残りの村民でその弁済を肩代わりしてきた。ところが近年、あまりにもその肩代わり分が嵩んできてしまったため、このままでは「惣潰」になってしまうと懸念した村では、①今後、年貢未進や村入用の未納が生じたとしても、村としてはもはや関知せず、②不納分の弁済は、たとえ本人が破産していようとも、本人と親類、そしてその子孫たちの手で、延々と責任をもって支払い続けるべきものとし、③村として関わる範囲を、債務者が「支配」しきれなくなって村へ手放した田畑の管理（村が引き取ってからの納税責任も含む）に限定することを取り決めた。赤塚村が、未納税の「村迷」路線を遮断することで、村人の個別経営の浮沈からなるべく距離をおき、それを村民個々の自己責任の範疇に閉じ込めようとしていたことは明らかであろう。

こうした動向は、さきにみた村の面倒見の良さが、機能不全に陥りだす時代の到来であるかにみえる。また一八世紀以降、貨幣・商品経済の浸透・発展によって、村落共同体秩序が弛緩・動揺するという、かつての近世日本史研究で描かれがちだった歴史像とも合致するかにもみえよう。だが実際には、右のような事態は、はるか以前から確認されるのであった。一六六九年（寛文九）、津藩藤堂氏の城和奉行が自領の大和国山辺郡針村（奈良市〔旧都祁村〕）について書き留めた次の記録は、それを如実に物語るものである。

【史料3】

一針村惣二郎弟清兵衛と申者、未進幷問屋借銀大分有之候而身体相果申候へ共、残ル借銀皆済仕候事成不申候ニ付、清兵衛兄惣二郎目安ヲ指上候ハ、針村之儀ハ是迄か様之儀、親類懸りニ仕候例無御座候。組掛りに申付くれ候へと訴訟申候ニ付、針村庄屋甚助ニ右段々相尋候へハ、惣二郎申候通、是迄ハ組懸りニ仕来申候と申候ニ付、清兵衛手前之未進銀、前々之通、組中としてわきまへ返弁仕候へと申付候事。[23]

針村では清兵衛という村民が、多分の未進年貢と商売上の借金を抱えて破産したものの、破産にともなう財産処分だけではそれらの債務を完済できなかった。そこで針村としては、同じ村に住む兄の惣二郎に、残る借金の肩代わりをさせようとしたらしい。ところが惣二郎側がこの処置に反発し、こうした場合、これまでは「親類懸り」＝親類に弁済責任がまわされてくるのではなく、「組掛り」＝五人組が返済を保証するのが村の通例であるとして城和奉行に訴え出、同奉行が針村庄屋に先例を調べさせた結果、最終的には「組懸り」に決したという。滞納税のみならず、個人的な商取引にともなう債務についても、村（この場合五人組）で責任を負うべきだという、先述した村運営の基本路線を確認できるとともに（城和奉行としては「組中」の返弁責任を、「未進銀」＝税金のみに限定しようとしていたのかもしれないが）、早くも一七世紀後半には、その村としての公的責任を、あわよくば債務者の親族や子孫という私的な世界に転嫁してしまおうとする動きが、村社会のなかで生じていることに気づかされる。

右に似た動向は、時期的にさらに遡ることができる。近江国甲賀郡北内貴村《きたないき》（滋賀県甲賀市（旧水口町））では一六一四年（慶長一九）、「年貢米不足」にて「夜ぬけ罷走もの」が出ても、「其者跡職田地田畠」を「相残地下として少も作」らず、「其者借銭・借米・作職分も返」さず、たとえ「給人」からどう命じられようとも、「失人の家・跡職など少も存」じない、と突っぱねる方向で村掟を定めたという(24)。この事例に着目した藤木久志は、右の時期にこうした取り決めがなされた背景に、大坂冬の陣動員令直後という戦争状態を読み取っているが、いずれにしろ近世の村というのは、状況次第で個別経営に対する公的関与・支援を引っ込めるという路線——北内貴村の場合、年貢未進のまま離村した村人が残していった財産や債務の管理・弁済については、村として一切関知しないと宣言——を、当初から村運営の一つの選択肢として有していたことが知られる（逆にいえば、個人債務に対する公的支援という選択肢も当初から存在していたこともわかる）。

つまり、近世日本の村社会というのは一七世紀以降、村の公的責任を基調とする「大きな政府」の時代から、村民の自己責任を問う「小さな政府」の時代へ、という一方通行的な歴史を歩んできたのではなく、むしろ村運営の両足を、当初から「大きな／小さな政府」という二つの路線の双方におき、どちらの足により比重をかけるか、そのつどせめぎ合いをしてきた、とみた方がよほどいいわけである。したがって自己責任路線の明示は、必ずしも村秩序の動揺や崩壊を意味するものではなかったといえるし、同じ時期に正反対の対応がみられたとしても、何ら不思議でもなかったといえよう。現に大和国葛下郡土庫村《どんご》（奈良県大和高田市）では一六七一年（寛文一一）、「かけおち」（出奔）した村民の未払い年貢銀が、その者の属していた「一門とも談合」を経て、「一門」内の他構成員の手で処理されている。[25] このわずか二年前、同国針村の惣二郎があれほどあらがった個人債務・未進の「親類懸り」が、ここでは逆に普通に実行されていたのであった。やはり、村の公的責任と村民の自己責任との関係は、どちらからどちらへという段階論ではなく、せめぎ合いや苦悩をともなうような、選択の問題としてみなければならない。

さらに、この選択をめぐる綱引きは、両責任間のすみ分け、という形で現出するようにもなる。一七五五年（宝暦五）、大和国平群郡窪田村（安堵町）で申し合わされた次の箇条は、それを象徴する記述である。

【史料4】

一世体向不廻之人於有之ハ、五人組常々互相《（ママ）》ニ申談、沽却人無之様ニ致可申候。若沽却人有之ハ、御上納銀・下作年貢共急度相立可申事。但、本人ニ不抱、一家共より算用相立可申事。[26]

家計のやりくりがうまくいかず、生活が苦しくなっている人がいれば、その者が「沽却人」＝破産者とならぬよう、五人組内できちんと見守って世話をしよう。だがもし破産してしまった場合は、残された未払いの年貢や小作料は、破産者の「一家共」＝親族の手で弁済せよ、という。一八六九年の和泉国南王子村で、生活困難な家族に対し五人組からの「介抱」が発動されたように（第四章）、破産寸前までは何とか「沽却」が回避されるよう、五人組の公的責任として種々の手助けを施すが（そこには一六八七年の大和国前栽村でみられた、五人組頭による債務者の家計管理・監視も含まれているであろう）、破産してしまえば、あとは紀伊国赤塚村が一七七一年に宣言したごとく、未納分の税金については村として一切面倒をみず（立て替えなどをせず）、その弁済責任を当事者の親族という自己責任の枠に収斂させる。村民の生活援助をするのは村の務めだという路線を一応堅持しつつも、それでいて個別村民の破産が村財政に影響しないよう、村がもつべき責任の範囲と、個々の村民が負うべきそれとを明確に線引きし、前者の公的責任と後者の自己責任とのすみ分けをはかった、村社会の一つの知恵だといえよう。

このように近世日本の村社会は一七世紀以降、負債処理に象徴される個別経営の浮き沈みに対し、社会救済を発動させるのか、それとも村民個々の自己責任だとして突き放すのか、その判断で延々と悩み、揺らぎ続けていた。したがって本節冒頭での問い、すなわち破産者を追放するほどの見放し＝自己責任強調路線をみせるのが村の本質なのか、あるいは何とか破産を回避させたり、破産してもそれなりに村として面倒をみる――「潰家」に対する五人組の世話を申し合わせた一八六九年の大和国小村の例を想起せよ――という社会救済・公的責任路線が本質なのかでいえば、ことの核心は、どちらに村の本質があるのかではなく、むしろ当初から両路線とも村の本質として位置づいており、ゆえに二つの責任の間で繰り返しせめぎ合い（責任の押し付け合い）が生じたり、すみ分けが検討されたりしてきた、という点にあろう。

また自己責任といえば、周知のごとく、安丸良夫が勤勉、倹約、孝行といった通俗道徳の問題と関わらせて早くから論じている。安丸は通俗道徳が、「近世中後期以降という特有の一時代」において、人びとが「自覚的におこなうべき規範、倫理」として、「ことさらに〝問題的なもの〟として広汎な民衆にとりあげられたことの意味を問う」なかで民衆の自己責任観に着目したが[27]、村運営の問題に即していえば、村民の自己責任をどこまで問うかは、「近世中後期以降という特有の一時代」どころか、近世の初頭から村の自治において焦眉の論点となっていたといえよう。

加えて、村の公的責任と村民の自己責任を、選択とせめぎ合いの問題としてみるならば、柳谷慶子が指摘する、社会的弱者に対する「家族・親族・地縁による重層的な生活保障システム」[28]という見方にも、よりふくらみをもたせられる可能性がみえてくる。たしかに一八五一年の和泉国南王子村で、頼るべき親類もいなかったから「村役人・組合ゟ種々介抱」が発動された、という事例が確認されるように（第四章）、生活困難な者に対する救済責任が、本人―家族―親族―五人組―村（―領主・幕府）と、一面で段階性をおびた重層的なものであったことは間違いない。

だがもう一方で注意しなければならないのは、早くも一六六九年には、「親類懸り」か「組懸り」かで揉める大和国針村のようなところも出現していることである。おそらく人びとは、この段階の責任で持ちこたえられなくなったから、次の段階の責任へ、という形で救済責任を重層化させるだけでなく、各責任を並列化させ、どの責任を選択するか（どの責任に押し付けるか）という発想も当初から持ち合わせていたのであろう。救済の責任をどこに求めるのか、村社会での苦闘が知られるというものである。

さらに、村の公的責任を前面に押し出すか否かは、「世間体」や村の「体面」の問題とも関わっていた。たとえば大和国十市郡山之坊村（奈良県橿原市）では一七九二年（寛政四）、引き続きの定免を領主へ願い出た際、村としても日々自助努力に励んでいる旨を強調するなかで、村内には「御上納相務兼候難渋人も数多」いるが、「近村之他領方へ面目」もあるので、五人組内で申し合わせて、それら「難渋人」の「百姓相続」を支えている、と主張している[29]。

山之坊村をしてこう言わしめている背景にはおそらく、自村から（「難渋人」が行き着く可能性のある）破産者や出奔人を出すのは「村の恥」だという発想があり、ゆえに村の「面目」を保つためにも、五人組による「難渋人」の下支えは必要だ、と考えられていたのであろう。「世間体」や「他人《ひと》の目」を気にする点では、「見栄」や「いたたまれなさ」から、社会救済をあえて辞退した人びとの動きと共通しており、村による社会救済の発動が、単に金銭的な損得勘定だけで左右されていたわけではなかったことが知られる。村の公的責任と村民の自己責任とのせめぎ合いの背景には、村財政の実情と世間体を天秤にかけながら、両責任間に何とか折り合いをつけようとする、村社会の苦闘と苦悩の歴史が詰まっているのである。

おわりに

以上、断片的な史料によりながら、近世日本の村社会において、村という生活・行政組織が、いかなる「溜め」としてあり続け、また村人たちが、社会救済と自己責任の線引きをいかになしてきたのかを検討してきた。そこで浮かび上がってきたのは、村は「溜め」の機能を有するが、それが実際に発動されるかどうかは微妙な世界であり、また村の公的責任か村民の自己責任かで責任の押し付け合いをしたり、すみ分けをはかったりして、何とか双方の責任を両立させようとする人びとの姿であった。本章冒頭で指摘した、強かで足腰の強い小農経営と村社会像との兼ね合いでいえば、近世日本の村人は、「大きな政府」と「小さな政府」の絶えざるせめぎ合いを通して、自己責任観を内面化した強靱な村社会という、矛盾に富んだ社会形成の道を歩み続けていたといえよう。

さらに、こうした村人たちの格闘には、「見栄」だとか「いたたまれなさ」だとか「世間体」といった、「数字の世界」には還元できない「感情の世界」もまとわりついていた。没落と貧困への向き合い方は、現代の我々がそうであるように、近世日本の村社会に生きる人びとにおいてもまた、一筋縄では解けない。

本章で重視してきた、救済の責任所在論からは、次のような新たな論点と課題がみえてくるであろう。

たとえば社会救済か自己責任かの歴史を探る際、一つ課題となるのが、一四世紀からの長い年月を有する、年貢村請の歴史[30]との関わりである。本章での諸事例からもわかるように、近世日本の村人たちにとって、どこまで村の責任で一住民を助けるのかは、その者の未進年貢をどこまで村の責任で肩代わりしていくのか、という問題と密接に絡んでいた。領主へは村として年貢を納めなければならないなか、村内の個別住民の次元で未納が生じた場合、誰がそれを肩代わりすべきだと考えられ、また仮に村や庄屋の手で一時的にその未納分が立て替えられたとしても、誰が最終的にそれを支払うべきだと認識されていたのか。この滞納税の弁済責任をめぐるせめぎ合いが、年貢村請の歴史と同時に開始されるのか、それとも村請の経験がある程度蓄積された段階で、村内自治上の一課題として浮上してくるのか、今後検証が必要となろう。その作業はきっと、ある人・家・世帯を助けるという行為と、その者の滞納税を肩代わりする行為という、論理的には別次元に属する事柄が、どのように絡み合い、切り離されていくのかを、歴史的に解明する道につながるはずである。

　右の歴史的展開の問題でいえば、村民の個人債務に村として付き合う姿勢が、いつまで続くのかも課題となろう。すでに近世段階で、史料2〜4でみたような動きが村社会[31]のなかでくすぶっていたことからすると、地租改正を経て、原理的には税金の村請が消滅していくことをきっかけに、個人債務への公的関与も後景に退くかにみえる。だが一八七八年段階でも、「借財多分」で返済の目処がたたない「難民」がいれば、「傍輩之情」から、「村辻」（村財政）で「返納之義受合[32]」うことを取り決めた、広島県恵蘇郡奥門田《おくもんで》村（庄原市〔旧高野町〕）のような村が発見されていることからすると、ことはそう単純ではない。一八八五年の大和国広瀬郡寺戸村（奈良県広陵町）で、「凍餒《とうたい》ニ迫ルモノアルトキハ、相当救護スルモノトス[33]」と申し合わされたときの、「相当救護」の内実、あるいは「凍餒」＝貧困の基準とは何だったのかを、緻密に検証することが求められていよう。

このほか、本章で問うてきた自己責任論は、領主からの御救や村内貯穀を、村の生活困窮者にどう配分するのか、という問題とも関わっていく。たとえば大和国山之坊村では一八〇〇年（寛政一二）、「難渋人」対策として領主から「御囲籾九石御救貸」をうけるにあたり、その該当家族を「極難」「中難」「小痛」の三段階にわけて領主へ報告した際、「不実人故、極難なから中ノ分へ入ル」、あるいは「我侭者ゆへ中へ入ル」などと、戸主の個人的な行状＝自己責任を理由に、家内全体の救済切迫性をあえて低く見積もることもしていた(34)。何をもって「難渋」＝「貧困」とみなすのかが、当時にあっても「客観的な実態」だけでなく、現代貧困研究で岩田正美が強調するごとく、人びとの「主観的な価値観」によっても左右されていたこと（第一章）を象徴する出来事である。次章では、こうした難渋人対策でみられる、村人たちの価値判断を追っていくこととしよう。

註

(1) 宇佐美英機『近世京都の金銀出入と社会慣習』（清文堂出版、二〇〇八年）、第三部第一・三章。

(2) 大塚英二「近世後期尾張地方における百姓の分散について」（『愛知県立大学文学部論集』日本文化学科編五五、二〇〇七年）、一六ページ。

(3) 村による公的な貧困救済において、備荒貯蓄の問題も当然重要となるが（研究史については第六章参照）、それと本章との違いをあえて言うならば、あらかじめ救済することが前提となって運営されるのが備荒貯蓄制度であるのに対し、そもそも村の社会責任として、ある村民を救うべきなのかどうかの判断問題に着眼するのが本章の立場だということになろう。

(4) 湯浅誠『反貧困―「すべり台社会」からの脱出』（岩波新書、二〇〇八年）、七八～八二ページ。

(5) 柳谷慶子『近世の女性相続と介護』（吉川弘文館、二〇〇七年）、第二部第三章。一般論としても、村が困窮者に対して保護・救済機能を有していたことは、よく指摘される事柄である（佐藤常雄・大石慎三郎『貧農史観を見直す』講談社現代新書、一九九五年、渡辺尚志『村からみた近世』校倉書房、二〇一〇年など）。

（6）註1宇佐美前掲書、第三部第二章。

（7）『藤井寺市史』八（一九八九年）、一三三〜一三四ページ。

（8）現在確認されている各地の事例については註6参照。大和国平群《へぐり》郡法隆寺村（奈良県斑鳩町）でも一八二七年（文政一〇）、多額の借金を抱えたまま家出してしまった佐七の債務弁済をめぐって、佐七にかわって再び戸主となった父・佐右衛門と、同村内の債権者・伊兵衛との間で、借金総額銀一五貫六九六匁のうち、約五五%にあたる銀八貫六五一匁については、佐七・佐右衛門家の「身上立直り」を見込んだ「出世証文」を伊兵衛に差し入れることで、示談が成立している（斑鳩町教育委員会所蔵法隆寺村安田家文書分類番号6―2・整理番号22―5―2、『斑鳩町文化財調査報告第六集　奈良県生駒郡斑鳩町安田家文書調査報告書』斑鳩町教育委員会、二〇〇九年）。

（9）小早川欣吾「近世に於ける身代限り及分散続考（二）（三・完）」（『法学論叢』四四―二・四、一九四一年）、宇佐美英機「「分散」と「出世証文」」（国立歴史民俗博物館『歴博』八八、一九九八年）など。河内国志紀郡古《こ》室《むろ》村（藤井寺市）でも一八三八年（天保九）、「身体限」となった浅右衛門と佐右衛門が、それぞれ甚平、平兵衛と改名させられている（『藤井寺市史』五、一九八二年、四三六ページ）。

（10）奥田修三『元禄村方日記―南山城『上田氏旧記』を読む』（文理閣、一九八八年）、七五ページ。

（11）福山昭『近世農村金融の構造』（雄山閣出版、一九七五年）、佐藤常雄「潰百姓賄の構造」（『信濃』三二―八、一九八〇年）、宇佐美英機「法と社会構造に関する小考―「分散」研究史を素材に」（『新しい歴史学のために』一七一、一九八三年）、註5佐藤前掲書など。破産後も在村し続けられた例については、第三章も参照。

（12）『安堵町史』史料編上巻（一九九〇年）、二九三〜二九七ページ。同じく未進年貢の累積で苦しんでいた摂津国川辺郡下槻瀬村（兵庫県三田市）でも一八二七年、年貢納入期限の一二月二八日に間に合わず、保証人も立てられないような年貢未進者については、即日に家財諸道具を売り払い、年貢を工面することを村全体で取り決めた。現に翌年一二月には、年貢未進のため、村方に田畑・山林・家屋敷を差し出し、小屋住みとなった村人がいた

（『三田市史』一、二〇一一年、六六二ページ）。

(13)『田原本町史』史料編第二巻（一九八六年）五〇八ページ、『東吉野村史』史料編上巻（一九九〇年）三三四～三四一ページ。

(14) 在村しながらの物乞いが、飢饉・凶作時のみならず、平時においても人びとの生存選択肢の一つであったことについては第四章参照。また、「村方ニ罷有」る「潰百姓」がいるということは、村の困窮ぶりを主張する嘆願書などでよくみられる、「最近、潰れ百姓が増えて村の人口が減少している」という言い分が、どこまで村内人口の実態を反映したものなのか、よくよく検討しなければならないことを物語っている。なお、潰れ百姓が多いと主張する村において、実際のところ破産数がどう推移していたかについては、拙稿「近世日本の貧困救済と村社会」（荒武賢一朗編『シリーズ東北アジアの社会と環境3　一九世紀の社会と環境』古今書院、近刊予定）で検証を試みている。

(15)『改訂天理市史』史料編第三巻（一九七七年）、二七七～二八五ページ。なお旧稿では「絶人」を、経営破綻などによって「離村／逐電」した村人と解釈していたが、後述する播磨国大畠村のように、在村したまま「絶人」となっている例も確認できるので、離村を前提とした記述はすべて撤回する。

(16)『兵庫県同和教育関係史料集』一（兵庫県教育委員会、一九七二年）、六一〇～六一二ページ。

(17) 佐々木潤之介「近世における家と村」（歴史科学協議会編『歴史における家族と共同体』青木書店、一九九二年、のち大日方純夫編『日本家族史論集2　家族史の展望』吉川弘文館、二〇〇二年に再録）。

(18) 序章註15でも述べたように、ここでは「自己責任」を、債務者本人という「個人」のみならず、その家族や親類といった血縁者にまで広げた、広い意味で使っている。

(19)『改訂天理市史』史料編第二巻（一九七七年）、三二四～三二六ページ。

(20)『當麻町史』続編（一九七六年）、一一〇九～一一一〇ページ。

(21)『東吉野村史』史料編下巻（一九九〇年）、五～六ページ。

(22)『橋本市史』近世史料Ⅰ（二〇〇七年）、九四～九五ページ。

(23)『藤堂藩大和山城奉行記録』（清文堂出版、一九九六年）、三八〇ページ。

(24) 藤木久志「村の跡職」(『村と領主の戦国世界』東京大学出版会、一九九七年)、三〇〜三一ページ。
(25)『改訂大和高田市史』史料編(一九八二年)、四四六ページ。
(26)『安堵町史』史料編上巻、七四七〜七四九ページ。
(27) 安丸良夫『日本の近代化と民衆思想』(青木書店、一九七四年)、一二・二九ページ。
(28) 註5柳谷前掲書、二五五ページ。
(29)『甚太郎一代記』(清文堂出版、一九九四年)、二八〜三〇ページ。
(30) 稲葉継陽「戦国期の土地所有」(『新体系日本史3　土地所有史』山川出版社、二〇〇二年)、久留島典子「中世後期の社会動向─荘園制と村町制」(『日本史研究』五七二、二〇一〇年)など。
(31) 実際には「近代版の村請制」が存在していたことについては、坂根嘉弘「近代日本における徴税制度の特質」(勝部眞人編『近代東アジアにおける外来と在来』清文堂出版、二〇一一年)参照。なお、村請の問題も含め、日本社会における徴税と納税の歴史を、一三〜二〇世紀の長期的な視野で検討したものとしては、拙稿「納税と徴税の社会史─一三〜二〇世紀の時間軸で考える」(近世史サマーフォーラム二〇一一実行委員会『近世史サマーフォーラム二〇一一の記録　制度からみた国家と社会』同実行委員会、二〇一二年)参照。
(32) 中山富広「地租改正における地価決定と収穫高─広島県恵蘇郡奥門田村を事例として」(『地方史研究』三三六、二〇〇八年)。
(33)『広陵町史』史料編下巻(二〇〇一年)、八八六〜八九〇ページ。
(34)『甚太郎一代記』、六五〜六八ページ。

第六章　操作される難渋人、忌避される施行

はじめに

近世日本の村社会では一八世紀後半以降、村のなかの「難渋人」や「困窮人」を調査し、該当者の人数や名前、年齢、家族構成を書き上げたり、備蓄穀の貸与・給付や、領主からの御救金穀の取り付けなど、彼らに対する救済策を講じる文書が多数つくられるようになる。第五章では、同じく難渋人が村内にいたとしても、そもそもその者を村の公的責任として救うかどうかという判断問題に着目したが、それと比すれば右の難渋人調査・対策史料は、ひとまずは難渋人を救うことを前提に作成されたものだといえよう。

こうした難渋人の調査・対策史料を用いた研究は、備荒貯蓄策に着眼したものを中心として、一定の蓄積がある。そこでは、村のなかで備蓄金穀を誰からどう徴収し、それをどう維持・管理し続けていくかという問題のほか、備蓄策に対する個別領主や幕府の関与如何をめぐって、地道な実証研究が積み重ねられている[1]。また、第七章でも言及するように、難渋人を抱える村からの嘆願に応じて、領主が「御救」と称して米銭を下付したり、貸し付けたりすることも、よく知られた事実である。

このように従来の研究では、主として救済する側（救済費を負担する側）に対する分析を深めてきたが、一方で、救済される側に着目した研究は意外にも少ない。とりわけ、救済に際し、そもそも誰が「難渋人／困窮人」として村に認定され、救済にあずかることができたのかという基本的な問題については、一七八〇年代の和泉国泉郡池上村（大阪府和泉市）において、誰が村内施行や夫食貸付の対象たる「飢人」として認定されたのかを追究した齊藤紘子の貴重な仕事[2]を除いて、深い分析がほとんどない。そのことはとりもなおさず、難渋人の調査文書はどこまで信用できるのかといった、史料の性格そのものの検討がなされてこなかったことも意味する。加えて、救済される側自身が、どのような救われ方を望んでいたのかという、救済方法の選好問題にいたっては、基礎的な事実すら明らかではない。

そこで本章では、河内国丹北郡六反《ろくたん》村（大阪市）で一八六六年（慶応二）に作成された難渋人調査・対策史料を用いて[3]、救済される側に注視した基礎研究を推し進めていきたい。六反村ではこのとき、領主の小田原藩大久保氏[4]から御救銀を引き出すため、村内の難渋人を調査し、下付された御救銀をある特定の難渋人に分配しただけでなく、村内でも独自の対策として、難渋人に対して村の備蓄米の貸付、安売り、および施行を実施した。この過程で作成された文書からは、誰がどのような難渋人として認定され、救済に際してどのような傾斜配分がなされたのか、そして救済の過程でいかに難渋人の区分けや人数が操作されたのかが、こと細かにわかる。さらに、難渋人と認定された村人たちが、どのような救済方法を選好したのか――貸付・安売りか、あるいは施しか――についても、その傾向がうかがえる史料となっている。一八六六年は、物価が急騰し、六反村にほど近い大坂で大規模な打ちこわしが発生するなど、特殊な時期ではあるが、右の史料が示す救済の実態は、そうした特殊性をこえて、近世日本の村社会における貧困救済の普遍的な特質を象徴していると考えられる。こうした視角と想定のもと、以下、六反村が一八六六年にみせた救済過程を追っていこう。

第一節　領主への御救要求運動と村内の独自対処

よく知られているように、一八六五～六六年（元治二＝慶応元～二）、米価をはじめとする諸物価が異常なまでに急騰し、[5]世上を不安に陥れた。これをうけ、一八六六年五月一～一七日、摂津国兵庫・西宮を起点に打ちこわしが発生し、瞬く間に大坂市中と近郊村々、さらには堺へと広がっていった。[6]六反村へも即座に緊張が伝わっており、五月一七日には東瓜破村庄屋矢倉重左衛門から六反村庄屋小枝彦三郎へ、「米価高直ニ付而ハ、此中大坂表又候所々ニ而一揆徒党之者出来、追々近在へも押移り候哉之趣ニ相聞」こえるので、組合村々でも心得違いがないようにせよと小田原藩の大坂堂島役所から命じられた旨、書き送られている〔小枝B16―202〕。

だが、やはりその影響は免れがたかったのであろう、五月一八日付小枝彦三郎宛矢倉重左衛門書状〔小枝B16―203〕によれば、六反村では打ちこわしこそ起こらなかったものの、「小前難渋之者」（後述のごとく、実態は小作人）から夫食米を貸し付けてくれるよう、村へ要望が出されたという。矢倉の地元・東瓜破村では、いまだそうした要求は出ていなかったが、「難渋之儀者不言不語同様之事」だということで、村単位の対処だけでなく、丹北郡五ヵ村の組合村、さらには小田原藩の摂津・河内領分村々全体（七二ヵ村）で、領主に御救を求める話が急速にまとまっていく。五月二一日には東瓜破村にて、「米価高直ニ而、困窮之者難渋ニ付而者　御役所江歎願之一条」に向けての話し合いが組合村でなされ、二三日までに各村で「難渋人取調書」をとりまとめたうえ、二四日にはそれを摂河領分全体で持ち寄って、大坂の堂島役所へ交渉に向かうこととなった。[7]

堂島役所で、どのようなやりとりがなされたのかはわからない。だが、交渉は奏功したようだ。五月二八日には、摂河領分村々の大庄屋格、中庄屋、中庄屋格、物代庄屋、郡惣代に向け、堂島役所より、①諸物価の高騰で「小前難渋人共」が「困窮」していることは藩としても心配しており、「御救之道」を取り計らいたいところだが、近来「御台所」でも「臨時廉々之御入費」が嵩み、「末々迄取続之道」を行き渡らせることがなかなかできないでいる、②だがこれ以上「眼前」の「難渋」が増していくのも捨て置けないので、「御時節柄」ではあるが、「出格之勘弁」をもって「少分」ながら銀一五〇貫を下し置く、③よって、各村で「難渋人之厚薄」をとくと取り調べ、然るべく分配せよ、と発せられた〔小枝B35―257〕。この御時節、「御救筋等取斗候者、不容易次第」なので、今後とも「御仁恵」を取り失わず、「農業出情《(精)》、相互ニ助ケ合、如何様共取続」くようにせよと、今回の御救が特例措置であることが強調されつつも、わずか数日の交渉で村々は御救を取り付けたのであった。

一八六六年五月の丹北郡五ヵ村『難渋之者奥寄帳』〔小枝B6―46〕に記載された「割法」によれば、摂河領分全体に下された御救銀一五〇貫は、まず七五貫ずつに二分され、それぞれ摂河領分の総村高三万一一九三石二斗六升一合四勺四才、および総人口二万一七六七人で割られたうえ、算出された村高一石あたり銀二・四〇五匁、人口一人あたり銀三・三一匁（額面はすべて原文通り）を基準に、各村へ御救銀が分配された。六反村の場合、村高七〇九・九二五石、人口五五六人であったので、配分された御救銀は計三貫五五三・二九匁となった。領主との交渉にあたっては、各村で「難渋人取調書」が作成され、難渋人の具体的な人数がこと細かに計上されたにもかかわらず、実際の配当では、難渋人の人数や「厚薄」といった難渋の度合いは一切考慮されず、村高と人口にしたがって、各村にいわば「平等」に御救銀が配られた――しかも領主側の指示ではなく、村々側の判断で――のであった。難渋人対策でありながら、その救済費の配分が、そもそも難渋の度合いを出発点にしていなかったことが何を意味するのか、最後に検討することとしよう。

御救銀は六月三～六日、丹北郡の郡惣代でもあった六反村庄屋小枝彦三郎の手を経て、丹北郡五ヵ村の組合村々へ渡されていった〔小枝B28―157～159・161〕。一方、六反村では、それと併行、連動するかたちで、村内独自の難渋人対策も講じられた。御救銀が配られる直前の六月二日、『米価高直ニ付、小前難渋之者江夫喰貸渡帳』〔B6―39〕なる帳面が作成されているように、「小前難渋之者」に対する夫食米の貸付が実施されたのである。右の帳面と連関する別の帳面〔小枝B6―38〕によれば、①「当年米価高直」にて「難渋」した「小作人共」から、「夫喰米貸呉候様」と村へ申し出がなされたため、②村全体で相談のうえ、小作地一反につき米一斗の割合で、「地主方」から夫食米を貸す手筈となったが、③「地主方ニ而除米無御座候」、すなわち地主側にも手持ちの余裕がなかったので、④かわりに、毎年詰め替えている村の「御貯夫喰米」のうちから、「小作田綿平均壱反歩ニ付米壱斗ツヽ」の割合で、「村方ニ而一手ニ御貸渡」すことになったという。(8) 一八六六年六月の六反村『御救銀難渋人江頂戴并ニ凌方書上帳』〔小枝B6―43、凌方書上帳と略〕では、その貸付総額を米二六・六九石、約四ヵ月後の一〇月晦日を返済期限として「無利足」で貸し付けた、とする。

さらに、こうした備蓄米の貸付でも足りない世帯に対しては、村から「直安米」が売られた。前述の凌方書上帳によれば、「多病、或者老人、小児等」といった理由で、小作経営〔作付〕面積が世帯規模や扶養圧力に見合わず、貸付米だけでは一人一日あたり米二合の飯米消費が充足されない世帯については、六〇日間限定で、村から「直安米」が売られることとなった。その値段設定は、次節でみる難渋人の区分にそってなされており、「ケ成ニ小作仕候難渋人」へは、通常相場が米一石銀九〇〇～九五〇匁のところ六〇〇匁で、「至而難渋人」へは五五〇匁、「極難渋人」へは五〇〇匁の値段で備蓄米が売り出された。(9) 加えて「極々難渋人」へは、一人一日二合、七〇日間限定で、四五〇匁にて安値米が売られ、その「直安米代銀」すら「才覚難出来」い「極々難渋人」へは、一人一日一合、七〇日間限定で、備蓄米の「施行」が実施された。そして後述するように、右の貸付米や安値米の支払いにあたっては、個々の難渋人世帯に配分された御救銀が活用されたのであった。

このように六反村では、摂河領分村々全体で勝ち取った御救銀とも連動させながら、備蓄米の貸付、安売り、施行を通して、米価高騰に苦しむ難渋人の救済にあたった。短期間のうちに、あらゆる手段を講じて救済に取り組んだといえるが、ここで注意すべきは、「小前難渋人」（＝「小前難渋之者」）を助けるためとは言っても、その実態は小作人であり、村内で難渋していた住民一般が、直接の救済対象とはなっていなかった点である。これは、そもそも今回の御救要求運動と村内備蓄米の活用が、「小作人共」からの突き上げを契機に立ち上がっている以上、当然の結果だともいえよう。

加えて注目すべきは、救済対象が小作人である以上、本来ならば個々の地主―小作関係、すなわち私的な社会関係のなかで救済が処理されてしかるべきところ、余裕のない地主たちにかわって、村の備蓄米が活用されることをきっかけに、私的な小作人の救済が、村の公的な問題に転化している点である。こうした特徴を念頭におきながら、次節で、どのような人びとが難渋人として認定され、救済にあたってどのような傾斜配分がなされたのか、見ていくこととしよう。

第二節　難渋人の認定・操作と救済の傾斜配分

今回の救済活動における難渋人の認定基準は、領主との御救交渉にあたって事前に作成された、一八六六年五月の六反村『難渋者調書』〔小枝B6―49〕で判明する。そこでは「難渋者」が、

（1）「難渋之者　但しケ成ニ小作仕候得共、夫喰・肥し差支候者」＝「かなり」の小作地を六反村内で経営しているが、それでも主食費や肥料代といった生活・農業の必要経費の工面に困っている

世帯（以下「ケ成」層と略）

（2）「難渋之者　小作仕候得共、至而差支候者」＝小作をしているが、それでも必要経費の工面に「至って」困っている世帯（「至而」層）

（3）「極難者」（「極難」層）

という三つの階層に区分けされ、それぞれの層について、該当世帯の戸主名、世帯構成（員数、名前、続柄、年齢）、および小作田畑の反別が書き上げられた。前節で引用した一八六六年五月の丹北郡五ヵ村『難渋之者奥寄帳』では、右の三区分にしたがって組合村内の難渋人が集計されているので、御救交渉にあたっては、摂河領分村々全体でこの区分けが採用されたようだが、六反村では御救銀の配分だけでなく、村内の独自対処であった備蓄米の貸付と安売りにあたっても、右の三区分を値段設定の差別化に用いている。

次頁からの表のA欄は、『難渋者調書』に書き上げられた六反村の「難渋者」全世帯を、三区分にしたがって整理したものである。ここでまず注意すべきは、「ケ成ニ小作」しているといっても、「ケ成」層と「至而」層は、必ずしも小作経営面積の広狭で差異化されているわけではない点である。たとえば、「ケ成」層には、小作田地一反四畝、家族六人の18清七が登録されている一方、「至而」層には、小作田畑合わせて五反、家族三人の3定七があげられている。また、「至而」層の16やな、20もん、23源介、25徳二郎のように、小作地が書き上げられていないのに、小作をしているはずの「至而」層に組み入れられている者もいる。加えて、この『難渋者調書』に計上された小作地は、あくまでも六反村内の小作地に限られていると推測され、仮に該当世帯が村外に小作地をもっていたとしても、それは反映されていないと考えられる[10]。つまりこの調書は、各世帯の小作経営の全貌を明らかにしようとするものではなく、ましてや実際の年収を調査しようとするものでもなかったのである。この点は後述するごとく、御

(C) 1866年6月11日　御救銀割渡帳			(D) 1866年6月2日　夫喰貸渡帳			(E) 1866年6月　直安米・施行帳		
割渡銀	推定適用額および人数	階層移動	貸渡米	代銀	1石当たり適用額	売渡米	1石当たり適用額	施行米
ミ・清兵衛87匁	14.5匁×6人	→至而	1斗(3升売米へ入、7升安米)	42匁	ケ成600匁	2斗	(ケ成) 600匁	—
(該当不詳世帯=忠右衛門70匁の誤記ヵ)	(10匁×7人)		—	—	—	3斗(清三郎共)	(ケ成) 600匁	—
庄・与吉58匁	14.5匁×4人	→至而	—	—	—	—	—	—
90匁	10匁×9人		徳右衛門弟駒吉5升	30匁	ケ成600匁	—	—	—
43.5匁	14.5匁×3人	→至而	7升	38.5匁	至而550匁	1斗	(ケ成) 600匁	—
40匁(同家丈助分) 30匁(同家善左衛門分)	10匁×4人 10匁×3人		—	—	—	伊助2斗	(ケ成) 600匁	—
西・ふじ79.75匁	14.5匁×5.5人	→至而	弥三兵衛7升	42匁	ケ成600匁	—	—	—
50匁	10匁×5人		—	—	—	—	—	—
65.25匁	14.5匁×4.5人	→至而	1斗	60匁	ケ成600匁	—	—	—
58匁	14.5匁×4人	→至而	1斗	60匁	ケ成600匁	—	—	—
58匁	14.5匁×4人	→至而	7升	42匁	ケ成600匁	—	—	—
40匁	10匁×4人		—	—	—	—	—	—
辻・卯兵衛60匁	10匁×6人		1斗(定右衛門共、3升売米へ入、7升安米)	42匁	ケ成600匁	2斗5升(定右衛門共)	(ケ成) 600匁	—
浅八・さよ29匁	14.5匁×2人	→至而	5升	27.5匁	至而550匁	—	—	—
40匁	10匁×4人		—	—	—	—	—	—
30匁	10匁×3人		—	—	—	—	—	—
70匁	10匁×7人		7升(2升売米へ入、5升安米)	30匁	ケ成600匁	2斗5升	(ケ成) 600匁	—
鳥・清七60匁	10匁×6人		—	—	—	—	—	—
こ・儀兵衛72.5匁	14.5匁×5人	→至而	—	—	—	—	—	—
65.25匁	14.5匁×4.5人	→至而	七左衛門1斗	60匁	ケ成600匁	—	—	—

1866年　六反村階層別「難渋者」世帯表

(1)「ケ成」層

世帯番号	(A) 1866年5月　難渋者調書					(B) 1866年3月宗門改帳
	戸主	小作反別		世帯		本役／無役
		田	畑	員数	構成（名前、続柄、年齢）	
1	清兵衛	3反7畝	4畝	6人	清兵衛52、女房きよ41、悴庄蔵12、音吉9、娘とく15、きく4	無役
2	中・清兵衛	6反5畝	1反8畝	8人	清兵衛57、女房ミよ49、悴清左衛門28（宗門改帳：29）、清三郎29（宗門改帳：28）、忠三郎23、巳之介22、由松12、とめ17	無役
3	与吉	2反	6畝	4人	与吉29、女房とく26、娘いの3、母きぬ67	無役
4	徳右衛門	8反8畝	1反8畝	8人	徳右衛門39、女房まき32、悴政二郎4、娘とく2、弟重五郎36、弟駒吉32、娘りん25、母ゆう63	本役
5	藤七	2反	1反4畝	3人	藤七44、女房しか47、悴亀吉13	無役
6	善兵衛	■反4畝	3反	11人	善兵衛63、女房つな65、悴丈助37、嫁ミな33、孫徳松11、安二郎8、悴善左衛門35、女房なを25、同人悴重蔵2、悴伊介30、娘かめ19	本役
7	ふじ	6反	9畝	6人	ふじ68、悴弥三兵衛30、女房くら24、悴弥十郎（宗門改帳：弥三郎）6、いそ（宗門改帳：いさ）2、同家和五郎18	無役
8	庄兵衛	3反7畝	2反5畝	4人	庄兵衛71、女房みつ66、悴嘉介35、弥左衛門30	本役
9	礒二郎	9反4畝	2反1畝	5人	礒二郎24、弟音吉21、弟三右衛門23、娘きく3、母ろく58	無役
10	安兵衛	7反8畝	1反	6人	安兵衛49、女房よつ42、娘りか20、悴藤吉20（宗門改帳：19）、安二郎17、娘とよ14	無役
11	市左衛門	7反	1反5畝	4人	市左衛門52、女房ます46、悴重介24、為吉18	無役
12	新左衛門	2反5畝	4畝	4人	新左衛門43、女房こま35、悴平吉7、妹とめ24、（宗門改帳：同家とく23）	本役
13	卯兵衛	2反5畝	7畝	6人	卯兵衛53、女房やす55、悴定右衛門31、女房まさ28、孫（宗門改帳：定右衛門養子）安二郎4、娘きく14	無役
14	さよ	5反2畝	1反1畝	4人	さよ59、悴勝二郎26、吉蔵21、音吉16	無役
15	源吉	1反5畝	7畝	4人	源吉31、女房やゑ35、悴猪之介6、娘とく4	本役
16	喜右衛門	5反	8畝	4人	喜右衛門27、妹とよ24、妹なを19、母じゆう61	無役
17	徳兵衛	2反3畝	8畝	7人	徳兵衛43、女房まつ42、悴万吉14、娘とく16、ミね10、しも5、父清右衛門76	無役
18	清七	1反4畝	—	6人	清七31、女房もん38、娘さわ12、悴豊吉9、娘てる6、悴亀吉4	無役
19	この	1反8畝	6畝	6人（7人）	この69、悴儀兵衛38、女房たみ41、たみ悴嘉蔵13、久吉8、娘とめ4、同家きさ28	無役
20	ひで	7反2畝	2反1畝	5人	ひで59、悴七左衛門33、礒八27、辰二郎25、孫定吉8	無役

(C) 1866年6月11日　御救銀割渡帳			(D) 1866年6月2日　夫喰貸渡帳			(E) 1866年6月　直安米・施行帳		
割渡銀	推定適用額および人数	階層移動	貸渡米	代銀	1石当たり適用額	売渡米	1石当たり適用額	施行米
木・伊兵衛43.5匁	14.5匁×3人		5升	27.5匁	至而550匁	1斗5升	(ケ成)600匁	—
(該当不詳世帯=東・伊介58匁に相当カ)	(14.5匁×4人)		(該当不詳世帯=東・伊介7升に相当カ)	(38.5匁)	(至而550匁)	—	—	—
43.5匁	14.5匁×3人		5升	27.5匁	至而550匁	—	—	—
藤・清八43.5匁	14.5匁×3人		5升	27.5匁	至而550匁	—	—	—
サ・善介108.75匁	14.5匁×7.5人		1斗	55匁	至而550匁	1斗	至而500匁	—
50.75匁	14.5匁×3.5人		5升	27.5匁	至而550匁	庄左衛門母せき1斗2升	極々難渋450匁	—
58匁	14.5匁×4人		5升	27.5匁	至而550匁	庄次郎1斗かる3升歩行ゆえ別廉2斗	至而500匁別廉：極々難渋450匁	—
善・さと36.25匁	14.5匁×2.5人		5升	27.5匁	至而550匁	—	—	—
平・清七29匁	14.5匁×2人		5升	27.5匁	至而550匁	—	—	—
清左衛門43.5匁	14.5匁×3人		平・清左衛門5升	27.5匁	至而550匁	—	—	—
久・儀兵衛72.5匁	14.5匁×5人		7升	38.5匁	至而550匁	—	—	—
綛・清吉29匁	14.5匁×2人		5升	27.5匁	至而550匁	4升	至而500匁	—
丈・伊兵衛58匁	14.5匁×4人		5升	27.5匁	至而550匁	2斗	至而500匁	—
43.5匁	14.5匁×3人		7升	38.5匁	至而550匁	5升	至而500匁	—
風・卯兵衛58匁	14.5匁×4人		5升	27.5匁	至而550匁	1斗	至而500匁	—
—	—	—	—	—	—	—	—	—
久・まつ58匁	14.5匁×4人		5升	27.5匁	至而550匁	2斗	至而500匁	—
29匁	14.5匁×2人		3升	16.5匁	至而550匁	—	—	—
72.5匁	14.5匁×5人		7升	38.5匁	至而550匁	3斗	至而500匁	—
29匁	14.5匁×2人		2升	9匁	極難450匁	政・もん2斗4升	極々難渋450匁	—
58匁	14.5匁×4人		5升	27.5匁	至而550匁	3斗5升	至而500匁	—
29匁	14.5匁×2人		5升	27.5匁	至而550匁	—	—	—
—	—	—	—	—	—	—	—	—
14.5匁	14.5匁×1人		2升	11匁	至而550匁	—	—	—
—	—	—	—	—	—	—	—	—
50.75匁	14.5匁×3.5人		7升	38.5匁	至而550匁	3斗	(ケ成)600匁	—
21.75匁	14.5匁×1.5人		—	—	—	—	—	—
58匁	14.5匁×4人		5升	27.5匁	至而550匁	2斗2升	(ケ成)600匁	—
58匁	14.5匁×4人		7升	38.5匁	至而550匁	2斗	(ケ成)600匁	—
北・利八58匁	14.5匁×4人		7升	38.5匁	至而550匁	1斗7升	(ケ成)600匁	—
43.5匁	14.5匁×3人		5升	27匁	至而550匁	—	—	—
伊三・ひで43.5匁	14.5匁×3人		5升	27.5匁	至而550匁	—	—	—

(2)「至而」層

世帯番号	(A) 1866年5月　難渋者調書					(B) 1866年3月宗門改帳
	戸主	小作反別		世帯		本役／無役
		田	畑	員数	構成（名前、続柄、年齢）	
1	伊兵衛	2反2畝	5畝	3人	伊兵衛32、女房やす29、娘（宗門改帳：養女）たね3	無役
2	清二郎	3反	8畝	5人	清二郎55、同家伊介65、悴浅吉14、同家女房いそ52、同娘とく8	無役
3	定七	4反3畝	7畝	3人	定七24、女房はる24、悴徳松2	無役
4	清八	4反4畝	1反5畝	3人	清八28、娘むね2、弟熊吉26	無役
5	善介	6反1畝	1反2畝	10人	善介38、女房とく39、悴孫七23、娘しゆん18、悴浅吉14、寅吉13、留吉5、市蔵3、娘こと10、母さの64	無役
6	庄左衛門	3反8畝	5畝	3人	庄左衛門29、女房（宗門改帳：悴）安吉2、母せき63	無役
7	庄次郎	3反3畝	1反3畝	4人	庄次郎35、女房かる41、娘きさ11、悴（宗門改帳：養子）音吉9	無役
8	さと	1反	—	3人	さと56、悴幸七22、娘つぎ23	無役
9	清七	2反4畝	4畝	2人	清七55、悴新三郎24	無役
10	清左衛門	4反2畝	5畝	3人	清左衛門30、女房この36、娘とく4	無役
11	儀兵衛	5反5畝	1反2畝	8人	儀兵衛36、弟留吉30、弟巳之介20、姉なを39、同人娘かね（宗門改帳：かめ）7、同人娘じゆん4、同人悴政吉3、母とく62	無役
12	清吉	3反3畝	—	2人	清吉29、姉なを31	無役
13	伊兵衛	2反	6畝	4人	伊兵衛55、女房てる50、娘のへ20、ます4	無役
14	又兵衛	2反8畝	6畝	5人	又兵衛35、女房きよ41、甥藤吉16、娘りゆう18、ふで9	無役
15	卯兵衛	3反4畝	6畝	4人	卯兵衛35、女房かめ36、悴伊之介2、母いそ74	無役
16	やな	—	—	2人	やな54、悴吉二郎13	無役
17	まつ	1反6畝	6畝	4人	まつ43、悴松蔵19、娘やす10、妹さの42	無役
18	弥三七	3反3畝		3人	弥三七24、姉とら31（宗門改帳：30）、与吉19	無役
19	甚兵衛	2反	3畝	5人	甚兵衛41、女房かね40、悴捨松8、娘こま5、とめ2	無役
20	もん	—	—	3人	もん52、娘じゆん33、まさ24	無役
21	やゑ	1反3畝	—	7人	やゑ40、娘ぬい21、ミさ（宗門改帳：ミき）18、くり15、悴石松13、鹿蔵5、熊太郎4	無役
22	吉左衛門	1反3畝	8畝	1人	男独身吉左衛門23	無役
23	源介	—	—	1人	男独身源介34	無役
24	惣兵衛	1反4畝	—	1人	男独身惣兵衛30	無役
25	徳二郎	—	—	1人	男独身徳二郎31	無役
26	平右衛門	2反1畝	8畝	5人	平右衛門59、女房へん53、悴丑松21、安二郎17、娘ふじ15	無役
27	秀松	1反6畝	1反	1人	男独身秀松28	無役
28	彦右衛門	1反2畝	8畝	4人	彦右衛門39、女房なを33、娘とく3、悴徳松2	無役
29	武右衛門	5畝	3畝	4人	武右衛門56、娘かつ21、悴音吉6、娘とめ4	無役
30	利八	2反3畝	8畝	4人	利八37、悴力松9、豊吉5、同家ます（宗門改帳：まつ）63	無役
31	半兵衛	2反6畝	1反	3人	半兵衛38、女房さよ40、悴安二郎15	無役
32	ひで	4反7畝	—	5人	ひで55、悴喜之介31、娘とら25、娘しゆん32、悴房吉19	無役

(C) 1866年6月11日　御救銀割渡帳			(D) 1866年6月2日　夫喰貸渡帳			(E) 1866年6月　直安米・施行帳		
割渡銀	推定適用額および人数	階層移動	貸渡米	代銀	1石当たり適用額	売渡米	1石当たり適用額	施行米
43.5匁	14.5匁×3人	→至而	3升	(16.5匁)	至而550匁	1斗8升	至而500匁	—
14.5匁	14.5匁×1人	→至而	—	—	—	—	—	—
11匁	11匁×1人		次・ミよ2升	(9匁)	極難450匁	—	—	次・ミよ1人分6升
—	—	—	—	—	—	—	—	—
58匁	14.5匁×4人	→至而	5升	27.5匁	至而550匁	2斗6升	至而500匁	—
44匁	11匁×4人		5升	22.5匁	極難450匁	—	—	—
片・吉兵衛22匁	11匁×2人		2升	9匁	極難450匁	2斗4升	極々難渋450匁	—
—	—	—	—	—	—	—	—	—
りん・治兵衛14.5匁	14.5匁×1人	→至而	—	—	—	—	—	—
58匁	14.5匁×4人	→至而	5升	27.5匁	至而550匁	4斗2升	至而500匁	—
49.5匁+15.75匁(至而難渋へ引上、1人3匁5分ずつ追渡し)	14.5匁×4.5人	→至而	5升	22.5匁	極難450匁	1斗+1斗8升	至而500匁	—
—	—	—	—	—	—	—	—	—
11匁	11匁×1人		2升	9匁	極難450匁	1斗2升	極々難渋450匁	—
11匁	11匁×1人		—	—	—	—	—	奉公人ゆえ2升
キ・弥介72.5匁	14.5匁×5人	→至而	5升	27.5匁	至而550匁	3斗8升	至而500匁	—
卯・安二郎14.5匁	14.5匁×1人	→至而	—	—	—	—	—	—
平・しゆん11匁	11匁×1人		2升	9匁	極難450匁	—	—	1人分6升
八・伊三郎7.25匁	14.5匁×0.5人	→至而	—	—	—	—	—	—
38.5匁	11匁×3.5人		5升	22.5匁	極難450匁	3斗6升	極々難渋450匁	—
33匁(同家たか分共)	11匁×3人		4升(内2升たか分)	18匁	極難450匁	2斗4升+同家たか1斗2升	極々難渋450匁	—
五・治兵衛14.5匁	14.5匁×1人	→至而	—	—	—	—	—	—
43.5匁	14.5匁×3人	→至而	5升(なを共)	27.5匁	至而550匁	1斗(妹まつ共)	至而500匁	—
22匁	11匁×2人		—	—	—	古・ふじ2斗4升	極々難渋450匁	—
平・弥介14.5匁	14.5匁×1人	→至而	2升	11匁	至而550匁	1斗8升	至而500匁	—
十・たけ43.5匁	14.5匁×3人	→至而	5升	27.5匁	至而550匁	2斗	至而500匁	—
山・さと22匁	11匁×2人		—	—	—	2斗4升	極々難渋450匁	—
—	—	—	—	—	—	—	—	—
—	—	—	—	—	—	—	—	—
—	—	—	—	—	—	—	—	—
14.5匁	14.5匁×1人	→至而	—	—	—	—	—	—
—	—	—	—	—	—	—	—	—
14.5匁	14.5匁×1人	→至而	2升	11匁	至而550匁	6升	至而500匁	—
—	—	—	—	—	—	—	—	—
木ノかる14.5匁	14.5匁×1人	→至而	3升	16.5匁	至而550匁	7升	極々難渋450匁	—

(3)「極難」層

世帯番号	(A) 1866年5月　難渋者調書					(B) 1866年3月宗門改帳
	戸主	小作反別		世帯		本役／無役
		田	畑	員数	構成（名前、続柄、年齢）	
1	林八	1反2畝	—	4人	林八29、兄善吉36、弟鉄之介26、同家わさ59	無役
2	久右衛門	—	—	3人	久右衛門52、忰浜蔵23、為吉21	無役
3	みよ	—	—	2人	みよ46、忰次兵衛27	無役
4	六三郎	—	—	3人	六三郎11、叔母かね48、祖母とよ77	無役
5	文七	1反	—	8人	文七42、女房さぎ41、娘やす24、とく16、忰藤吉14、音吉11、安二郎4、丑松2	無役
6	市蔵	1反2畝	9畝	6人	市蔵11、妹うの10、妹しゆう9、弟安二郎4、弟留吉2、伯父為吉（宗門改帳：為七）25	無役
7	吉兵衛	—	—	2人	吉兵衛35、娘まさ6	無役
8	すへ	—	—	5人	すへ64、娘やへ34、同人忰定二郎19、安二郎3、娘はる2	無役
9	治兵衛	—	—	2人	治兵衛34、妹（宗門改帳：姪）しか13	無役
10	忠兵衛	1反3畝	—	5人	忠兵衛53、女房たつ48、娘ぬい33、忰松之介21、娘やす17	無役
11	新介	2反	—	7人	新介46、女房うた33、忰新太郎16、力松14、辰二郎10、娘りさ9、忰安太郎6	無役
12	なを	—	—	2人	なを31、姉むめ36	無役
13	くに	—	—	2人	くに41、妹とく38	無役
14	林右衛門	1反2畝	—	6人	林右衛門55、忰伊兵衛26、同家とめ46、同人忰新兵衛23、同安太郎19、同娘しゆう27	無役
15	弥介	1反	—	5人	弥介39、女房やす34、娘つる11、ふじ10、とめ6	無役
16	安二郎	—	—	3人	安二郎22、妹かね21、妹よね18	無役
17	平・しゆん	—	—	2人	しゆん60、（続柄不明）たけ22	無役
18	伊三郎	—	—	1人	男独身伊三郎（宗門改帳：18）	無役
19	喜兵衛	—	—	7人	喜兵衛36、女房みさ39、娘ミね14、はる13、忰勝二郎8、由松6、娘とく7	無役
20	つね	—	—	6人	つね52、娘さん26、やへ23、きさ19、たけ15、同家たけ61	無役
21	治兵衛	—	—	3人	治兵衛32、妹（宗門改帳：養女）らく18、弟十五郎14	無役
22	長兵衛	1反9畝	5畝	3人	長兵衛28、姉いさ35、妹まつ24	無役
23	ふじ	—	—	5人	ふじ45（宗門改帳：44）、忰辰五郎17、娘かや15、ます14、つる8	無役
24	弥介	—	—	2人	弥介46、忰松吉11	無役
25	たけ	1反	6畝	4人	たけ48、忰竹松21、安二郎20、娘しも18	無役
26	さと	—	—	3人	さと56、忰音二郎16、文吉2	無役
27	せい	—	—	1人	女独身せい34	無役
28	こう	—	—	1人	女独身こう64	無役
29	はる	—	—	1人	女独身はる24	無役
30	じゆん	—	—	1人	女独身15	無役
31	左兵衛	—	—	2人	左兵衛41、同家常七24	無役
32	治郎兵衛	—	—	2人	治郎兵衛30、兄市兵衛42	無役
33	てる	—	—	1人	女独身てる（宗門改帳：24）	無役
34	かる	9畝	—	3人	かる53、妹なつ38、娘さよ16	無役

(C) 1866年6月11日　御救銀割渡帳			(D) 1866年6月2日　夫喰貸渡帳			(E) 1866年6月　直安米・施行帳		
割渡銀	推定適用額および人数	推定階層	貸渡米	代銀	1石当たり適用額	売渡米	1石当たり適用額	施行米
やす20匁	10匁×2人	ケ成	—	—	—	—	—	—
もと40匁	10匁×4人	ケ成	—	—	—	—	—	—
善助20匁	10匁×2人	ケ成	—	—	—	—	—	—
忠左衛門40匁	10匁×4人	ケ成	—	—	—	—	—	—
忠右（左ヵ）衛門同家清三郎分29匁	14.5匁×2人	至而	—	—	—	—	—	—
忠右衛門（中・清兵衛の誤記ヵ）70匁	10匁×7人	ケ成	—	—	—	—	—	—
東・伊介58匁	14.5匁×4人	至而	7升	38.5匁	至而550匁	—	—	—
太・重(郎脱ヵ)兵衛49.5匁	11匁×4.5人	極難	4升	18匁	極難450匁	4斗8升	極々難渋450匁	—
さき11匁（無印、実際は配分無しヵ）	11匁×1人	極難	—	—	—	—	—	(他村奉公ゆえ大・さき1人分6升除く)
弥七22匁	11匁×2人	極難	—	—	—	—	—	—
—	—	—	古伊跡2升	9匁	極難450匁	—	—	—
—	—	—	—	—	—	非人番弥之吉2斗4升+別廉1斗	極々難渋450匁	—
—	—	—	—	—	—	善七跡1斗8升	至而500匁	—
—	—	—	—	—	—	—	—	キ・左兵衛跡5人分3斗

(4)『難渋者調書』非掲載世帯および該当不詳世帯

(B) 1866年3月　宗門改帳					
戸主			員数	構成（名前、続柄、年齢）	本役／無役
やす			2人	やす52、娘とめ14	本役
もと			4人	もと50、娘きち25、とみ23、ちか20	本役
善助			3人	善助40、悴徳松14、娘きぬ12	本役
忠左衛門			5人	忠左衛門53、悴鶴吉14、松之助13、娘はる28、しま20	無役
（清三郎）			（3人）	（1866年3月宗門改後、忠左衛門家のしまと結婚、「ケ成」層2中・清兵衛家より別宅、清三郎28、女房しま20、悴梅吉2）	（無役）
（清三郎別宅後の「ケ成」層2・中・清兵衛に相当ヵ）					
（「至而」層2・清二郎家に相当ヵ）					
（重郎兵衛）			（6人）	（無役・重郎兵衛家に相当ヵ、重郎兵衛52、女房ふじ51、悴重次郎26、悴源次郎20、娘さの25、孫この3）	（無役）
（さき）			—	—	—
（弥七）			—	—	—
（古伊跡）			—	—	—
（非人番弥之吉）			—	（「極難」層33てるの兄弥之吉、1866年3月宗門改後、六反村親類非人番勝次郎死跡へ相続に罷越）	—
（善七跡）			—	—	—
（キ・左兵衛跡）			—	—	—

※A欄の世帯構成情報のうち、宗門改帳での名前、年齢、続柄の表記と異なる場合は、（　）内に補足。

救銀の配分にあたって、世帯内で奉公に従事している者は排除の対象になっていて、奉公人給銀を世帯収入に組み込んだうえで、難渋の度合いを計ろうとはしていなかった点にもあらわされている。前節でみたように、一方で病人や高齢者、子どもといった扶養圧力を気にしつつも、基本的には生活実態そのものにもとづいた難渋人認定ではなかったといえよう。

これと関連して注意すべきは、前節でも強調したように、今回の難渋人調査が小作人中心主義で貫かれていて、小作地をもたない自作世帯は、調査対象からはずされていたと考えられる点である。一八六六年三月の六反村宗門改帳では、各登録世帯に「本役」「無役」という肩書きが付されている。両者の基準は宗門改帳には明記されていないが、おそらく村内の土地を所有しているか否か（村の土地所有者として、村の「役」を務め得る立場にあるか否か）の差ではないかと考えられる。それを前提に、表のB欄で各世帯に「本役」「無役」の別を当てはめると、『難渋者調書』の調査世帯八六家中、「ケ成」層に含まれる五世帯の「本役」（おそらく自作地とともに小作地も経営する自小作世帯）を除く、八一軒が「無役」となる。つまり、調査対象のほぼ全世帯が、六反村内に土地を所有しない村民であったと推測されるわけである。同宗門改帳では、三月段階の「本役百姓家」を四五軒、「無役百姓家」を八三軒、「庄屋・年寄家」を三軒としているので、五月の調書作成段階では、「無役百姓家」のほぼすべてが「難渋者」として認定されたこととなる。[11] 逆にいえば、「本役百姓」のうち、小作地をもたず自作を基本とする世帯のなかに、たとえどれほど難渋している家がいようとも、今回の救済対象からは除外された可能性が高い。この点にも前述した、実際の生活実態にもとづかない難渋人調査、という性格がうかがわれるとともに、『難渋者調書』に登録された世帯数や人数が、六反村で実際に難渋している村人の実数を示しているわけでは決してないといえよう。

では、右の三区分にもとづいて、領主から獲得した御救銀はどのように配分されたのであろうか。前

節で用いた一八六六年六月の淩方書上帳によれば、六反村に配当された御救銀三貫五五三・二九匁は、
（1）「ケ成」層＝一人につき銀一〇匁、計七〇人分、銀七〇〇匁（総額の一九・七％）
（2）「至而」層＝一人につき銀一四・五匁、計一七二人分、銀二貫四九四匁（七〇・一％）
（3）「極難」層＝一人につき銀一一匁、計三二人半分、銀三五七・五匁（一〇・〇％）
（4）「極難」層のうち「極々難渋人」へ、前三者の残銀一・七九匁を追加配分（人数不明）
という基準で分配されたという。「至而」層より「極難」層の配当基準が低く設定され、しかも「極々難渋人」へは、余ったわずかの端数しか追加配分されていないことが象徴するように、今回の救済が、実際の難渋度合いにもとづくものではなかったことが、あらためて理解される。一番生活が苦しそうな「極難渋／極々難渋人」が最重要視されるのではなく、やはり小作人中心主義なのである。さらに、世帯内で奉公に出かけている者がいた場合、その分も御救銀の配当人数から除外された。年季奉公人として一年中出払っている構成員は、御救銀の配当にあずかれず、「月ニ十五日廻り已上奉公仕候者」の分は半額、「月ニ十五日已下」であれば「丸々」＝全額配当で計算された。一年、あるいは月の半分以上奉公に出かけている者は、奉公先で面倒をみられてしかるべきだ、という判断なのであろう[12]。現に、「極難」層の27せい、29はる、31左兵衛、33てるの四世帯は、本人を含む世帯構成員全員が年季奉公人であったため、御救銀の配分にあずかることができていない[13]。

このように御救銀の分配は、実際の難渋深度を原理とするものではなかったが、一方で「極難」層が単純に軽視されたかというと、実はそうでもなかった。というのも、最終的な配分段階では、難渋人としての登録区分が操作されて、配当銀のいわば「上方修正」がなされたからである。一八六六年六月一日付の六反村『米価高直ニ付　御領主様ゟ難渋之者江御救銀頂戴割渡帳』〔小枝B6―41〕には、『難渋者調書』に登録された各世帯へ、どれほどの御救銀が渡されたのかが記されている。同帳面には、各

世帯への割り渡し額の総額しか記載されていないが、『難渋者調書』の世帯員数、および先にみた階層別の配当基準額にもとづくと、どの世帯に、どの基準額が、何人分で適用されたのかが推定できる。

それを表のC欄に組み込むと、次のことが判明する。すなわち、①「至而」層で御救銀の配分をうけた全世帯に対しては、基準額通り一人あたり銀一四・五匁が適用されているが（小作地が計上されていない20もんも配分にあずかっている）、②「ケ成」層では御救銀を支給された二〇世帯のうち、一〇世帯は「至而」層の基準額が適用され、③「極難」層についても、御救銀を受け取った二六世帯中、一六世帯が「至而」層の基準額に引き上げられており、しかもそのうち八家は、調書に小作反別すら書き上げられていない世帯であった。割渡帳をみると、一例だけではあるが、「極難」層11新介の箇所に、「但し是ハ極難渋人之割方ニ差加江候得共、至而難渋之内へ引上候ニ付、壱人ニ付三匁五分ツヽ、四人半分追渡し」という但し書きがみられ、「至而」層への「引上」が意図的になされたことがわかる。このほか、表の末尾（4）にあるように、『難渋者調書』に掲載されなかった世帯に対しても、御救銀は支給されている。

つまり、配分額の原理こそ、「至而」層＞「極難」層＞「ケ成」層という重視順位であったが、実際にはなるべく多くの世帯が、最高基準額の「至而」層の額面をもらえるよう、意図的な操作が村社会のなかでなされていたわけである。その結果、さきにみたように、「至而」層への支給額が全体の七割までも占めることとなった。こうした「引上」操作が、何を基準になされたのか、また小作地のない世帯に対しても、なぜ「至而」層額が支給されたのかは不明であるが、六反村は、みずから作成した『難渋者調書』の区分を杓子定規にあてはめず、なるべく多くの世帯に少しでも多くの御救銀がまわるよう、柔軟に対処したといえよう。自村の構成員に対する、村社会の「温情的」な姿勢、配慮が垣間見られるが[14]、一方で、こうした難渋人調査・対策文書にみられる人数とは、操作可能なものであったことも判明する。

先述したように、今回の救済活動で認定された難渋人の数は、自作のみ世帯を初めから除外していると考えられる時点で、すでに難渋人の実数たり得ないものであった。それに輪をかけるように、救済対象の難渋人として認定・選別された世帯においてすら、その該当人数は容易に操作されてしまうものだったのである。一八六六年の六反村で作成された難渋人調査・対策史料は、二重の意味で、その記載人数を難渋人の実数としては鵜呑みにできないといえよう。

第三節　救済方法の組み合わせと個別判断

第一節で述べたように、六反村では御救銀の獲得・分配と併行して、村内の希望者に対して、備蓄米の貸付と安売り、および施行を実施した。一八六六年六月の凌方書上帳によれば、その手筈とは、備蓄米を無利息にて一〇月末を返済期限として貸し付け、それでも足りない世帯に対しては、階層別の値段設定で、六〇日ないし七〇日間限定で「直安米」が売られ、それも工面できない「極々難渋人」へは七〇日間限定で備蓄米を施す、というものであった。表のD欄には、一八六六年六月二日付の『米価高直ニ付、小前難渋之者江夫喰貸渡帳』〔B6—39、夫喰貸渡帳と略〕にもとづいて、希望世帯に貸し渡された米の量と、その清算に用いられた一石あたりの階層別適用額、および総額の代銀を記入した。またE欄には、一八六六年六月『米価高直ニ付、難渋人之内、人別相応ゟ小(ママ)作少ク者江直安米売遣シ、幷ニ極難渋人江施行遣シ共記帳』〔小枝B6—40、直安米・施行帳と略〕から、希望世帯へ売り渡された安値米の量と、その代銀の一石あたり適用額、および施行を希望した世帯へ施された米の量を記している。

この備蓄米の貸付と安売りの代金清算に、各世帯に配分された御救銀が活用されたため、D・E欄の見方は若干複雑となる。たとえば「ケ成」層9礒二郎の場合、D欄の夫喰貸渡帳では、六月二日付で借りた備蓄米一斗[15]について、その返済額が「ケ成」層向けの一石銀六〇〇匁、計六〇匁であったことがわかる。一方、一八六六年六月『御救銀為戴直安米代勘定帳』（小枝B6―44、直安米勘定帳と略）では、礒二郎への「御救割」銀六五・二五匁を記したうえで、「内六拾匁　直安米壱斗代引／残五匁弐分五り過」と、貸渡米一斗が「直安米」一斗と解釈され、その代銀六〇匁の清算に御救銀六五・二五匁が利用されて、差引五・二五匁の御救銀が余っている旨、記されている（余った御救銀の活用法は不明）。D欄「貸渡米」の項で、（　）内に注記をもつ「ケ成」層1清兵衛、13卯兵衛、17徳兵衛以外は、すべてこのように処理されており、備蓄米の借り入れを希望したほとんどの世帯が、返済期限の一〇月末を待たずして、六月一一日の御救銀分配とほぼ同時に、貸渡米の代金清算を終えていたといえよう（御救銀が唯一、貸渡米代金より少なかった「極難」層34かるも、不足する銀二匁をすぐに支払って清算したことが直安米勘定帳からうかがえる）。ただし、後述する安値米の分割購入の仕方をみると、備蓄米の借り入れについても、実際には六月二日に一気に総額を借りたのではなく、分割で米を受け取っていた可能性が高い。

一方、注記をもった「ケ成」層1清兵衛、13卯兵衛、17徳兵衛は、もう少し複雑な処理方法をとっていたようだ。たとえば13卯兵衛の場合、夫喰貸渡帳では、同居する息子一家の分とあわせて借りた米一斗について、「内三升　売米へ入／残七升　安米　代四拾弐匁」とあり、直安米勘定帳では、「御救割」銀六〇匁について、「内四拾弐匁　直安米七升代　六月二日先かし引／残拾八匁　此金弐朱ト又四匁五分共」と記す。御救銀の配分に先んじて、六月二日に借り入れた（ことになっている）米一斗のうち、七升分については、「ケ成」層向けの適用額一石六〇〇匁にて、計四二匁の「(直)安米」として御救銀六〇匁のうちから清算し、残り三升は「売米」として、六〇日間限定で追加購入していく安値米二斗五升（E欄）のうちに含めることにしたらしい（残った御救銀一八匁の活用法は不明）。残り二家も同様の処理方法をとっており、結局、貸渡米をうけたすべての世帯が、返済期限以前に清算を済ませていた可能性が高い。村の備蓄米を活用する以上、その枯渇を避けることが最優先されたのかもしれない。

右のごとく、貸渡米の清算を御救銀によって一気に済ませる世帯もあれば、そうでない世帯もあるように、救済のされ方には個別性があった。また表のC～E欄をみると、いくら「難渋」していたとはいえ、御救銀をうけた世帯が、村の用意したすべての救済策――貸付、安売り、施行――を全面活用していたわけではなかった点にも気づかされる（そもそも全選択肢を行使した世帯はいない）。「至而」層12清吉～15卯兵衛のように、貸渡米も安値米も利用する世帯がいる一方、「ケ成」層9儀二郎～11市左衛門や、「至而」層8さと～11儀兵衛、「極難」層6市蔵のように、貸渡米しか希望しない世帯、「ケ成」層6善兵衛、「極難」層23ふじ、26さとのごとく、安値米の購入のみを選択する世帯、あるいは貸渡米と施行を活用する世帯（「極難」層3みよ）や、施行のみを利用する世帯（「極難」層14林右衛門）、さらには「ケ成」層8庄兵衛、16喜右衛門、19この、「至而」層27秀松、「極難」層2久右衛門、9治兵衛のように、御救銀以外はどの救済策も利用しない世帯など、各家が選んだ救われ方は実に多様であった。既述した凌方書上帳の救済手筈だけをみると、今回の村内対処が、貸渡米でも足りなければ安値米へ、それでもだめなら施行へ、という段階性を帯びたものであったかにみえるが、実際には世帯ごとにもっと柔軟に救済法が選択されていたということであろう（「極難」層であっても、全選択肢を全面活用してはいない）。

この点は、貸渡米や安値米の代金支払いにあたって、どの階層基準額を採用するのか、また御救銀をどう活用するのか、という面からもうかがえる。たとえば、御救銀の配分で「至而」層へ引き上げられた「ケ成」層5藤七は、貸渡米七升の返済では、「至而」層向けの一石銀五五〇匁を採用したが、安値米一斗の購入では、「ケ成」層向けの一石六〇〇匁で勘定がなされた。「極難」層26さとも、御救銀の配分は「極難」層基準額の一人銀一一匁、計二二匁であったが、安値米の購入では「極々難渋人」向け値段の一石四五〇匁を選択していた。E欄のもととなる直安米・施行帳によれば、総額米二斗四升、代銀一〇八匁にいたったその購入と支払いの経緯とは、

六月一二日…郷蔵から米四升渡し、一一日に給付された御救銀二二匁で即日払い
七月一三日…五升渡し、同日に銭一貫文にて代銀一四・九五匁払い
七月二七日…八升渡し、同日に金一歩にて代銀三一・四七匁払い
八月二六日…七升渡し、同日に金一歩と銭五〇〇文にて残銀三九・五八匁払い

というものであった。最終回に、残金の清算をしているところをみると、安売り米の総量と代金総額をあらかじめ決めてから、複数回にわけて備蓄米を入手したと推測される。一方、御救銀が「至而」層額に引き上げられた「極難」層34かるは、貸渡米の清算では「至而」層向けの一石五五〇匁を採用しながらも、安値米の購入では「極々難渋人」値段の一石四五〇匁を選んでおり、総額米七升、代銀三一匁（額面は原文通り）の安値米を、

七月四日……四升渡し、金三朱にて代銀二四・三七匁払い
七月二七日…三升渡し、金一朱にて代銀七・八七匁払い、銀一・二四匁過払い

という分割で受け取って決済している（前述の26さととは異なり、御救銀一四・五匁は貸渡米代銀一六・五匁の清算で使い切っているので、安値米の購入では利用されていない）。さらに、御救銀が「至而」層額へ引き上げられた「極難」層24弥介の場合、貸渡米の代金を「至而」層向け一石五五〇匁で清算したうえ（御救銀残額三・五匁）、安値米についても「至而」層向け値段の一石五〇〇匁にて、総額一斗八升、代銀九〇匁の備蓄米を、

六月一二日…代銀二七匁払い
七月四日……六升渡し、同日に代銀三二・五匁払い

七月一三日…六升渡し

七月二七日…六升渡し、同日に代銀二七匁払い、および御救銀の残額三・五匁払い

という経緯で入手している。[16] ほかに「極難」層11新介のごとく、①御救銀では「至而」層へ引き上げられたものの、②貸渡米の清算では「極難」層向け値段を採用、③だがそれでも安値米購入では「至而」層向け値段を利用、という例も確認できるし、直安米・施行帳をみるかぎりでは、御救銀（の残額）を安値米代金にあてていないと思しき世帯もある。

このように、御救銀の配分でたとえ「至而」層へ引き上げられたとしても、それがただちに貸渡米や安値米の支払基準額に適用されたわけではなく、また御救銀を安値米の購入でどう活用するかも、世帯によってまちまちであった。先述した救済方法の選択多様性もふまえると、どのような救われ方を望むのかは、難渋人認定の三区分で一律に決められたのではなく、基本的には各世帯の自主的な個別判断（と村側の了承）にゆだねられていたといえよう。

第四節　施行の忌避と市場的救済の選好

右のような自主的な救済方法の選択で注目されるのは、「施し」という、救済費を「タダでもらえる」ような「非市場的」な救われ方よりも、「買う／借りる」といった「市場的」な救われ方をあえて選ぶ志向性である。実は、六反村で「極々難渋人」向けに、米一石銀四五〇匁で「直安米」値段が設定されたこと自体、右の選好問題と関わっていた。淩方書上帳によれば、六反村では当初、村内の「極々難渋人」に対して、「六月朔日ゟ八月十日迄日数七拾日之間、壱人ニ付、日ニ米壱合ツヽ」という条件で、村内備蓄米の「施行」が村側から提案されていた。ところが当の「極々難渋人」たちが、「矢張前

同様（＝階層別の安値が設定された「ケ成」層、「至而」層、「極難」層と同様に――引用者注）、直安米売呉候様」と申し出てきたので、一人につき「日々米弐合ツ、之割合を以、七拾日之間、四百五拾匁替ニ而直安米」を売ることになったという。村側が、「極々難渋」という生活状況に配慮して、タダで備蓄米をあげてもいい、と提案してきたのに、「極々難渋人」たちはあえて安値米を「買う」という選択肢をとったのである。先述した「極難」層26さと、34かるがまさにそういう世帯であり、表のE欄にあるように、『難渋者調書』に登録された「極難」層のなかでは、ほかに五世帯が一石四五〇匁の「極々難渋人」向け値段で安値米を購入していた。そして、調書掲載世帯のなかで、村から施しをうけることを選んだのは結局、「極難」層の3みよ、14林右衛門、17しゅんの三世帯だけであった[17]。

村から「極々難渋」と認定されるほど生活が苦しいはずの人びとが、なぜ経済的負担が軽くなるかにみえる施しより、「買う」という金銭的負担が生じる行為をわざわざ優先させたのか。そこには、タダで一人一日一合もらうより、カネを払ってでも一日二合入手した方が得だ、という単純な損得勘定ももちろん働いていたことであろう。だがそれ以上に、たとえどれほど生活が困窮していようとも、他人の施しにあずかるような真似だけは最後までしたくはない、という強迫観念が、「極難渋人」あるいは「極々難渋人」と呼ばれる人たちにまで深く浸透していたことの方が、はるかに深刻な影響をおよぼしていたのではないかと推測されるのである。

第四章でみたように、生活が苦しくとも、施しをうけることを良しとはしない人びとは、いくつかの事例で確認できる。たとえば、一八五〇年の和泉国南王子村では、「極難之時節」でありながら、村内における施行も、他村への物乞いも拒否する「中分」の人びとがいたため、彼らの自尊心を傷つけぬよう、（「中分」の人びとも負担していた可能性の高い）村や郡中による積立金を給付することで、彼らの生活維持をはかろうとしていた。加えて、同じ南王子村では一八四六年、村全体としては生活の立て直しを支援する方向にあったのに、これ以上村から「介抱」を受け続けるのは「冥加ない」として、一家総出で夜逃げしてしまった家族もいた。客観的、物理的な支援条件より、ひとから施しをうけ、「迷惑をかける」ことへの「いたたまれなさ」の方が優先されてしまうのである。

しかも、村から公的に施しをうけることは、強烈な社会的制裁と裏腹の関係にもあった。大和国平群《へぐり》郡法隆寺村ほか一〇ヵ村（竜田、稲葉車瀬、小《こ》吉田、服部、五百井《いおい》、興留《おきどめ》、阿波、東福寺、幸前《こうぜん》、三井《みい》の村々、いずれも奈良県斑鳩町）で構成された幕領の組合村「法隆寺・竜田村組合」では、一八三七年（天保八）四月、組合村内で「施行米受候もの」に対する「一代限慎」として、次のような「拾壱箇村申合一札」が取り交わされた。

一御公儀様御法度之儀者不及申、此度郷中御申合之通、急度相慎可申事
一男女共銀物者不及申、衣類等目立候儀可為無用。其外不限何事、不相応之儀仕間敷事
一男者羽織・雪踏、女者髪之餝・縁取之はき物等、向後急度相止メ可申事
一村方御取締之儀ニ付、聊故障申間敷事[18]

村からタダで米を施された以上、受給者は衣服や履き物、髪飾りといった「見た目」でも、常日頃から行動を慎むべきだ、という発想であろう。しかも成人男性の場合、羽織、雪踏という正装を禁じられるわけだから、村の公式行事などで周囲が正装で居並ぶなか、ひとり恥を忍んで平服で臨まなければならない。「一代限り」というわけだから、長ければおよそ二〇～三〇年にもおよぶ行動規制、といったところであろうか。この時期は、飢饉によって社会全体が苦境にたたされていたはずだが、そうした状況においてさえ、施しは、村に迷惑をかけた行為として厳しい制裁の対象とされていたのである。そし

て右の申し合わせは、単に組合村内で取り決められて終わりだったのではなく、実際に施行米をうけた世帯の構成員全員（子どもも含む）から署名と捺印をとりつけることで、誰が辱めをうけるべきなのか、村の公文書上でもはっきりとさせようとするものなのであった。

施行受給者に対して、右の大和国村々以上に踏み込んだ制裁を発動させたのが、一八六七年の河内国丹北郡若林村（大阪府松原市）である。一八六七年は前年に引き続き、「諸式高直、米価稀成高直」という物価急騰期にあったため、若林村では「極難渋之もの共」から、「施行御下ケ被下」たい旨、所属する村の五人組へ願い出がなされ、その意向が五人組から村役人へ伝えられた。そこで、「高持一同」で「無余義」く相談したところ、二月二五日〜三月一四日の二〇日間、「壱日壱人ニ付白米壱合宛施行差遣」わすこととなった。物価高騰で苦しむ「極難渋」の村人たちに対する村社会の「温情」とも受け取れるが、その温情は、実は誠に厳しい社会的制裁と組み合わされたものでもあった。すなわち、村は「施行受候もの共」に対し、そもそも施しをうけなければならないほど「必至困窮ニ落入」ったのは、「平生家業不情《精》ニ致候ゆへ」＝日頃から自助努力を怠ってきたせいであるとして、施行をうけるかわりに、以下の「ケ条書」を「五ヶ年之間」守るよう通達した。

一施行受候者共名前、髪結床へ張置、尤軒別ニ札張置可申候。
一日笠差止可申候。
一履もの、雪踏、表付之下駄等差止可申候。
一絹布之類、何ニ不寄差止可申候。
一施主人之内へ這入候節、履もの差止可申候。
一大酒幷物見遊さん等差止可申候。[19]

日笠をさすな、雪踏を履くな、絹織物を着るな、といった服装禁制や、大酒や物見遊山に象徴される「ぜいたく」な暮らしに対する規制は、さきの大和国村々でもみられた制裁態度と共通する。だが若林村の場合、もう一歩踏み込んで、施行受給者の名を、住民が日常的に集う村の髪結床、そして受給者各戸の軒先にわざわざ張り出して、誰が村に迷惑をかけたのかを白日の下に晒そうとした。さらに受給者は、施行米の原資を提供した「施主人」（「高持一同」）の屋敷へうかがう際、門の手前から履き物を脱ぎ、極めて低姿勢で敷地内に「這い入る」ことが求められた。制裁期間は五年と、前述の大和国一一ヵ村制裁規定にみられた「一代限り」より、一応短いものではある。だが、日々名を晒されるなど、そこで強要された屈辱的な暮らしは、一八三七年の大和国村々で求められた謹慎生活を、はるかにしのぐものであった。なお、ここでも大和国の場合と同様、施行をうけた七世帯のうち六世帯の戸主は村に対し、署名のうえ、「施行奉受難有、以来家業急度入情（精）致シ、御ケ条之趣相守可申候」と、しっかり宣誓させられている。

これらは、いずれも一九世紀半ば以降の事例ではあるが、和泉国南王子村、大和国法隆寺・竜田村組合、そして河内国若林村の人びとが、村の公的な施行に対してみせた態度を追っていくと、近世日本の村人たちにとって、「ひとの施しにあずかる」あるいは「タダで助けてもらう」という救われ方を選ぶことが、いかに重たい意味をもったのかがよくわかる。それをふまえると、一八六六年における河内国六反村の人びとが、なぜ「極々難渋」という生活水準にあっても、カネのかからない施しではなく、カネのかかる安値米の購入をあえて選んだのか、その深い背景が了解されようというものである。

社倉制度を中心として、一九世紀の和泉国村々でみられた諸種の救済方法を追究した酒井一は、大鳥郡赤畑村（堺市）で一八六六年六月、百姓代の嘆願によって「極難之者」に対し、「村方ゟ施シ切」の救銀が出された事実に着目する。そして、そのような「施シ切」の施米銀方式の登場を、貸付を主体とした従前の社倉制度とは異なる「この時期の新しい息吹き」であるとし、「社倉の救済からはみ出た無高＝小作貧農・無作層」が、「実力的に勝ちとっ」た成果だと評した[20]。カネのかからない施しの方が、カネのかかる貸借行為より、「極難之者」にとっては、はるかに有利に違いない、という一見当たり前に思える発想を前提とした評価であろう。

たしかに、河内国若林村の場合でも、「極難渋之もの共」自身が施行を村に要求しており、その限りでは、施行は村から「勝ち取られた」ものだと言えるかもしれない。だが、村から施しをうけることに対する忌避姿勢、あるいは施行で村に迷惑をかけた者に対する厳しい制裁態度[21]という、本章で注目してきた諸事実を鑑みるならば、生活の苦しい村人が、村から「施シ切」の救済をうけることを、彼らにとっての「勝利」であると手放しで評価することは、やはり難しい。近世の村人にとって、村から公的に施しをうけるということは、村内において自身の社会的地位が低下することをも意味していたのであり、いくら「極々難渋」のような生活を送っていたとしても、そうした地位低下を甘受するまでには、相当な勇気と逡巡が必要であったに違いない。近世日本の村社会において、「買う／借りる」という市場的な手法にもとづいた救済と、「もらう／施される」という非市場的な方法による救済との間には、そう簡単には越えられない大きな壁が立ちはだかっていたのであり、そのような観点から、あらためて救われ方の選好問題を問い直す必要があるといえよう。

おわりに

以上、一八六六年の河内国六反村で実施された、難渋人の認定と御救銀の傾斜配分、および村内備蓄米の貸付、安売り、施行という複合的な救済過程を、救われる側の目線にたって分析し、近世日本の村社会における貧困救済の特徴を考察してきた。

この作業で明らかになった重要な論点の一つは、一八世紀後半以降、多くの村で大量につくられていく難渋人の調査・対策史料が、貧困の実態をみるうえで、いかに信用できず、頼りないものなのか、という点である。一八六六年五〜六月の二ヵ月間に、六反村で作成された多くの難渋人関係文書は、一面では詳細を極めるものであった。だがその次元の文書でさえ、①御救銀を摂河領分村々に配分するにあたって、事前に取り調べられた難渋人の人数や「厚薄」は一顧だにされず、難渋の度合いとは無関係に、村々に平等に御救銀が分配されたこと、②難渋人を調査するといっても、小作地をもたない自作世帯は、そもそも最初から調査対象から除外されていたと考えられること、③御救銀の村内配分では、「極難渋／極々難渋」の世帯が最優先されるのではなく、あくまでも小作人中心主義であったこと、④その小作世帯ですら、小作経営の全貌が把握されたうえで、難渋人としての認定がなされたわけではなかったこと、⑤御救銀が実際に各戸へ配分される段階では、当初認定の「難渋者」階層から、意図的な階層移動がなされたこと、という何重もの意味合いで、難渋人の実態や実数を証明し得るものではなかったのである。とりわけ⑤の問題は深刻であり、たとえ難渋人調査・対策史料によって、同一の村で複数年にわたる難渋人の人数がわかったとしても、それを時間順に並べて量的な推移をみようとしても無駄だということになろう。この点は、同一基準のもと、教区内における救済費申請・受給者の人数を数量的に追うことができる（表・グラフ化できる）近世イングランドとはまったく異なる世界であり[22]、近世日本の場合、救済過程のどの段階で作成された史料で、どの段階における調査・救済対象人数なのかにたえず注意しながら、難渋人の調査・対策史料を利用しなければならないといえよう。

では、貧困の実態をみるうえでは極めて頼りない難渋人の調査・対策史料は、近世日本の貧困史研究にとって何の意味もないのか。おそらくそうではあるまい。むしろそれは逆で、本章であぶり出した

「頼りなさ」にこそ、近世日本の村社会における貧困救済の特徴が象徴されているとみなすべきなのであろう。近世の村で実施された難渋人の救済とは、そもそも村のなかの困窮者一般を救おうとするものなのではなく、そのときどきの状況に応じて救済対象者はコロコロ変わり得るものだったのであり——一八六六年の六反村であれば、「至而」層の小作世帯が最重要対象であった——、したがって難渋人を調査するとは言っても、困窮者の生活実態そのものを、総合的に把握しようとする意識は極めて希薄であった。近世イングランドとは異なって、生活困窮者の実態や数を、系統的、統計的に把握できないのは、近世日本の史料的な「瑕疵」や「限界」なのではなく、むしろそれ自体が社会の歴史的な特質だったのである。この点は、第七章で言及する、恒常的ではなく臨時的な救済を志向する近世日本社会、という論点ともつながっていくことであろう。

本章で明らかとなったもう一つの大きな論点は、「買う／借りる」という市場的な救われ方と、「もらう／施される」という非市場的な救われ方の間に立ちはだかる、大きな壁の問題である。これは、被救済者にとって、金銭的な負担はゼロになるに越したことはない——すなわち、タダでもらえるのは困窮者にとって得——という予想、前提をくつがえすものであり、近世日本の村人たちにとって、自らの生活を維持・再生産していくうえで、「買う／借りる」という行為が、いかに重たい意味をもったのか、再考させるものである。その意味で、近世日本の村落史研究でこれまで蓄積されてきた土地売買・貸借や金銭貸借の研究を、あらためて村の貧困史の視点からとらえ直していく必要があろう。

これと関連して重要なのが、同じ「施し」という救済手法でも、そこに村という公的な組織が介在することの影響如何である。本章でみてきたように、施行が社会的制裁をともなったのは、それが村によって公的に実施されたからこそであった。したがって、もし同じ行為が、地主—小作などの個別的で、私的な社会関係のなかでなされていたならば、本章で着目した深刻な事態は、おこりさえしなかったであろう。近世日本の貧困救済が、村の自治を基盤としていたことの深い意味合いを、あらためて思い知らされる問題である。

註

(1) 古くは、酒井一「泉州清水領における社倉制度」(『堺研究』四、一九六九年)など。近年では、栗原健一「近世備荒貯蓄の形成と村落社会—土浦藩「集穀」を中心に—」(『関東近世史研究』六三、二〇〇七年)、「幕末期村落における「貯穀」盗取と「徒者」—陸奥国白川郡宝坂村を事例に—」(『立正史学』一〇四、二〇〇八年)、「豪農と備荒貯蓄—三河国設楽郡稲橋村古橋家を事例に—」(『立正史学』一〇七、二〇一〇年)、「天保期の「囲籾」御用と関東在々買上籾世話人—武蔵国播羅郡下奈良村吉田市右衛門の「凶年御救囲籾」購入代金上納と関連して—」(『熊谷市史研究』二、二〇一〇年)、松沢裕作『明治地方自治体制の起源—近世社会の危機と制度変容』(東京大学出版会、二〇〇九年)第二章、田中薫「備荒貯蓄制度成立をめぐる基礎的研究—松本藩とその預領を事例として(上)(中)(下)」(『信濃』六三—三〜五、二〇一一年)、「備荒貯蓄制度進展の基礎的研究—松本藩とその預領を事例として(上)(下)」(『信濃』六四—一・三、二〇一二年)、森谷圓人「近世後期、非領国地域の困窮百姓相続・村再建仕法—出羽国村山郡幕府東根代官所領を事例として—」(東北史学会『歴史』一二〇、二〇一三年)、「近世後期、困窮救済をめぐる地域社会と幕府代官所—出羽国村山郡の幕領郡中備金を事例として—」(東北史学会『歴史』一二五、二〇一五年)、齊藤紘子「近世和泉の村落社会における「困窮人」救済—泉郡池上村を中心に—」(塚田孝ほか編『近世身分社会の比較史—法と社会の視点から』清文堂出版、二〇一四年)、尾﨑真理「近世後期における幕府備荒貯蓄政策の特質—畿内幕領村を対象に—」(『ヒストリア』二四四、二〇一四年)など。

(2) 註1齊藤前掲論文。なお戸石七生は、武蔵国秩父郡上名栗《かみなぐり》村(埼玉県飯能市)を素材に、一八三七年(天保八)飢饉に際して、「飢人」として登録された世帯のうち、どの世帯が御救金の貸付対象として選定されたのかを、該当世帯の持高や宗門改帳上の世帯構成から何とか推測しようとしている(「幕末南関東山村における救恤とその対象―天保八年飢饉と武州上名栗村古組」『共済総合研究』六二、二〇一一年）。

（3）使用史料は、河内国丹北郡六反村小枝家文書（大阪市史編纂所保管）。以下、同家文書を利用する場合は、文書目録の整理番号にもとづいて、本文中に〔小枝Ｂ６―49〕などと記す。

（4）小田原藩大久保氏が六反村の領主となったのは、摂津国住吉・東成郡の一六ヵ村、および河内国丹北郡など一〇郡の四〇ヵ村、計五六ヵ村が同藩領に組み込まれた一八一二年（文化九）から。これにより、以前から小田原藩領であった河内国交野《かたの》郡一六ヵ村とあわせて、総計七二ヵ村が同藩の摂河領分村々となった（『小田原市史』通史編近世、一九九九年、三四三～三四四・六六二～六六四ページ）。六反村の村高は七〇九石九斗二升五合、一八六六年三月の六反村宗門改帳〔小枝Ｂ６―２〕によれば、その段階での村内人口は、寺僧を除いて一三一軒、五五六人。同藩領の丹北郡五ヵ村（六反村、東瓜破《うりわり》村、東出戸《でと》村、西出戸村〔以上大阪市〕、城連寺村〔大阪府松原市〕）で、組合村を構成していた。

（5）大坂の堂島米相場では、一八六四年上半期に一石あたり銀一四〇～一六〇匁台で推移していた米価が、同年下半期～一八六五年上半期には二〇〇～三一〇匁台、一八六五年下半期に三五〇～四五〇匁台、一八六六年上半期に五二〇～八八〇匁台と、わずか二年ほどの間に四～六倍に跳ね上がっている（宮本又次責任編集『近世大阪の物価と利子』大阪大学近世物価史研究会、一九六三年、一三四～一三五ページ）。

（6）『大阪編年史』二四（大阪市立中央図書館、一九七七年）三四三～三五一ページ、『新修大阪市史』四（一九九〇年）九八八～九九二ページ。

（7）五月二〇日付東出戸村・西出戸村・城連寺村役人中宛小枝彦三郎廻状〔小枝Ｂ28―225〕、五月二三日付東出戸村・西出戸村・東瓜破村・城連寺村役人中宛小枝彦三郎廻状〔小枝Ｂ28―166〕。

（8）ここでいう小作地一反につき米一斗とは、小作人の作付小作地一反につき一斗の割合で貸し付けるという意味ではなく、六反村にある小作地総反別について、一反につき一斗の割合で備蓄米から貸渡米を捻出する、という意味である。一八六六年六月の『米価高直ニ付、小作難渋人共江夫喰米貸渡し幷直安米売渡し、施行米等遣し共、奥寄元扣諸勘定帳』〔小枝Ｂ６―48〕では、小作反別を二四町八反余と書き上げたうえで、貸渡米の原資二四石八斗余（後述する淩方書上帳の貸渡米二六石余とは若干ずれる）を計上している。なお六反村の田畑・屋敷地の

総反別は、一六七九年（延宝七）段階で五一町余（田中豊「小枝家文書」『大阪の歴史』一〇、一九八三年）。

（9） 一八六六年六月の凌方書上帳では、米の「当時直段」を一石銀九五〇匁とするが、同年月の『米価高直ニ付、難渋人之内、人別相応ゟ小作少ク《（ママ）》者江直安米売遣シ、幷ニ極難渋人江施行遣シ共記帳』（小枝B6―40）などほかの帳面では、米一石銀九〇〇匁としている。また後述するように、「至而難渋人」への安値米の値段設定は、実際には五五〇匁ではなく五〇〇匁であり、五五〇匁という設定額は、貸付米の返済用（清算用）に用いられている。

（10） 表A欄の『難渋者調書』記載小作地を集計すると二二町余となり（反の数値が判明しない「ケ成」層6善兵衛の分を考慮すると、実際にはもう少し多いはず）、註8前掲史料（小枝B6―48）に計上された六反村の村内小作地二四町余とほぼ一致する。また、六月六日付六反村小枝彦三郎宛東出戸村年寄松本吉右衛門・西出戸村庄屋長谷川休右衛門書状（B16―200）によれば、六反村と東西出戸村との間で「難渋人へ米貸方之義」が話し合われた際、出戸村では村内備蓄米の貸付にあたって、①「居村持小作人」＝出戸村の村人で、なおかつ出戸村内の小作地をもつ者へは、「壱斗宛貸米之積り」であるが、②出戸村の住民であっても、「川辺《かわなべ》新田・太子領御他領持小作人」＝川辺新田や太子堂村といった他村の小作地を耕す小作人へは、先方の村より「思召次第」に「御貸渡」になるはずであり、「当村ゟハかし渡なし」である、③「竹渕《たこち》村領当村持小作人」＝竹渕村の住民で出戸村に小作地を有する小作人へは、①の半額、「五升宛かし米積り」である、④「貴村領持当村小作人」＝六反村の小作地をもつ出戸村の小作人へは、「其御村地主ゟ御貸渡し」にしてほしい、という方針であったことがわかる。小作人を主要対象とする今回の救済が、小作人がどの村の住民かではなく、どの村の土地を借りているのか、という属地的な発想を基準にしていたこと――そのうえで①③にあるように、自村民か否かで貸付額を差別化――がうかがえる。したがって『難渋者調書』でも、六反村の住民が、六反村の小作地をどれほど有しているのかが取調方針となっていたであろう。

（11） 表の（4）「『難渋者調書』非掲載世帯および該当不詳世帯」一覧にあるように、五月の調書に登場しない「無役」家は、忠左衛門家、清三郎家、重郎兵衛家の三軒である。三月の宗門改帳では、「無役」家を計八三軒とし、五月の調書に掲載された「無役」家は八一軒なので、一軒分ずれることとなるが、それはB欄にあるように、清三郎家は三月の宗門改め後、忠左衛門家の娘と結婚して、「ケ成」層2中・清兵衛家から「別宅」した結果うまれた家であることによる。なお、後段で説明するC欄にあるように、調書に登場しない右の三家に対しても御救銀が配られているので、最終的にはすべての「無役百姓家」が御救銀の配分にあずかれたことになる。

(12) 和泉国池上村を対象とした註1齊藤前掲論文三一二ページでも、奉公人が御救米の配分から除外され、「飢人」の範疇からはずれていたことが指摘されている。

(13) 六反村では、一八六六年に引き続き物価が急騰していた一八六七年(慶応三)三~六月でも、村の難渋人に対して米の貸付と施行を実施しており、そのとき作成された「極難渋人」の取調帳〔B8―89〕から、27せい、29はる、31左兵衛、33てるが、一八六六年段階でもすべて年季奉公人で構成された世帯であったことが推測できる。

(14) とはいえ、同じ「極難」層に属し、登録小作地も宗門改帳上の世帯員数もさほど変わらない11新介と6市蔵について、かたや「至而」層額へ引き上げられ、かたや「極難」層額しか適用されなかったところをみると――しかも市蔵家は、一一歳の市蔵を筆頭に、「子どもだらけ」の世帯構成でさえある――、村社会の柔軟な配慮も、全世帯へ「平等」になされたわけではなかったといえよう。ここでもやはり、今回の救済措置が、生活実態そのものを基準にしたものではなかったことがうかがえる。

(15) D欄をみると、貸渡米の最高限度額は、一世帯あたり一斗となっていたことがわかる。

(16) 註8前掲史料〔小枝B6―48〕に記載された「安米売日記」によれば、郷蔵の開封日は、六月二日、一二日、七月四日、一三日、二七日、八月九日、二六日、九月朔日とあらかじめ決められていたようだ(「極難」層26さと、34かる、24弥介の安値米受取日とも一致する)。開封日は、村側で指定されていたが、どの日を利用するかは、各世帯の判断に任されていた、ということであろう。

(17) 直安米・施行帳によれば、実際の施行期間は、凌方書上帳にある七〇日間ではなく、六月一〇日~八月一〇日の六〇日間であった。

(18) 『斑鳩町史』史料編(一九七九年)、四九三ページ。

(19) 一八六七年二月・若林村『極難渋人江施行遣シ候名前帳』(大阪大学経済学部所蔵若林村文書)。

(20) 註1酒井前掲論文、四一~四二ページ。

(21) 未進年貢の累積や破産によって、村に迷惑をかけた者に対する厳しい制裁（居宅の取り壊しや村からの追放、寄合での末席強要、表口からの訪問禁止など）については、第五章参照。

(22) Paul Slack, *Poverty and Policy in Tudor and Stuart England*, Longman, 1988, pp. 173-182; Steven King, *Poverty and Welfare in England 1700-1850: A Regional Perspective*, Manchester University Press, 2000, pp. 165, 209; Steve Hindle, *On the Parish? The Micro-Politics of Poor Relief in Rural England c.1550-1750*, Oxford University Press, 2004, pp. 271-273; Jonathan Healey, *The First Century of Welfare: Poverty and Poor Relief in Lancashire, 1620-1730*, The Boydell Press, 2014, pp. 69, 214-237, 251.

第七章　公権力と生活保障

はじめに

第五・六章でみてきたように、近世日本の村社会における貧困救済は、村の自治を基盤としていた。誰を助け、見放すべきなのか、また助けるにしても、どの程度救いの手をさしのべるべきなのかの具体的な判断は、個々の村で独自になされ、第四章でみたごとく、その判断如何には領主役人でさえ手を出すことができなかった。そして、救済が村を基盤としていたからこそ、被救済者は、場合によっては村に迷惑をかけた者として制裁の対象となり、救われる側もまた、村に迷惑をかけることになる（と自認する）救済――とりわけ「施し」型の経済援助――に際しては、住民の目を気にして「いたたまれなさ」を感じざるを得なかったのである。

一方、よく知られているように、個別領主や幕府といった公権力も、「御救」という形で救貧に関与しており、第六章でもそうした実例を取り上げた。では、村の自治を基本とする貧困救済のなかで、公権力の立ち位置とは、どのようなものとしてとらえればいいのであろうか。言い換えれば、近世日本の公権力は、どこまで領民の生活の面倒をみようとし、村人たちは、救貧を含む生活保障の面で、どこまで公権力に期待していたのか。本章では右のような問題意識のもと、まずは近世日本史研究で通説化している「御救」史観の問題点を洗い出す。そのうえで、従来とは異なる視点から、公権力と生活保障をめぐる諸事実を整理、評価し直し、近世イングランドとの比較史も意識しながら、新たな近世日本の公権力像を提起していくこととしよう。

第一節　従来の「御救後退」史観

日常生活の保障をめぐって、百姓は領主に何を期待していたのかという観点から、近世日本社会の特徴を解き明かそうとした代表的な論者が、深谷克己である。[1]深谷は、一七世紀以降、百姓たちが領主に対する年貢減免運動などを通して、「実体としても観念としても、現に住み耕している家宅・屋敷地・耕地を家産的に持続することを保証される立場」、すなわち「御百姓（公儀百姓）」としての立場の確保に尽力していた動向に注視する。そしてそのような動きを通して、重い年貢を負担するかわりに、「御百姓」としての存続＝「百姓成立《なりたち》」を保証するのが領主の責務であるとする認識が、百姓側のみならず、領主側にも共有されていくようになる、とする。そうした「近世領主に課せられた社会的責務」を象徴する行為が「御救（撫民）」であり、その「もっとも直接的な形態は、夫食貸・種米貸等――藩により多様――の救米金」という「生産・生活へのてこいれ」であった。

この御救が実行されている間は、百姓側も「領主への恩頼感」を持続させる。だが一八世紀半ば以降、領主財政が窮乏するようになると、御救の責務も徐々に放棄されようになり、それにともなって、「領主階級の解決能力に対する失望」と「幕藩領主の威信の喪失」が百姓の間で進行する。そして幕末にいたって、ついに幕藩体制は、「「撫民」理念を遂行するあるいは「撫民」価値の実現へ向かう能力を根底的に喪失したと被治者の側に思われ」るにいたり、「公儀離れが社会のあらゆるレベルですす」んで、体制が崩壊する。深谷はこうして、「百姓成立」と「御救」を鍵として、近世日本社会の成立と展開、崩壊の特徴を描いてみせたのであった。

深谷が提起した右の歴史像は、その後の研究者によっても受け継がれていく。一七世紀半ば以降における福岡藩黒田氏の御救政策の展開を追った福田千鶴は、①「御救」主義とは、御救の機能が必ず要求される「極飢」を中心として、領民の「生命維持」に関わる「極飢」―「飢え」、その外側に人びとの「経営維持」（「成立《なりたち》」）に関わる「難儀」―「迷惑」、と広がる「四重の同心円的構造」をなしており、②「生命維持を限界条件に、困窮の度合いに応じて「成立」をめざす政策が「御救」なのである」としたうえで（したがって、生命を失うとは限らない「百姓倒し」〔破産〕に、藩側があまり危機感を抱かないまま、「御救」主義が堅持されることはあり得る）、③一七三二年（享保一七）の大飢饉までは、百姓、町人、家中に対する夫食種貸しや施粥、米銀貸付といった御救が、まがりなりにも藩庫（公金）から拠出されていたのに、④享保飢饉以後になると、凶荒の備えとして「用心除銀」が新たに賦課され、御救の財源が貢租化されるなど、「本来領主の社会的責務として行われる「御救」が、百姓の負担となり、「民間の富裕者の自発性や村の救済機能に責任転化《ママ》」されていくとして、享保飢饉を境とした御救の質的転換を論じている[2]。

同じく菊池勇夫も、一八世紀以降の幕府による災害・飢饉対策の動向について、①一七二八年（享保一三）の物成囲米郷蔵詰令段階では、旱水損時における幕領村々への夫食貸しが、幕府の物成米（年貢米）＝公金から捻出されていたのに、②一七四三年（寛保三）の郷村貯穀令段階になると、夫食貸しが制限されるとともに、「年貢米ではなく、農民に夫食用の籾・荒麦を出させて貯穀する方式」へと幕府の救済方針が変化していくとして、そこに「公儀からの夫食・種借用を「百姓之甘」とみて突き放す自己責任化への方向転換」と、「幕府公儀性の後退」あるいは「御救主義の行き詰まり（破綻）」を見て取っている。[3] さらに、一八世紀以降の武蔵野新田地帯における救恤と備荒貯蓄の展開を検討した松沢裕作も、①百姓一軒一軒への養料金の貸付など、救済の主体は当初、あくまでも領主であり、同地帯における災害・凶作対策は「領主依存的構造」のもとにあったが、②一八世紀後半に入ると、領主は夫食貸付に慎重姿勢をみせるなど、「直接救済」の実施に徐々に消極的となり、③かわって百姓の負担による貯穀制や、「村内富裕者による村内困窮者への救済」など、「百姓による百姓の救済」が主となるとして、そこに「領主の救済主体としての後退」（「領主御救の後退」）傾向を見出している。[4]

このように近世日本史研究では、一七世紀段階では機能していた幕藩領主の御救機能が、一八世紀以降、徐々に後退していき、かわって生活保障の主体と責任が、百姓たちに転嫁されていくようになる、という歴史像が、三〇年近く前の深谷の提起以来、繰り返し説き続けられてきたのである。

第二節　御救は「後退」したのか

先行研究が示した諸事例だけをみれば、右の通説的理解は盤石であるかにみえる。だが、領主が人びとの生活保障にやる気をみせていた時代から、民間任せにしてしまう時代へ、という歴史像には、次の三つの単純な疑問をふまえただけでも、大きな難があると言わざるを得ない。

（A）すでに一七世紀段階には、御救へのやる気をみせず、民間の相互扶助に救済の基軸をおこうとする動向がみられるのは、どう理解すればいいのか。

（B）一七二八年の物成囲米郷蔵詰令では、幕領での御救にやる気をみせていたはずなのに、そのわずか六年後の一七三四年（享保一九）には、早くも夫食貸付を極端に制限する方向に政策が切り替えられ、しかも一七二八年以前の一七二四年（享保九）段階でもすでに、「年々（百姓の——引用者注）願之通」には、夫食種貸しなどの「御救も難成義」が、幕府によって表明されていた事実[5]をどう理解すればいいのか。

（C）幕藩領主の御救機能が根底的に喪失されているはずの幕末段階にいたってもなお、なぜ福田千鶴がいうところの「難儀」次元程度の御救すら実施され、しかもそれを領民がありがたがって、領主への恩頼感をみせつける場合もあるのか。

いずれも、一八世紀以降における御救の後退、という単線的な歴史像では理解しきれない事柄ばかりであり、新たな視点で近世日本社会における生活保障の史的特徴を描き出す必要がある。以下そのことを、（A）（C）に関わる事例を紹介しながら検討していくこととしよう。

通説では、一七世紀段階の幕藩領主は、御救にやる気をみせていたことが前提となっているが、一方で、それとは逆の姿勢を示す史料もある。たとえば、研究史的にはよく知られた事実として、飢饉が全国を襲っていたさなかの一六四二年（寛永一九）、幕府は飢饉対策として郷村向けに次々と対策法を打ち出していく[6]。そのなかには、病気のため「耕作なりかたき」独身の百姓については、「其一村としてたかい《（互い）》にたすけ合」い、その者の田畑の維持管理に努めて、「収納」＝納税が滞りなく済むようにせよ、という条文もあった[7]。また、津藩藤堂氏も一六四三年（寛永二〇）、飢えている者がいれば「村中としてやしなひ」、他国へは「壱人も乞食に出し申間敷候」と命じている[8]。同藩は、一六六〇年（万治三）にも山城・大和両国の大庄屋に対し、米・大豆値段の高騰のせいで「乞食」行為をせざるを得なくなった「無縁之もの」がいた場合、それが「いまゝで其村ニなじみ」のある者であれば、「其村として相応は育《はごく》み、他所へ乞食ニ出し候ハぬ様ニ」せよ、と指示していた。(9) 病身の独り者や飢え人、あるいは頼るべき縁者もおらず、物乞いするほかない人びとという、おそらくもっとも苦しい部類の生活水準——福田がいうところの「生命維持」困難な次元——に属する人たちであっても、その第一義的な救済責任は、幕府や領主ではなく、村にある。それが、幕藩体制が確立していくと言われる一七世紀半ばの段階において、公権力が示した姿勢であった。

このような態度である以上、御救が「生命維持」困難な人たちに対してさえ、そう簡単には発動されないであろうことは容易に想像がつく。案の定、公権力は、御救を施した場合でも、継続的な御救に対する期待を牽制しておくことも忘れてはいなかった。一六六九年（寛文九）の前半期、奈良町の「非人／乞食／かつゑ人」に対する粥施行を断続的におこなってきた奈良奉行所が、同年八月、奈良町の住民に対し、「当春ハ色々御すくい事被遊候へ共、重而ハ左様之義被成間敷候間、随分かつゑ申さす候様ニ」(10)と、「御すくい」はそう何度も実施されるものではないから、日頃から飢えないように自助努力をせよと言い聞かせたのは、その象徴である。

一番苦しい生活実態にある住民の根本的な救済責任は村にあるといい、御救は継続的、恒常的になされるものではないとクギを刺す。御救が後退するという一八世紀半ば以降ならいざ知らず、御救主義が前面に出ているはずの一六四〇～六〇年代において、すでにこのような態度がみられるのは、一体どういうことなのか。

実は、幕藩領主が当初から村の救済責任を重視していたことは、先行研究でもすでに指摘されている。たとえば深谷克己は、「「百姓成立」の条件の一つは領主の「御救」であったが、同時に、「一村助合」の論理によっておこなわれる村役人・上層農民の「助成」貸付」といった「「居村」の内での相互救済助力」、あるいは「広く村の外をもふくめた「民間」の救済力」も不可欠であったと述べているし、菊池勇夫も前述の一六四二・四三年の幕令や藩法を、「共同体の相互扶助にもとづく小農維持政策」を示すものとして位置づけている。(11)〈領主御救＋民間救済〉の両輪で生活保障が機能していた時代から、民間救済のみの時代へ、という想定なのであろう。だがそれでは、幕藩領主による当初からの村の相互扶助重視路線は理解できても、一六六九年に奈良奉行所がみせた御救への牽制球＝消極姿勢は、相当無理をしないと——たとえば、あれは町の事例であって、村に当てはまるとは限らないなどと——うまく位置づけられないであろう。

通説に従っている限り、無理な理解をしなければならないのは、幕末における御救の実施例も然りである。第六章で紹介したように、一八六六年五月、小田原藩大久保氏領の摂津・河内村々は、米価急騰のため「小前」が「難渋／困窮」しているとして、藩に救済を求め、交渉の結果、摂河領分全体で一五〇貫の「御救銀」が下された。交渉にあたり、あらかじめ同地域に領地をもっていた「外御領主秋元様・土井様ゟ御救米渡之儀」を調査していた河内国丹北郡東瓜破《うりわり》村庄屋矢倉重左衛門の報告によれば、①館林藩秋元氏は、例年は「新穀詰替之貯夫食米ヲ六月中ニ御下ケニ而、十月ニ詰替」のところ、今年については「一ヶ月早ク御下ケ、其米ヲ小前之ものへ御貸シ渡シ被成候」と、いつもよりひと月早く（藩も出資する）貯夫食米の貸し渡し時期を前倒ししたものの、「全ク御救施切ニ而ハ無御座候」＝給付型の御救は実施されず、②古河《こが》藩土井氏にいたっては「一向御沙汰無御座候」と、何らの対応もみせなかったという。(12)そうしたなか、「施切」の「御救」に踏み切った大久保氏の決断に対し、丹北郡城連寺村・西出戸《でと》村の兼帯庄屋長谷川休右衛門は、「御他領」では「拝借銀等ハ折々ハ有之」るものの、「御救抔ハ一寸も無之」いのに、「御殿様ゟか様結構成御事」がなされるとは「夢ニも心得不申」、御殿様も「近年来御物入続之御中、格別之御仁恵ヲ御加へ被下」ったのは、実に「悦入候事際限無御座候」と、村人全員が手放しで喜んでいる様子を、同じ組合村の丹北郡六反村庄屋小枝彦三郎へ書き送っている

〔小枝B28―179〕。

通説に従えば、一八六六年段階の領主には御救をする力など最早残されておらず、領民からの恩頼感も地に落ちているはずである。であれば、領民に「夢にも思わなかった」と受け取られながらも、まがりなりにも御救に踏み切った小田原藩の対応はどう位置づけられるのであろうか。

一つはこれを特殊事例として扱うという手であろうが、同年に旗本松平氏も領分の大和国平群《へぐり》・添下郡村々へ「御救米」を下付しており[13]、また同国広瀬郡平尾村（奈良県広陵町）でも一八六五年（慶応元）、「中地」（村惣作地）対策として領主の内山永久寺へ、向こう一〇ヵ年の「正米拾五石宛御下ケ」を願い出て許可されている[14]。加えて一八六三年（文久三）段階の幕府も、幕領村々に対して「夫食種貸農具代幷御救其外小屋掛拝借」に金三万三二二五両・銀八五匁五分を支出していた[15]。小田原藩の類例は枚挙にいとまがないわけで（給付型ではなかった館林藩も、貯夫食米の貸与では御救を実施している）、幕末における領主御救の実行を特殊視、例外視するのは相当難しいであろう。とすればあとは、「公儀離れ」が進んでいるなか、民心を取り戻すために領主が最後の悪あがきをみせた、という位置づけがあり得るかもしれないが、それでもやはり、なぜ城連寺村の人びとが「施切」の御救の実施を諸手をあげて喜び、領主大久保氏への恩頼感を一八六六年段階でもみせつけたのかは、なかなか理解できないであろう。

このように、一七世紀であれ幕末であれ、幕藩領主が御救にやる気をみせていた時代から、民間任せにしてしまう時代へ、という通説の「領主御救後退」史観には、あまりにも無理が多すぎるのである。

第三節　新たな公権力像へ

通説が無理を強いるのであれば、それを潔く捨て去り、すべての事例をもっとわかりやすく説明できるような、新たな歴史観を構築すればよい。そしてこの場合、次のような見方が一つの答えとなろう。すなわち、近世日本社会における生活保障とは、①基本的に民間任せであり、②領主御救も当初から極めて臨時的、限定的な性格を帯びていて、③社会も恒常的、継続的な御救を端《はな》から公権力に期待していない、④したがって、そのような臨時性を原理とする御救について、「後退」を云々することはそもそも不毛、という歴史像である。

この立場にたてば、さまざまな事例が実にわかりやすく見えてくる。奈良奉行所が一六六九年に、御救はそう簡単には実施されないから、とクギを刺したのも、一八六六年に城連寺村の人びとが、御救銀が下付されるとは夢にも思わなかったと、驚きをまじえながら喜びをあらわしたのも、領主御救とはそもそも臨時的なものであり、実施されるかどうかは交渉次第であって、常に実行に移されるとは限らないという認識が、近世を通じて領主と領民に共有され続けたからにほかならない。一八六六年、各々の領民は同じ経済環境に置かれていたにもかかわらず、御救の実施をめぐって、小田原藩、館林藩、古河藩で判断がわかれ、まがりなりにも「施切」の御救に踏み切った小田原藩自身、「このような時節に御救筋など取り計らうのは、容易ならざる次第だ」と、今回の給付型の御救は非常事態下での特別措置だと領民を牽制し（第六章）、その言葉通り、同じ物価急騰下にあった翌年の御救要求には容易に応じなかった[16]のも、領主御救が臨時性を基本としていて、そのつどの交渉と判断に左右されるものであればこそ、であった。

第二節であげた（B）の疑問も、右の理解を前提にすれば氷解する。一七二〇～三〇年代の幕府が、夫食貸付をめぐって、わずか数年の間に積極性と消極性の間を行ったり来たりしたのは、幕府の右往左往ぶりを示しているのではなく、むしろ御救とはそのたびごとの政策判断に左右されるものであるという、領主御救の根本原理をあらわしている。一七二八年の物成囲米郷蔵詰令を経て、少ない年でも二万石（一七二九年〔享保一四〕）、多いときでは一〇万七千石（一七三二年〔享保一七〕）もの夫食種貸しが、幕府によって幕領村々へなされているのは[17]、「幕府が公儀として御救に全面的に責務を担う[18]」というような、御救の「本来」の姿をあらわしているのではなく、その年の政策判断の「突出」ぶりを示しているのであり、突出していたからこそ、すぐさま一七三四年には夫食貸付を極端に制限するような方針も打ち出されたのであった。したがって、夫食貸付の締め付け動向だけをとらえて、そこに領主御救の「後退」を見出すのは正当ではなかろう。そのような見方では、幕領村々に対し、「夫食種貸農具代幷御救其外小屋掛拝借」を一八四三年（天保一四）に金一四七一両三歩・銀三匁八分、翌一八四四年（弘化元）にいたっては、たった金二九四両・銀七二匁八分しか出さなかった幕府が、なぜ一八六一年（文久元）には金一万一五二七両二歩・銀二一貫目余、一八六三年には金三万三千両（先述）もあてることができたのか、そしてなぜまたそれが翌一八六四年（元治元）には金四九六五両一歩・銀八〇匁へと急落するのか[19]、理解しきれまい。領主御救は、臨時性を原理とするがゆえに、その支出額が増減を繰り返すのは、当たり前のことなのである。

　御救が臨時性を本質としていたことは、右のような額面の高下だけでなく、領主財政全体におけるその費目の位置づけに、何より象徴されている。すなわち、前述の幕府御救費は、幕府財政の収支決算簿のうえでは、必ず「別口」＝臨時費の項目に振り分けられており、「定式」と呼ばれる経常費に組み込まれることは、まずなかった[20]。その点は藩財政も然りであり、一七六七年（明和四）九月〜一八四一年（天保一二）八月の財政収支をまとめあげた松江藩松平氏の場合でも、「郷中極難者エ御救」や「御囲籾」といった領民の生活保障に向けられた経費は、最後まで「御国臨時御入用」の枠に計上し続けられた[21]。そして左表をみれば明らかなごとく、「郷中極難者エ御救」（一七六九年度〔明和六〕）や「飢扶持」（一七八二〜八四年度〔天明二〜四〕など）、「郷町江御恵御貸附」（一八一五年度〔文化一二〕）、あるいは

松江藩の生活保障関連経費

年度	費目	支出額
1769年9月～70年8月	郷中極難者エ御救 郷中極難者エ御救 飢扶持	金550両 米1,042俵 米1,118俵
1770年9月～71年8月	郡々難村御救御了簡	米1,239俵
1777年9月～78年8月	飯石郡中及高借依願御取替	金333両
1781年9月～82年8月	郷町窮民御救	金550両
1782年9月～83年8月	貧民御救米 飢扶持	金5,133両 米3,545俵
1783年9月～84年8月	飢扶持 飢扶持	金456両 米11,184俵
1784年9月～85年8月	飢扶持 下佐田平田灘分両村拝借	米660俵 金450両
1785年9月～86年8月	神門郡西山中十一ヶ村エ御取替	金240両
1786年9月～87年8月	飢扶持	米5,820俵
1789年9月～90年8月	御囲籾	米5,325俵
1790年9月～91年8月	御囲籾	米5,325俵
1791年9月～92年8月	御囲籾	米5,079俵
1792年9月～93年8月	御囲籾	米2,325俵
1793年9月～94年8月	御囲籾	米2,325俵
1794年9月～95年8月	御囲籾 出雲郡氷室村エ御取替	米10,000俵 金237両
1798年9月～99年8月	御囲籾之内を以、養米被相渡、代リ米御囲之分	米2,500俵
1803年9月～04年8月	御囲籾御詰戻	米1,318俵
1809年9月～10年8月	御囲籾御詰戻	米2,082俵
1810年9月～11年8月	臨時御囲籾	米5,000俵
1812年9月～13年8月	臨時御囲籾	米8,808俵
1813年9月～14年8月	御囲籾	米19,929俵
1814年9月～15年8月	従公儀被仰出候御囲籾	米10,071俵
1815年9月～16年8月	郷町江御恵御貸附 御囲籾	金20,000両 米1,937俵
1816年9月～17年8月	公儀ヨリ被仰出候御囲籾	米1,937俵
1817年9月～18年8月	御囲籾	米1,937俵
1830年9月～31年8月	御囲籾	米3,285俵
1831年9月～32年8月	御囲籾	米3,852俵
1833年9月～34年8月	御囲籾	米4,502俵
1835年9月～36年8月	郷町貧民御救幷御扶持共	米3,057俵
1836年9月～37年8月	郷町極難者飢扶持幷御救米金 郷町極難者飢扶持幷御救米金 隠州両島貧民御救	金8,183両 米10,616俵 金466両
1837年9月～38年8月	郷町貧民御救 郷町貧民御救 郷町火災人別御救 郷町エ御貸附 地方銀納之内御捨被成遣候分 公儀ヨリ被仰出候御囲籾御詰戻 御出郷ニ付、郷償之分、御恵ヲ以被相渡候分 郷中蝗難防諸郡人別御褒美	金1,771両 米3,500俵 米700俵 金18,333両 金4,793両 米3,875俵 金593両 金333両
1838年9月～39年8月	飢扶持 地方銀納之内半分捨リ被成遣候分 公儀ヨリ被仰出御囲籾御詰戻	米761俵 金7,835両 米3,875俵
1839年9月～40年8月	従公儀被仰出御囲籾御詰戻、是ニ而皆済	米3,875俵
1840年9月～41年8月	為鶴御羽合、度々御出郷被為在候ニ付、郡々江御恵銭	金500両

典拠）安澤秀一編『松江藩・出入捷覧』（原書房、1999年）
※「諸郡（水損）御普請」は略。

「郷町貧民御救」（一八三五～三七年度〈天保六～八〉など）といった、領民へ給付ないし貸与された御救費は、「臨時御入用」の名の通り、飢饉・凶作時を中心として、まさに「臨時」的にしか支出されなかったのであった。一七八九年（寛政元）九月に、幕府から万石以上の諸大名に対し命じられた囲米令[22]に影響されて、同年度より計上される「御囲籾」＝藩庫から捻出される備荒貯蓄米でさえも、一見連年の支出のようにみえて、実は一八一八～二九年度（文政元～一二）に空白期が存在している。

領主御救の本質を臨時性にみる本章の見方に対しては、藩によっては小児や高齢者を対象に、生活保障費を定期的、恒常的に支給しているところもあるではないか、という批判があり得るかもしれない。たしかに二本松藩丹羽氏のごとく、一八世紀半ば以降に、二人目ないしは三人目以降の子ども、あるいは九〇歳以上の高齢者に対し、月や年単位で養育費を定期支給している藩もある[23]。ただし、ここで注意すべきは、こうした恒常的な生活補助策が、乳幼児や高齢者――それも柳谷慶子のいう八〇～九〇歳以上の「極老」[24]――という、ある特定の世帯構成員を対象としたものであり、困窮世帯を「丸ごと」支えようとするものではなく、また領民の生活困窮支援そのものが政策の主眼には置かれていなかった点である[25]。二本松藩の一七八六年（天明六）赤子養育法で、たとえ「困窮」していても、第一子については「御手当」は支給されない、と規定されていたのはその象徴であり[26]、一七九七年（寛政九）に、極困窮者の面倒は五人組できちんと見よと藩から指示されたごとく、小児・高齢者向けの補助策を施行中の二本松藩にあっても、生活困窮者に対する第一義的な救済責任は、やはり村におかれていたのである。

幕藩領主による御救が臨時的な性格を帯びていたことは、実は先行研究でもすでに気づかれてはいる。たとえば深谷克己は、百姓が期待していたのは、「領主の緊急性を持つ「御救」」であり、百姓は領主に対して「その時々に応じて感触できる救済物を求めた」と記しているし、福田千鶴も享保期までの御救政策は、「「御救」主義に規定されて個別的・断片的に実行されたにすぎ」ないと論じている[27]。本章の主旨からすれば、極めて重要なことが指摘されているわけだが、残念ながらこれまでは、近世前期の領主は御救に力を入れていたに違いないという前提に惑わされて、緊急性、個別性、断片性こそが、領主御救を貫く本質であることを見抜けなかった[28]。御救財源の貢租化や、村による備荒貯蓄など、福田や菊池が重視してきた救済費負担の比重をめぐる諸問題は、それはそれとして重要な研究課題ではあるが、それらはあくまでも、臨時性を根源とする領主御救、という大海のなかで見られる「さざ波」にすぎない――したがって、〈領主御救＋民間救済〉となるか、民間救済のみとなるかは、そのときどきの状況にすぎず、前者から後者へ歴史が大きく動くわけでもない[29]――と自覚しておかないと、生活保障をめぐる近世日本社会の史的特徴を見誤ることになるであろう。

おわりに

幕府も個別領主も、臨時的、限定的な御救しか実施しようとせず、被治者側も公権力に恒常的、継続的な御救を求めようとはしない。こうした近世日本社会のありようは、同じ頃のイングランドの救貧制度と比較すると、より明瞭にその特徴を感得することができる。

イングランドでは一六世紀後半から一七世紀にかけて、①救貧法の制定、②教区単位での救貧税の徴収（滞納者に対する罰則も法制化）、③週単位での定期的な救済費の支給（教区単位）、④救済対象者の選別と支給額の認定、および救貧税の徴収を担う監督官 overseers の各教区配置、⑤支給の打ち切りなどをめぐる苦情の司法受付（治安判事 Justices of the Peace への嘆願書提出）、といった形態をもつ恒常的な救貧制度を、文字通り制度化した[30]。救貧法や救貧税などにもとづく救貧制度自体は、他のヨーロッパ諸国でも試みられたが[31]、Jonathan Healey が説くごとく、かほどに精緻な制度を全国規模で統一的に導入し得た点で、一七世紀のイングランドは、当時のヨーロッパのなかでも「異質 unique」[32]な存在であった。

もちろん、恒常的な救貧制度をつくり上げたからといって、その内実がバラ色だったわけではない。生活が苦しければ即、救済費が渡されたかと言えばそうではなく、受給者となるためには、厳しい「選別と排除」の過程をくぐり抜けなければならなかったし、晴れて「救貧に値する者」として合格しても、今度はその先に、猛烈な社会的制裁（受給者とわかるバッジ付けの強要など）[33]が待ち受けている可能性もあった。したがって、恒常的で精緻な制度をつくりあげたイングランドが「先進的」で、そうではない国々が「後進的」、と評するのはほとんど無意味である。受給者に対する制裁の有無では、近世イングランドと日本は変わるところはなかったのであり（日本については第五・六章、イングランドについては第八章参照）、その点に限っていえば、両者は「同じ穴のムジナ」だとさえ言えるのである。

とはいえ、恒常的な救貧が体制的に約束されているがゆえに、受給もまた「予測可能 predictable」[34]なものとなり、ゆえに一定条件を満たせば救済費の支給は当たり前であるとして、救済申請の却下や救済費の打ち切りに対する不服申立があふれかえったイングランドからみれば、「御救が出るとは夢にも思わなかった」とさえ感じられることもあった近世日本の領主御救の性格は、やはり疑いようもなく臨時的であった。生活保障をめぐって、社会が公権力に何を期待していたのか、両者の決定的差異が知られようというものであり、また、従前の近世日本史研究がこだわってきた御救の「後退」問題とは、恒常的な救済を制度化、体制化していた近世イングランドのような事例——日本であれば、一八七四年の恤救規則以後の時代——でこそ議論すべき事柄であることが痛感される。臨時を基本とする近世日本で、御救の「後退」を云々してみても、ほとんど不毛であろう。

以上、通説の「領主御救後退」史観を捨て去って、近世日本の公権力による生活保障の史的特徴を、臨時性を鍵としてとらえ直してきた。この新視点にたって日本史を眺めると、これまで議論されることのなかった新たな論点も視野に入ってくる。

たとえば近世日本の村社会が、困窮村民の救済をめぐって、村の社会責任と当事者の自己責任の間でたえず揺れ動くことになったのは（第五章）、村人も公権力も、生活保障の第一義的な責務は民間にあり、御救は臨時的に実施されるものにすぎない、と考え行動し続けてきたことが大きな一因をなしていようし、その村の責任でなされる救貧もまた、臨時を本質としていたのではないかという見立てもたつ(35)。さらに、一八七四年の恤救規則以後、まがりなりにも日本でも恒常的な救貧制度が導入されたのに、なぜその救済率（受給者率）が一七〜一九世紀段階のイングランドと比べて、二ケタも異なるほど低率のまま推移し続けるのか、という池田敬正の問題提起も(36)、臨時的、限定的な救済を当然視してきた近世日本社会の「伝統の重み」を前提にすれば、理解可能になるかもしれない。その先には、古代以来、近現代にいたるまで、日本列島の公権力は、結局のところ根源的には「小さな政府」であり続け、いくら近世で御救を意識するようになり、またいくら近代で恒常的な救貧制度を整えるようになったとは言っても、それは小さな政府を根本とするなかの、形態変遷の歴史にすぎなかったのではないか、という仮説もみえてくる（古代以来の救貧史の見方については、第八章も参照）。加えて、臨時的、限定的な生活保障にしか関心を示さない近世日本の村人たちの態度をみると、幕藩領主が人びとの生活を守れなくなったから民心が離れ、ゆえに幕藩体制は崩壊して明治維新が到来するという、これまで何度も説き続けられてきた図式も、根本的に書き改める必要があると強く感じる。こうした意識をもちながら、生活保障をめぐる小さな史実から、今後も日本史像の刷新を目指していくこととしよう。

註

（1）深谷克己『増補改訂版　百姓一揆の歴史的構造』（校倉書房、一九八六年）八六・二〇三・四〇一ページ、『百姓成立』（塙書房、一九九三年）二〇～二五・四一・六四ページ。

（2）福田千鶴「江戸時代前期の政治課題―「御救」の転換過程」（『史料館研究紀要』二五、一九九四年）。

（3）菊池勇夫『飢饉から読む近世社会』（校倉書房、二〇〇三年）、二一一～二一二ページ。

（4）松沢裕作『明治地方自治体制の起源―近世社会の危機と制度変容』（東京大学出版会、二〇〇九年）、一四七～一六二ページ。

（5）大友一雄「享保期郷村貯穀政策の成立過程」（『国史学』一一八、一九八二年）、四一ページ。

（6）藤田覚「寛永飢饉と幕政（一）（二）」（東北史学会『歴史』五九・六〇、一九八二・八三年）、菊池勇夫『近世の飢饉』（吉川弘文館、一九九七年）第二。

（7）『徳川禁令考』前集第五（創文社、一九五九年）、一五四～一五五ページ。

（8）註6藤田前掲「寛永飢饉と幕政（二）」、五一ページ。

（9）『藤堂藩大和山城奉行記録』（清文堂出版、一九九六年）、六二ページ。

（10）『奈良奉行所記録』（清文堂出版、一九九五年）、一六三～一六八・一七〇・一七四・一九六ページ。

（11）註1深谷前掲『百姓一揆の歴史的構造』八一ページ、『百姓成立』四九ページ、註6菊池前掲書四五ページ。

（12）五月二四日付丹北郡六反《ろくたん》村庄屋小枝彦三郎宛矢倉重左衛門書状（大阪市史編纂所保管六反村小枝家文書B16―199）。以下、同家文書を利用する場合は、本文中に〔小枝B16―199〕などと記す。

（13）『生駒市誌』資料編Ⅲ（一九七七年）、二三〇ページ。谷山正道『民衆運動からみる幕末維新』（清文堂出版、二〇一七年）第八章も参照。第四章で利用した、和泉国南王子村の一八六六年七月『御救御手当金頂戴請印帳』から、南王子村の領主一橋氏も、同時期に「御救御手当被下金」一九〇両を同村へ下付していたことがわかる（『奥田家文書』七、大阪府立図書館、一九七二年、一四三～一八八ページ）。

（14）『広陵町史』史料編下巻（二〇〇一年）、四六四～四六七ページ。

（15）大口勇次郎「文久期の幕府財政」（『年報・近代日本研究三　幕末・維新の日本』山川出版社、一九八一年）三

九・四三ページ、『江戸幕府財政史料集成』上（吉川弘文館、二〇〇八年）三六八ページ。

(16) 一八六六年に引き続き、一八六七年（慶応三）も「諸色大高直」にて「小前百姓難渋」で困っていた小田原藩の摂河領分村々では、三月以降、「極難渋／極々難渋人」への夫食米の貸付や、「身元相応之者」からの「遣し切」の「米金助情」（施行）といった村内対処のほか、領民が出資してきた「積立銀」の配分を藩からうけて「難渋人」に割符したり（事後の「積戻し」が条件）、「御救無利拾ヶ年賦拝借銀」と称する藩からの融資金で、「成変り米」を購入し村人に貸し付けるなどして、急場を凌いでいた〔小枝B8―84～96〕。だが、それだけでは不十分だったらしく、四月半ばには、「何れ来月ニ者、昨年之通　御役所へ御救筋、惣郡ゟ歎願可申上積り」が摂河領分村々で「決評」され〔四月一三日付東出戸村・西出戸村・東瓜破村・城連寺村役人中宛六反村小枝彦三郎廻状、小枝B1―203〕、実際に各村の『難渋者取調書』が四月に小田原藩の大坂堂島役所へ提出されて、給付型の御救実施を目指す交渉が、五月に始められた。しかしながら、五月二四日に六反村庄屋小枝彦三郎が組合村々へ宛てた廻状〔小枝B1―200〕によれば、大坂へ出向いた摂河惣代中に対し示された堂島役所側の見解とは、①「無程新麦取入」の季節になるので、「難渋者」も当分は凌げるだろうし、「身元相応之者」からも「情《精》々致助成」して、まずは自分たちで凌ぐようにせよ、②とはいえ、「当時必至難渋ニ而、乞丐餲《渇》命ニも相成候程之者」がいれば、「歎訴」の「御取上ケ」もあるかもしれない、③ただ、藩側も「何分近来　御台所御物入多」いので、まずは国元の「関東」へ御救実施の可否を伺ってみなければならない、④よって、ひとまず村々からの「書付」を「披見」しておくが、嘆願書を受領したからといって、「憐愍之沙汰茂可有之与」期待されては「不都合」でもあるので、領民に不信感が広がらぬよう（「一同人気立不申候様」）、村人たちにきちんと申し諭しておくように、というものであった。事実上の御救要求の却下であり、その態度を見て取った摂河惣代たちも、「強而願上兼、当時差扣居候」と、強く出ることを諦め、今後の「模様見斗」って、「猶歎願」することにしたという（その後の様子は不明）。

(17) 註5大友前掲論文、四四ページ。

(18) 註3菊池前掲書、二一四ページ。

(19) 大口勇次郎「天保期の幕府財政」（『お茶の水女子大学人文科学紀要』二二―二、一九六九年）三七ページ、註

15前掲『江戸幕府財政史料集成』上二四六・三五一ページ、『江戸幕府財政史料集成』下（吉川弘文館、二〇〇八年）二五・三九ページ。同じ数値について、飯島千秋『江戸幕府財政の研究』（吉川弘文館、二〇〇四年）一二〇ページには、銀を金換算して額面を金に統一した一覧表が掲載されている。なお、竹内誠『寛政改革の研究』（吉川弘文館、二〇〇九年）三六九ページには、一七八三～一八〇三年（天明三～享和三）に畿内・中国筋幕領村々へ貸与された夫食種貸し代が掲げられていて、そこでもやはり、額面が高下していることがわかる。

(20) 註15・19の諸研究・史料参照。この点は、一八七四年の恤救規則以後、国費から支出された救恤費、および一九五〇年の（新）生活保護法以後、国と地方自治体で分担する現在の生活保護費が、一般会計部門における経常費として扱われていることと、決定的に異なるところである。

(21) 安澤秀一編『松江藩・出入捷覧』（原書房、一九九九年）。

(22) 『徳川禁令考』前集第四（創文社、一九五九年）、三五九～三六〇ページ。

(23) 『二本松市史』一（一九九九年）、七〇六～七二二ページ。

(24) 柳谷慶子『近世の女性相続と介護』（吉川弘文館、二〇〇七年）、二五五ページ。

(25) 困窮村民の救済において、領主御救が恒常性を有していたおそらく唯一の例外が、彦根藩井伊氏領での実践例であろう。同時代史料ではまだ確認できていないが、鰥寡孤独廃疾の者への救助米給付をめぐって一八七四年一月、滋賀県が内務省へ出した伺いによれば、旧彦根藩領の村々では、鰥寡孤独廃疾にて自活できない「極難」の者がいた場合、親類や村内での扶助が限界に達すると、藩に申請して、一人あたり年間米一俵（四斗）の救助米を「連綿」に下げ渡してもらう「旧慣」が、廃藩される一八七一年まで続いたという（国立公文書館デジタルアーカイブ『太政類典』第二編第一三七巻）。臨時的な御救が主流であった近世日本において、異例とも言える救済制度であったが、その支給量は一年四斗、つまり一日一合ほどと、極めて制限された量にすぎず、その意味では「近世の常識」に則ったものであった（拙稿「近世と近代の交差と複合―一八七四年恤救規則の誕生過程」歴史学フォーラム二〇一六実行委員会『歴史学フォーラム二〇一六の記録　時代の転換と文化』同実行委員会、二〇一七年）。なお、右の滋賀県による伺いは、一八七四年一二月に日本最初の救貧法、恤救規則が誕生するうえで大きな踏み台となった事柄である（小川政亮「恤救規則の成立―明治絶対主義救貧法の形成過程」、初出一九

五九年、のち『小川政亮著作集第二巻　社会保障法の史的展開』大月書店、二〇〇七年)。

このほか、都市の事例ではあるが、まがりなりにも「十分」な救済量を恒常的に支給しようとした特異な例が、一七九二年(寛政四)以降、七分積金と幕府からの補助金を財源として江戸の町会所(社倉)で実施された、「定式窮民御救」である。そこでは、独身で病身の「壮年者」(一五歳以上)や七〇歳以上の「極老」を中心として、病者を抱える家族や、「孤子」、「寡婦」などに対して、病気で「打伏」せ始めたり「渡世相休」むようになってからの日数、あるいは世帯内の病人の数に応じて、「定例」の白米と銭が支給された。たとえば、「三十日以下煩」の「独身壮年者」であれば、「定例御渡方」は一人につき白米五升と銭一貫六〇〇文でであった(更新も可能)。一八〇〇年(寛政一二)段階で、白米五升+銭一貫六〇〇文は銭二貫文相当とされており(白米五升＝四〇〇文となるわけだから、白米一合＝八文)、その額面であれば、「可成ニ粥計りニ而給続候而も、一日ニ五拾文者相懸り申候ニ付、四十日之間者飢ニも及申間敷」と、毎食(白米ではなく)粥でしのげば、一日の主食費五〇文として、四〇日間は飢えないで済むだろう、と町会所の実務担当者「座人共」のなかで想定されている。白米と粥のズレに目をつぶれば、三〇~四〇日の間、一日に六~八合ほど食べられる計算となり、第二章でみた近世の主食常識からすれば、「十分」な支給量といえた。ただし、町会所による「窮民手当」の方法を検討していた江戸町奉行の池田長恵・小田切直年、および勘定奉行の柳生久通・久世広民が一七九二年五月、老中松平定信へ出した伺いによれば、「稼方おろそかにて及困窮候ものなとも手当なと遣候ハ、反て弛ミニも可相成哉」と、自分の働き方が悪いせいで困窮に陥った者に給付すれば、人びとの依存心を助長させ、濫給がもたらされるに違いないと懸念されており、惣町名主・家守への申渡書案でも当初、「都而困窮之段ハ口癖之様ニ申唱候得共、右ハ渡世之いたし方おろそかにして難儀および候ハ、みつから困窮を招くニて候得ハ、手当之沙汰ニハおよハす候」という文章が挿入されていた(最終的には削除)。村人たちと同じく(第五章)、自己責任で生活が苦しくなった者をわざわざ公金で救う必要はないという考えが、当時の幕閣たちの間に根強く存在していたことがわかる(『東京市史稿』救済篇第二、一九二〇年、復刻版・臨川書店、一九七五年、四二三~四三〇・五八二・七九六~七九八・八五一~八七六ページ。同制度の詳細については、吉田伸之『近世巨大都市の社会構造』東京大学出版会、一九九一年、第一編第一章参照)。

（26）『二本松市史』一、七〇八・七一八ページ。

（27）註1深谷前掲『百姓成立』四一ページ、註2福田前掲論文九二ページ。

（28）その意味で、直接従来の「御救後退」史観を批判しているわけではないが、「幕府や藩は、社会的弱者を救済するための恒常的な施策なり、制度を自ら積極的に打ち出すことはなかった」とする柳谷慶子の指摘は正しい（註24柳谷前掲書、二五五ページ）。

なお、藩財政の内実を細かに検証し直し、従来の一面的な「藩財政窮乏」論を批判した伊藤昭弘は、藩財政には「幕藩体制下での生き残りのための「外向」財政のほかに、体制を超えて藩／「御家」（特に後者）存続を図るための「側」財政が存在」していたことを、「藩／藩財政の原理的な存在理由」とした。そのうえで、「こうした考え方を前提としたとき、「仁政」「御救」「国益」などキーワードはさまざまだが、藩が藩領・領民のなりたちを重視し、政策を立てていたとする研究に反し、結局藩は自身の蓄財が第一だったのかと、現在の藩研究の到達点から後退するような印象を与えてしまうかもしれない」が、「藩に「御家」としての側面が色濃い以上、自ずから限界があったのではないか」と展望を述べている（『藩財政再考―藩財政・領外銀主・地域経済』清文堂出版、二〇一四年、三一〇・三一九ページ）。領主御救とて、所詮臨時的なものにすぎないという本書の観点からすれば、御家第一主義のもと、民政費の支出より蓄財を優先させる力学は、歴史像の「後退」どころか、藩財政の本質を衝いているとさえ言えよう。

（29）一八世紀末以降の幕領における備荒貯蓄策を検討した尾﨑真理が、「救済の主体は領主か百姓かといった二者択一的な構図では捉えきれ」ず、備荒貯蓄政策の展開を、幕府中央（勘定所）、代官役所、村の「三者のせめぎあい」でとらえるべきとした指摘も（「近世後期における幕府備荒貯蓄政策の特質―畿内幕領村を対象に」『ヒストリア』二四四、二〇一四年、二六ページ）、この文脈で理解することが可能となろう。

（30）Paul Slack, *Poverty and Policy in Tudor and Stuart England*, Longman, 1988; Paul Slack, *The English Poor Law, 1531-1782*, Cambridge University Press, 1990; Steve Hindle, *On the Parish? The Micro-Politics of Poor Relief in Rural England c.1550-1750*, Oxford University Press, 2004; Marjorie Keniston McIntosh, *Poor Relief in England, 1350-1600*, Cambridge University Press, 2012; Jonathan Healey, *The First Century of Welfare: Poverty and Poor Relief in Lancashire, 1620-1730*, The Boydell Press, 2014.

（31） Robert Jütte, *Poverty and Deviance in Early Modern Europe*, Cambridge University Press, 1994.

（32） Healey, *The First Century of Welfare*, p. 4.

（33） Hindle, *On the Parish?*, pp. 433-445.

（34） McIntosh, *Poor Relief in England*, pp. 2, 4, 13, 226, 295.

（35） 第五章の史料1、あるいは第六章で紹介した一八六六～六七年の河内国六反村・若林村における施行の実施例にみられるように、近世日本の村社会でなされた公的救済は、提供量と期間の両面で、極めて限定的な性格を帯びていた。その問題については、拙稿「近世日本の貧困救済と村社会」（荒武賢一朗編『シリーズ東北アジアの社会と環境3　一九世紀の社会と環境』古今書院、近刊予定）参照。

（36） 池田敬正『日本社会福祉史』（法律文化社、一九八六年）、一九二～一九三ページ。

第八章　個の救済と制限主義

はじめに

現代日本の生活保護法のもとでは、日本国憲法第二五条が謳う「健康で文化的な最低限度の生活」を送っていないと判断された人を救うとき、その対象者は、具体的な名前と家計をもった特定の「個」として把握され、公的な保護が開始されることとなる。またその際、生活保護の適用は、無差別平等になされるべきことが基本となっており（一般扶助主義）、保護申請者が貧困にいたった経緯や、彼／彼女らの普段の素行や行状が、適用可否の法的基準となることは――実際の運用はともかく、少なくとも法文上は――ない。

貧困の公的救済が、個の把握を前提として発動されるのは、一見、当たり前のように思える。第五・六章でみてきたように、近世日本の村社会における貧困救済もまた、個別具体的な個（世帯）に対するものであった。だが、そうした個別具体的な個を対象とした救貧は、歴史的にみると決して当たり前のことではなく、また同じ個別救済でも、誰がその対象者として認定されるのかなど、時代によってその歴史的内容は異なる。救済対象の範囲についていえば、日本で無差別平等の一般扶助主義が法の原理となったのは、保護対象の欠格条項が取り払われた一九五〇年の（新）生活保護法以後のことであり、それまでは、年齢や「素行の不良さ」など、困窮の有無とは別次元の基準によって、救貧の対象をある特定の人びとに限定する「制限扶助主義」（制限主義）が法理となっていたことは、社会福祉史研究のなかでよく指摘される事柄である。(1)

本章では、こうした個別具体的な個の救済と制限主義が、日本史のなかでどう立ち現れ、誰がその個の認定と制限に関わっていたのかを、八〜二一世紀の時間軸で検討していく。そのうえで、上記の長期性のなかに、前章まで追究してきた近世日本の救貧原理や実態を位置づけると、日本救貧史の時代区分をめぐって、どのような新たな歴史観を議論できるようになるのか、さらには、貧困史研究が盛んな前近代ヨーロッパ史研究といかに研究史を共有する道が拓けてくるのかを模索していくこととしよう。

第一節　古代・近代の日本国家と個の救済

日本史上、国家ないしは中央政府が、救貧を法によって規定し、個の救済に乗り出す時期は、大きく分けて二つある。一つは、八世紀以降の律令国家の時代であり、もう一つは一八七四年以後、現在にいたる近現代国家の時代である。

七一八年（養老二）の養老令・戸令では、「凡鰥寡孤独貧窮老疾、不レ能二自存一者、令二近親収養一。若無二近親一、付二坊里一安恤」と、「鰥寡孤独貧窮老疾」といった「自存」（自活）できない者については、まず「近親」（親族）に面倒を見させ、しかるべき親族がいなければ、平城京内であれば「坊」、それ以外では「里」という行政単位で世話をするよう規定している。(2) 八三三年（天長一〇）の令義解では、この「鰥寡孤独貧窮老疾」について、

「鰥」＝六一歳以上で妻のいない男性

「寡」＝五〇歳以上で夫のいない女性

「孤」＝一六歳以下で父のいない子

「独」＝六一歳以上で子のいない者

「老」＝六六歳以上の者

「疾」＝「廃疾」の者

「貧窮」＝「財貨に困った」者

と説明する。[3] なお「不能自存」という用語は、戸令では「鰥寡孤独貧窮老疾」全体にかかる言葉となっているが、続日本紀や各国正税帳では、戸令の「貧窮」に相当する「窮乏」とほぼ同義で使われており[4]、広狭両様の意味合いがあったことがわかる。

このような広い意味での「自存あたわざる者」が個別把握され、公費から稲穀などが支給されたのが、賑給《しんごう》という国家行事であった[5]。賑給は、天皇即位や立太子、祥瑞といった国家の大事・慶事、あるいは災害、飢饉、疫病流行時に実施されたが、そこでとられた給付方法とは、中近世日本の都市における非人施行や御救小屋のごとく、不特定多数の受給者を相手にした「待ち」の姿勢ではなく、まさに個別具体的な個に対する「指名制」であった。七三九年（天平一一）、「高年已下、不能自存以上」（高年、鰥、寡、惸《孤》、独、不能自存）の各種受給者名を、郷・駅単位で、文字通り一人一人列挙した出雲国大税賑給歴名帳は、それを象徴する史料である[6]。当然のことながら各国の受給者数も、賑給のたびごとに「一の位」まで把握されることとなった[7]。もちろんその背景には、戸籍・計帳による個別人身支配を志向した、律令国家の政治姿勢があったことは言うまでもない。

ただ、国による個別救済だとは言っても、賑給はあくまでも臨時的な措置であり、日常的な救貧は結局のところ、戸令にいう「近親」や「坊里」の手にゆだねられた。加えて賑給は、狭義の「不能自存」者（財貨に困った「窮乏」者）も対象にしていることから、一見、幅広い人びとに目配りしていたかにみえるが、実際は、八〇歳以上の高年および鰥寡孤独中心主義で、一人あたりの給付額は「窮乏」がもっとも低かったことが、先行研究でつとに指摘されている。[8] しかも、評価基準が曖昧な「窮乏」だけでなく、年齢と家族構成から自動登録されてもよさそうな鰥寡孤独ですら、全員が賑給の対象となっていたわけではなく、支給人数が一定数に収まるよう、人数調整がなされていた可能性が極めて高い。舟尾好正はそこに、現場で実際の対象者認定作業にたずさわっていたと思われる郷長・里長ら、在地支配者の裁量を見出している。[9]

このように八世紀段階の律令国家は、①「近親」の扶養義務を基本としつつも、②少なくとも法文上は、広義の「不能自存」者全般の救済を一応は気にかけており、③まがりなりにも賑給では、国家の意思として個別救済を実施したが、④それはあくまでも臨時的な措置であり、⑤しかもその対象者は、高年・鰥寡孤独に偏重する制限主義的な性格を有していただけでなく、⑥該当者の選別には、郷長・里長ら現地役人の個別判断が入り込む余地が多分にあった、といえよう。

一方、律令期と同じく、国家として個の救済に乗り出しながらも、そこに恒常性を持ち込んだのが、日本最初の救貧法「恤救規則」が出された一八七四年以後、現在にいたる近現代国家である。一八七四年一二月、太政官達明治七年第一六二号として府県に達せられた恤救規則は、「済貧恤窮ハ人民相互ノ情誼ニ因」るべきことを大原則としつつも、「目下難差置無告ノ窮民」については、国から救助米を給与する、と定めた（実際は、各府県の「前月ノ下米相場」にもとづく現金支給。国家財政歳出の経常費として、内務省管轄の府県費より支出[10]）。

ただしその対象は、幅広い「不能自存」者に一応目をかけた律令国家のごとく、「ゆるい」設定のものではなく、極めて限定的であった。すなわち、「極貧ノ者」のうち、独身で、なおかつ（a）廃疾、（b）七〇歳以上で重病か老衰、（c）疾病、のいずれかの理由により「産業ヲ営ム能ハサル者」、さらには（d）一三歳以下の者、という独身系がまずは主要救済対象とされ、一人あたり支給額は、（a）（b）は一年米一石八斗、（c）は一日男性米三合、女性二合、（d）は一年米七斗、とされた。ついで附帯事項として、本人が独身でなくとも、他の世帯構成員が七〇歳以上、一五歳以下で、なおかつ本人が前記（a）～（d）に該当し「窮迫」していれば、独身系の規定に準拠して救助米を給与する、とした。独身系以外にも一応配慮を示しつつも、結局は、「極貧」であるだけでは公的救済の対象とはならない、と明治政府は判断したわけである。

このように、恤救規則にもとづく救貧は、極めて制限主義的な性格を帯びており、しかも府県によって救済人員に相当な落差があったことから、支給可否にあたっては、「地方行政の恣意的な判断」が入り込んでいた可能性が極めて高かった。[11] だがそれでも、先述した律令国家による救貧や、第七章でみた近世領主の御救が、臨時性を本質としていたことと比べると、個別具体的な個に対する恒常的な救済が開始されたことは、日本史上、画期的なことであり、[12] 結果、受給者数も毎年「一の位」まで把握されることとなった（各年度の『日本帝国統計年鑑』や各府県統計書参照）。その限りで、現在の生活保護法にいたる救貧制度は、恤救規則の延長線上にあるといえよう。

なお制限主義についていえば、恤救規則の後継法令として、一九二九年四月に発令された法律第三九号「救護法」（施行は一九三二年）でも、被救護者は、①六五歳以上の老衰者、②一三歳以下の幼者、③妊産婦、④「不具廃疾、疾病、傷痍、其ノ他精神又ハ身体ノ障碍」で労務ができない者、のいずれかに当てはまって「貧困」であり、なおかつ扶養義務者の扶助も期待できない者、に限られた。ここでもやはり、「貧困」であるだけでは国の救済対象とはみなされなかったわけである。[13] しかも受給者の「性行」が、「著シク不良ナルトキ、又ハ著シク怠惰ナルトキ」は、市町村長は救護を打ち切ることもできた。被救護者の「日頃の行い」も救貧の判断基準となり得ることが、まさに法的にもしっかりと規定されたのである。

こうした制限主義からの転換点となったのが、一九四六年九月制定の（旧）生活保護法（法律第一七号）であった。そこでは、救護法にみられた前記①～④のような条件が取り払われ、「生活の保護を要する状態にある者の生活を、国が差別的又は優先的な取扱をなすことなく平等に保護」することが明記された。扶養義務者の扶養義務規定を前提としつつも、年齢や家族構成に関係なく、「生活の保護を要する」人びと全般が、無差別平等に、国の責任として恒常的な救済対象となることが、日本史上、初めて明示されたのである[14]。

ただし第二条で、「能力があるにもかかはらず、勤労の意思のない者、勤労を怠る者、その他生計の維持に努めない者」、および「素行不良な者」に対しては同法を適用しない、という欠格条項も設けられた。無差別平等を謳いつつも、結局は、保護が必要な生活状態にあるか否かより、本人の「素行」如何が優先されてしまう――しかも法的に――ところに、制限主義の根深さを看取し得よう。また法の実際の運用は、戦前の方面委員を受け継ぐ民生委員に任されたため、誰を保護対象に認定すべきかの現場判断は、彼らの「裁量」＝「勘」に左右される可能性もあった[15]。

そう考えると、右のような露骨な欠格条項を取り払い、制限主義を法文上から消滅させ、無差別平等の原理を完全無欠なものとした、一九五〇年五月公布の（新）生活保護法（法律第一四四号）は、歴史的にみて画期的である。その背景にはもちろん、同法の第一条が、「この法律は、日本国憲法第二十五条に規定する理念に基き、国が生活に困窮するすべての国民に対し、その困窮の程度に応じ、必要な保護を行い、その最低限度の生活を保障するとともに、その自立を助長することを目的とする」とされたように、(旧)生活保護法が出された直後の四六年一一月に公布された日本国憲法、それも生存権の保障を規定した第二五条「すべて国民は、健康で文化的な最低限度の生活を営む権利を有する」の存在があった。そして、新憲法第二五条を前提とするがゆえに、(新)生活保護法では日本の救貧法としては初めて、国が全国民に対して責任をもって保障すべき「最低生活」とは何かが、第三条で「この法律により保障される最低限度の生活は、健康で文化的な生活水準を維持することができるものでなければならない」と明記されたのであった。これは、恤救規則~救護法~(旧)生活保護法が、国民として保障されるべき生活水準の「質」については何も語らず、ただ単に「極貧」「貧困」あるいは「生活の保護を要する状態にある者」を救うと記したにすぎなかったことと比べれば、大きな変化であった[16]。さらに、(旧)生活保護法では四七あった条文が、(新)生活保護法では八四と、[17]約一・八倍に膨れ上がったことが象徴するように、保護にいたる行政手続きの枠組みは格段に詳細となり、現場担当者の勘に頼る余地は、法的、制度的には大幅に狭まった——はずであった。

　ところが実際には、保護の適用可否を見定める第一線の主体が、民生委員から社会福祉主事(福祉事務所)に移った現行制度下にあっても、就労への「努力不足」などを理由に、申請そのものを認めないという、いわゆる「水際作戦」によって、受給者の選別と排除が厳しくなされ、ときにはそれが、生活困窮者を死——それも自宅内餓死——に至らしめることさえある[18]。加えて現制度は、「健康で文化的な最低限度の生活」の保障という、画期的な原理を有しているはずなのに、実際に支給される保護費は、序章でも指摘したように、「日常生活で寝起きするのに必要な程度の栄養充足」を保障するものでしかない[19]。個別具体的な個に対する恒常的かつ無差別平等な救済が、法的、制度的に整えられているはずのこの二一世紀日本において、なぜ、かような苛烈極まる制限主義的対応が現場で生じてしまうのか。そのことは、律令と恤救規則の時代にはさまれた、中近世の状況をふまえたうえで、あらためて考えてみることとしよう。

第二節　個の救済の消滅と復活――中世・近世の日本社会

通常、日本の中近世、とりわけ近世における救貧は、近現代と比べて、村・町の相互扶助が前面に出、公権力が関わるとしても、それは、「家族・親族・地縁による重層的な生活保障システム」が効かなくなった段階で初めて登場する、と説かれる[20]。恤救規則から生活保護法にいたる国家的な救済制度を基準とすれば、そうした歴史認識は、大枠としては間違ってはいないであろう（第七章も参照）。だが、個別具体的な個に対する救貧と制限主義という視点にたつと、それとは異なった歴史像もみえてくる。以下、そのことを意識しながら、中近世の時代的特徴を検討してみよう。

まず、一〇～一六世紀については、個別救済に対する関心が、公権力の次元でも、村・町の次元でも、大幅に後退、ないしは消滅する時代として位置づけられる。たとえば賑給は、一〇世紀以降になると、対象地が京中（平安京）に絞られるだけでなく、受給者数を「一の位」まで把握することがほとんど不可能となり、せいぜいその時々の給付物の総量しかわからなくなる[21]。受給者一人一人の名前を書き上げ、誰が賑給対象者なのかにあれほどこだわった八世紀段階と比べると、個の救済に対する中央政府の関心低下は否めない。その背景には一〇世紀以後、戸籍・計帳による個別人身支配をあきらめ、新しく納税責任を負うことになった負名《ふみょう》さえ直接把握しておけばいい、という支配方式の転換をめぐる同時代的潮流が絡んでいるに違いない[22]。

同様のことは、一三世紀以後の都市でよく見られる施行（非人施行）でも指摘し得る[23]。そこでの施す側の姿勢とは、施行主が幕府であれ、朝廷であれ、誰であれ、施される側がやって来るのを「待つ」というものであり、施される側も「乞食千人」などと、ざっくりとした数字で記録されることが多い。[24]もちろん、支給される食べ物や銭は、最終的にはどこかの個別具体的な個に手渡されていくわけだが、その個がいったい誰なのか、誰も関心を持とうとはしないのだ。

救済が、個を軸に展開されないのは、都市だけではなく、荘園や村とて同じである。後述するように、近世であれば、生活に困った村が、領主から年貢減免や救済費を引き出そうとするとき、村内で誰が困窮しているのかを具体的に書き連ね、要求の基礎材料とすることは珍しくない。また、村で施行を実行する際、誰が施しをうけたのかを記録することもごく普通にみられる。

ところが、近世以上に飢饉・災害や戦争に見舞われ、そのつど領主に粘り強く年貢減免を迫った中世の村人たちは、[25]領主交渉の際、誰が具体的に困っているのかを明示して、自分たちの要求に、より真実味をもたせる、という戦法をとろうとはしなかった。また村内の特定世帯に対して、村から公的に米銭などが施された形跡もほとんどみられない。年貢の村請を、一四世紀には立ち上げ、一六世紀には一般化させるほど自律性を高めていた当時の村社会であったから、[26]生活に困った村人に対し、村として何らかの救済措置を講じた可能性自体はあったであろう。だがその対象者を、村の公文書でもって公にすることに、さほど関心を寄せてはいなかったわけである。

このように、個別具体的な個に対する救済（の公表）に、まったくと言っていいほど重きを置かなかった一〇～一六世紀に対し、一七世紀になると状況は一変する。誰が救われているのか、あるいは誰を救ってほしいのかを具体的に明記する時代が、八世紀以来、久しぶりに復活してくるのである。

たとえば、一六四一～四二年（寛永一八～一九）に諸国を襲った大飢饉では、早くも各地の飢人数が「一の位」まで把握できるようになっており、それが可能となったのは、村々が年貢減免や救済費の支給・貸与を勝ち取るために、こと細かに自村の窮状を領主へ届け出たからであった。[27]しかもその細かさは、何人という人数の次元に止まらず、八世紀の賑給歴名帳のごとく、救済対象者の名をしっかりと公開する、という次元にまで至っていた。一七三三年（享保一八）正月、領主に対して、前年の飢饉で「飢人」となった世帯の戸主名と家族員数を書き上げ、誰に領主の「飢御扶持米」を貸し付けてもらいたくて、誰に「捨御扶持米」を給付してほしいのかを書き分け、村みずからの手で救済希望対象者を選別、指名した河内国交野《かたの》郡甲斐田村（大阪府枚方市）の例は、その一つの証左である。(28)

救済対象者を特定して個別救済をはかる姿勢は、村で施行を実施する場合でも貫かれる。物価が急騰していた一八六七年（慶応三）二～五月、河内国丹北郡若林村（大阪府松原市）や同郡六反《ろくたん》村（大阪市）では、『極難渋人江施行遣シ候名前帳』、あるいは『米価高直ニ付、極々難渋人江施行遣名前帳』などと題する帳面を作成し、村内の高持や「身元相応之者」から、白米や白粥（茶粥）の施しをうけた世帯の戸主名と員数を書き上げた。(29) 類似の史料は、前述の飢人書上のような領主向けの文書も含め、近世を通じて、おそらくごまんと存在するであろう。それだけ近世日本史のなかではごくありふれた史料となるわけだが、誰が救われているのか、あるいは誰を救ってほしいのかという記録づくりに、ほとんど力を入れてこなかった一〇～一六世紀の状況をふまえると、こうした文書が普通に存在しているところにこそ、近世の時代的特徴はあるといえよう。

では、数百年ぶりに個の救済に関心を向けるようになった一七世紀以降の社会では、救貧に際して、制限主義的な傾向はみられたのであろうか。幕府や藩、村の成文法をみるかぎり、近現代の恤救規則や救護法、（旧）生活保護法のごとく、年齢や家族構成、あるいは素行によって、救済対象をある特定の人びとに限定する「基本法」づくりに、近世の人びとはあまりこだわってはいなかったようだ。しかしだからと言って、彼らが無差別平等の一般扶助主義を志向していたわけではもちろんない。逆に、実際の運用の場面で、露骨に制限主義を前面に押し出していたのであった。

たとえば柳谷慶子によれば、幕府や藩から、高齢者や病人、障害者を抱えた家族へ支給された手当は、実際には「極窮」の者に限られ、高齢者対象の養老扶持も、「八〇歳ないしは九〇歳以上という、いわば極老扶持とでもいうべき内容でしかなかった」という。[30] さらに領主側は御救を施すとき、百姓側の「日頃の行い」や「働き方」も問題視していた。津藩藤堂氏では一八〇〇年（寛政一二）三～四月、大和国十市郡山之坊村（奈良県橿原市）をはじめとする同国の領分村々の求めに応じて、「難渋人」への「御囲籾」の「御救貸」を許可した際、たとえ「難渋」していても、「百姓無情《精》ニ仕候者」（農業にあまり力を入れていない者）や「法外之もの」（素行の良くない者）、あるいは「御領下ニ住居」していても、「他村之田地を作いたし候もの」＝他領村々の田地のみを耕作している村民へは、「御救貸」を適用しないよう村々に命じた（逆に、「御高無之候共、下作ニ而も強く可仕もの」＝藩領内の土地を所有していなくても、領内の土地を一所懸命耕している小作人の名前は書き上げるよう命じた）。そして、村側も見事にそれに呼応し、戸主の態度が「不実」だったり「我侭」だったりする世帯を自らの手で選び出して、彼らへの分配額を実際の難渋度合いより低く設定して、「御救貸籾」を配分（貸与）したのであった。[31]

　村社会は、右のような領主命令がなくとも、率先して「働き方」にもとづいて救済度合いを左右することもあった。第六章で詳述したように、河内国六反村では一八六六年五～六月、領主の小田原藩大久保氏から御救銀を下付された際、村の判断でその分配対象世帯を、①「難渋之者　但しケ成ニ小作仕候得共、夫喰・肥し差支候者」、②「難渋之者　小作仕候得共、至而差支候者」、③「極難者」、の三者に分けた（藩側も、村内での具体的な分配方法については村の自治に任せる、と指示していた）。これだけをみれば、配分額は、前述した大和国山之坊村のごとく（註31参照）、難渋の軽重にしたがって、①→②→③の順に多くなっても良さそうなものである。だが実際には、①が一人につき銀一〇匁、②が一四匁五分だったのに対し、③は②より三匁五分も少ない一一匁であった。つまりこの場合、最優先されたのは、

「小作での頑張り」如何だったのであり、たとえ生活が「極難」なものであったとしても、小作での頑張りが足りない、あるいは世帯経営で農業に重きがおかれていないと判断されれば、村として救いの手を差し伸べる必要はさしてない、と考えられていたわけである。しかもややこしいことに、右の救済は小作人中心主義を基盤としていたため、たとえどれほど「難渋」していようとも、自作のみ世帯は初めから救済対象からはずされていた可能性も高かった。近世の村人たちがみせた、「働き方」にもとづく制限主義的態度とは、農本主義のごとく、何か一定の基準で貫かれていたわけではなく、むしろそのたびごとに「救済に値する者」が変わり得るような、融通無碍さを有するようなものだったのである[32]。

加えて、救われる側の名を明記するほどの個別救済——とりわけ「施し」型の救貧——は、彼らに対する社会的制裁と裏腹の関係にもあった。第六章でみたように、河内国若林村では一八六七年二～三月、先述した「極難渋人」への施行を実施するにあたり、受給者が守るべき約束事も取り決めた。すなわち、①施行をうけた者の名前の一覧を、村人が集う場である髪結床に張り出し、②各受給世帯の軒先にもそれとわかる札を張り付けたうえで、③受給者には、日笠、雪踏、絹布の使用・着用および「大酒幷物見遊さん」を禁じ、④さらには「施主人之内へ這入」るときは、「履もの」を脱ぐよう指示して、日頃の行動に規制をかけたのである。そして村が、「施行受候者共」の名をわざわざ白日の下に晒し、普段の立ち居振る舞いを通して、彼らに負の烙印を押そうとしたのは、施しをうけなければならないほど「極難渋」に陥ったのは、「平生家業不情(精)ニ致候ゆへ」、つまり受給者の日頃の行いが悪いからだ、と考えていたからであった。

このように、近世社会が数百年ぶりに復活させた個別具体的な個に対する救済とは、「働き方」と「素行」で左右される制限主義と、強い自己責任観に裏打ちされた、公開処刑的な社会的制裁をあわせ持つものだったのである。

第三節　長期史と比較史のなかの日本救貧史——おわりにかえて

以上、八〜二一世紀における日本史を、個の救済と制限主義、という観点から通覧した。そこで注目した諸事象を、既存の時代区分認識に囚われずに重ねてみると、救貧の歴史をめぐって、前近代か近代か、あるいは村・町の相互扶助か国家・公権力の救済制度かといった、旧来の図式とは異なる歴史像が浮かび上がってくる。最後にその点を整理しておこう。

まず第一に気づかされるのは、個別具体的な個を軸に救貧を実施しようとすると、そこには必ずと言っていいほど制限主義がつきまとう、という問題である。賑給で個別救済を実施した八世紀しかり、村の次元でそれを実現した近世しかり、そして国法で恒常的な個の救済を定めた恤救規則から〔旧〕生活保護法の時代しかりと、いずれの時代も当たり前のように制限主義が幅を利かせており、無差別平等を原則としているはずの〔新〕生活保護法下の今ですら、現場の担当者たちは制限主義から逃れることはできない。そこにある時代差というのは、誰がその制限主義を担っているのか（古代では郷長・里長、近世では村、今なら福祉事務所）、あるいはどこで制限主義が表明されるのか（恤救規則〜〔旧〕生活保護法期では成文法、古代・近世および〔新〕生活保護法期では現場の運用）、といった程度のものであり、国家的な救貧制度があるか否か（近代的か否か）などという基準は、もはや副次的なそれでしかなくなる。その意味で、「不実／我侭」な村人の救済度合いを低く見積もった一八〇〇年の大和国山之坊村の姿勢と、水際作戦で生活保護申請を認めず、結果として四〇代の姉妹二人を餓死させた二〇一〇〜一二年の札幌市白石区福祉事務所の態度[33]とは、異質なものではなく、同じ土俵上にある同質の問題だといえよう。

一方、一〇〜一六世紀では、一七世紀以後とは異なって、個の救済を表立たせることにほとんど力を入れてこなかったことをふまえると、国家や公権力による統一的な救済制度がないことを理由に、恤救規則以前の時代を、「前近代」として一括りにすることには躊躇を覚える。たしかに、恤救規則から（新）生活保護法にいたる時期と比べれば、中近世の救貧において村や町のもった重みは、圧倒的であったろう。だが、同じ「人ひとり」を村内で助ける時代だとは言っても、それが誰なのかを公表するか否かで、一七世紀以前と以後とでは、まったく対応が異なっていた。だからこそ後者の時代には個別救済史料が当たり前のように存在し、そしてまた、誰をどの程度救うのかをめぐる厳しい査定と（第五章も参照）、「選ばれし者」に対する負の烙印も待ち受けていたのである。村・町のもつ重みでいえば、近世は中世と近いのかもしれないが、個別救済の有無でみれば、むしろ近現代と近いのであり、救済対象者を「一の位」まで把握できる近世・近現代と、そうでない中世との差は、やはり大きい。「一の位」までの把握如何でみれば、近世と近現代の差は、村の次元でそれがなされるのか、はたまた国家や地方自治体の次元でなされるのか、という程度にすぎない。

こうして個別救済を軸に日本史を通観すると、個の救済（の公表）に関心が向けられる時期というのは、国家・公権力によって個別人身支配が志向される時代でもある、という当たり前のことにあらためて気づかされる。八世紀であれば戸籍・計帳、近世であれば宗門改め、そして近現代なら戸籍や住民票と、個別救済が実行される時代には、必ず「国民」一人一人を把握する制度が存在していた。それらは無論、個の救済のために用意されたものではなく、本質的には、徴税や徴兵など、人びとを支配・統治するための道具であることは間違いない。だが、そうした住民登録制度に公権力が力を入れなかった中世では、村人たちもまた個別救済に力を入れず、逆に、ゼロ歳児（当歳）すら登録される可能性のあった近世になると、村社会も途端に救済対象者の名を明記、公表するほど個の救済に関心をもつようになる。村の自治・自律の世界では、一四世紀以来、同一線上にあった人びとが、一七世紀以降、かくも夥

変する姿をみると、上記のような人身把握制度を、単に支配の装置とだけみるのではなく、そもそも社会全体として、個別具体的な個に目がいく時代とは何なのか、あらためて考え直さなければならないと強く感じる。いくら臨時性を本質としていたとはいえ、中世と比べれば、近世の領主の方が、圧倒的に多くの救済費を支給・貸与するようになったのも（第七章）、右のような文脈、背景からとらえ直す必要があろう。

このように、個の救済と制限主義という視点から、時代を並べるのではなく、重ねてみると[34]、既存の時代区分認識から解放されて、新しい日本救貧史像を再構成できるようになる。しかもその目線を取り入れると、これまで日本史研究がほとんど意識することのなかった、近世ヨーロッパの貧困史研究とも研究史を共有できる道も拓けてくる。なぜなら、一四世紀半ば以降、救貧関連法の歴史を蓄積してきた近世ヨーロッパ社会[35]が目指した貧困救済とは、まさに本章で注目してきた個の救済だったからである。

国ないしは都市単位の救貧関連法によって法制的、制度的に個別救済が目指される以上、当然のことながら対象者は「一の位」まで把握されることとなり、その取り調べの細かさは、貧民センサスや個票（カード）によって、対象者一人一人の年齢や家族構成、職業、さらには健康状態や労働能力の如何（働けるか否か）にまで立ち入るほどのものであった。たとえば、ヨーロッパでもっとも古い貧民センサスの一つに入る一五二三年のStrasbourg《ストラスブール》（フランス）における調査では、二五二世帯／六四九名の貧民について、その名前、住所、結婚歴、子どもの数、市民権の有無、および世帯内で救済が必要な構成員の労働能力と健康状態が記録されたという[36]。イングランドでも一六〇一年、著名なエリザベス救貧法と同年に出版された、貧民監督官（overseers）向けの救貧行政手引書 *An Ease for Overseers of the Poore* では、貧民調査で必要となる項目例（"A readie forme for a speedie inspection of the poor"）として、調査対象世帯各構成員の名前、年齢、障害の有無、職業と週単位の収入、雇用主名、就職希望の有無、

（子どもの場合）年季奉公人としての適性如何、孤児の扶養有無、週単位の救貧費受給額、物乞い免許の有無、があげられている。[37] こうした細かい貧困調査が歴史的になされてきたからこそ、一六世紀以降のヨーロッパ貧困史研究では、貧民の数や属性（年齢、世帯構成、男女比、職業など）、あるいは支給救貧費の額面をめぐる統計的な処理という、近世日本の貧困史研究ではおよそ考えられないような分析手法が可能となってくるわけである。

そして、個に寄り添って救済を実施しようとするがゆえに、日本と同様、ヨーロッパでもまた、救貧に値する／しない者の選別と排除が厳しくなされ、[38] その厳しい選抜をくぐり抜けた救貧費受給者に対しても、露骨な社会的制裁が食らわされた。一六七〇年代以降、教区内の救貧費受給者に対して、それとわかるバッジ付けを強要し、恥辱の烙印を押そうとしたイングランド各地の動向は、その象徴である。[39] 物乞いを許可された者に対するバッジ付けは、一五一五・一七年以降のヨークやロンドンなど、すでに一六世紀段階のイングランドでは都市部を中心にみられたが、[40] 一七世紀後半以降になると、各教区で徴収された救貧税をもとに給付される公的救貧費の受給者に対してさえ、屈辱的な負の烙印が押されていくわけである。

救貧の法制化如何からすると、近世ヨーロッパの経験は一見、一八七四年の恤救規則以降の近現代日本と比さなければならないようにみえる。だが本章で試みてきたように、個別具体的な個の救済という視点にたてば、「一の位」まで把握される細かさ、制限主義の跋扈、そして負の烙印の強要と、近世段階の日本もまた、近世ヨーロッパと同じ土俵に立たせることができる。一八〇〇年の大和国山之坊村と二〇一〇～一二年の札幌市白石区福祉事務所との間にさして差がなかったのと同じく、「施行受候者」の札を張り出した一八六七年の河内国若林村と、救貧費受給者のバッジ着用を取り決めた一六七七年のイングランド村落部 Sussex 州 Petworth 教区[41]との間にもまた、根本的な差異はない。こうした長期的かつ比較史的な視点にたって、日本救貧史の新たな枠組みを再構成していく必要があろう。

註

（1）池田敬正『日本社会福祉史』（法律文化社、一九八六年）、岩永理恵『生活保護は最低生活をどう構想したか―保護基準と実施要領の歴史分析』（ミネルヴァ書房、二〇一一年）など。

（2）『日本思想大系3　律令』（岩波書店、一九七六年）、二三五ページ。

（3）『新訂増補国史大系第二十二巻　令義解』（吉川弘文館、一九六六年）、一〇一～一〇二ページ。

（4）舟尾好正「賑給の実態に関する一考察―律令制下の農民支配の一側面」（大阪歴史学会編『古代国家の形成と展開』吉川弘文館、一九七六年）、四一九～四二〇ページ。

（5）註4舟尾前掲論文、寺内浩「律令制支配と賑給」（『日本史研究』二四一、一九八二年）など。

（6）『大日本古文書』編年之二（一九〇一年、覆刻版・東京大学出版会、一九六八年）、二〇一～二四七ページ。

（7）周防国の七三八年（天平一〇）正税帳では、同年正月一三日の「恩勅」による賑給の受給者数を、三二七二人とする（註6前掲書、一三七ページ）。

（8）註4舟尾前掲論文、註5寺内前掲論文。註7で紹介した七三八年の周防国における賑給では、対象者総計三二七二名、支給穀総計八三七斛《（石）》のうち、一人あたり給付額は、九〇歳以上＝二斛（計一名／〇・〇三%、計二斛／〇・二三%）、八〇歳以上＝一斛（二七名／〇・八二%、二七斛／三・二二%）、鰥＝四～六斗（一一一名／三・三九%、五〇斛二斗／五・九九%）、寡＝三～五斗（四五五名／一三・九〇%、一六五斛四斗／一九・七六%）、孤＝二～四斗（四一三名／一二・六二%、一二二斛一斗／一四・五八%）、独＝二～四斗（四四四名／一三・五六%、一二三斛九斗／一四・八〇%）、病者二～三斗（九六五名／二九・四九%、二〇六斛七斗／二四・六九%）、窮乏（不能自存者）＝一～二斗（八五六名／二六・一六%、一三九斛七斗／一六・六九%）、であった。

（9）註4舟尾前掲論文。

(10) 以下、近現代の法は、いずれも国立国会図書館デジタルコレクションの『法令全書』や『官報』による(国立国会図書館HPの「日本法令索引」「日本法令索引〔明治前期編〕」で検索可能)。

なお、恤救規則の成立過程や国全体での支給実績、あるいは府県単位での細かな受給状況については、小川政亮「恤救規則の成立―明治絶対主義救貧法の形成過程」(初出一九五九年、のち『小川政亮著作集第二巻 社会保障法の史的展開』大月書店、二〇〇七年)、吉田久一「明治維新における救貧制度」(日本社会事業大学救貧制度研究会編『日本の救貧制度』勁草書房、一九六〇年)、註1池田前掲書、大杉由香「本源的蓄積期における公的扶助と私的救済―岡山・山梨・秋田を中心に」(『社会経済史学』六〇―三、一九九四年)、「都市における公的扶助と私的救済―明治前期の京都を中心に」(『社会経済史学』六一―四、一九九五年)、「明治前期における東京の救恤状況」(『土地制度史学』一五三、一九九六年)参照。

(11) 註1池田前掲書、一九三ページ。

(12) ただし恤救規則は、中央集権国家の宿命として必然的に登場したというよりも、多分に「偶然の産物」として誕生したとみた方がいい(拙稿「近世と近代の交差と複合―一八七四年恤救規則の誕生過程」歴史学フォーラム二〇一六実行委員会『歴史学フォーラム二〇一六の記録 時代の転換と文化』同実行委員会、二〇一七年)。

(13) 救護法に関する包括的な研究としては、寺脇隆夫『救護法の成立と施行状況の研究』(ドメス出版、二〇〇七年)参照。

なお近代日本において、税金を財源とする救済金は、恤救規則にもとづく国費の救恤費だけでなく、地方税を用いた府県単位の救育費、町村費を用いた町村単位の救育費、あるいは性格をやや異にするが、一八八〇年の「備荒儲蓄法」にもとづく備荒儲蓄金といった、複数の選択肢があった。国費の救恤費を管轄する内務省が、極力、恤救規則の対象者を少なくしようとしたこともあって、府県や町村による公費救済が大きな比重を占めていたことは、先行研究でよく指摘されることである(註1池田前掲書三〇八～三一三ページ、小川政亮「産業資本確立期の救貧体制」註10前掲『日本の救貧制度』一四一～一四三ページ)。

(14) ただし、(旧)生活保護法で初めて登場した無差別平等と国家責任の原則は、日本政府・社会から「自生的」に生まれたものではなく、「日本帝国政府ハ都道府県並ニ地方政府機関ヲ通ジ、差別又ハ優先的ニ取扱ヲスルコトナク、平等ニ困窮者ニ対シテ、適当ナル食糧、衣料、住居並ニ医療措置ヲ与エルベキ単一ノ全国的政府機関ヲ設立スベキコト」を一九四六年二月に指令した、GHQ／SCAPの「外圧」によって誕生したものであった（註1岩永前掲書、四六～五〇ページ）。

(15) 註1岩永前掲書、五〇～五一・六四ページ。

(16) （新）生活保護法の画期性をもたらした日本国憲法第二五条が、新憲法作成に深く関わった憲法研究会の森戸辰男の主導によって挿入されたことについては、小池聖一「史料紹介　森戸辰男関係文書のなかの日本国憲法（1）（2）」（『広島大学史紀要』九・一〇、二〇〇七・〇八年）、「森戸辰男からみた日本国憲法の制定過程―憲法研究会から芦田小委員会までを中心に」（『日本歴史』七二八、二〇〇九年）など参照。

(17) 註1岩永前掲書、七六ページ。

(18) 今野晴貴『生活保護―知られざる恐怖の現場』（ちくま新書、二〇一三年）第二章、全国「餓死」「孤立死」問題調査団編『「餓死・孤立死」の頻発を見よ！』（あけび書房、二〇一二年）など。

(19) 註1岩永前掲書、三〇二ページ。

(20) 柳谷慶子『近世の女性相続と介護』（吉川弘文館、二〇〇七年）、二五五ページ。

(21) 川本龍市「王朝国家期の賑給について」（坂本賞三編『王朝国家国政史の研究』吉川弘文館、一九八七年）。

(22) 大津透「摂関期の国家」（『新体系日本史1　国家史』山川出版社、二〇〇六年）。

(23) 水野智之「中世の賑給・施行・布施・勧進と将軍・幕府」（井原今朝男編『生活と文化の歴史学3　富裕と貧困』竹林舎、二〇一三年）。

(24) 一二七五年（建治元）、京都清水坂で三三五人の非人に対して施行をおこなったとする叡尊の自伝『感身学正記』のような記録もある（『部落史史料選集』一、部落問題研究所、一九八八年、二三一～二三四ページ）。

(25) 勝山清次『中世年貢制成立史の研究』（塙書房、一九九五年）第三部、藤木久志『飢餓と戦争の戦国を行く』（朝日選書、二〇〇一年）。

(26) 稲葉継陽「戦国期の土地所有」（『新体系日本史3　土地所有史』山川出版社、二〇〇二年）、二二九ページ。

(27) 菊池勇夫『近世の飢饉』（吉川弘文館、一九九七年）、一五～一六ページ。

(28)『枚方市史』八（一九七一年）、六四〜六六ページ。
(29) 大阪大学経済学部所蔵若林村文書、大阪市史編纂所保管六反村小枝家文書B8―90。
(30) 註20柳谷前掲書、二五五ページ。
(31) 山之坊村では、計九石の御囲籾を難渋人へ分配した際、該当世帯の難渋度合いを、軽い順に「小痛」「中難」「極難」の三段階に分け、一世帯あたりの貸与額を世帯員数に関係なく、「小痛」＝籾二斗二升、「中難」＝三斗二升、「極難」＝四斗二升としたが、軍八を戸主とする六人家族は、本来「極難」に属する世帯でありながら、「不実人故、極難なから中ノ分へ入ル」と、軍八が「不実人」と村から認定されてしまったため、「中難」相当の御囲籾の配分にしかあずかれなかった（『甚太郎一代記』清文堂出版、一九九四年、六五〜六八ページ）。
(32) 旧稿では、六反村の救済例から、「農本主義にもとづく制限主義的な発想が、村人たちに染み渡っている様子がうかがえよう」と評価していたが、その見方では、自作のみ世帯が救済対象から排除されていた可能性を理解できなくなるので、撤回する。
(33) 註18参照。
(34) こうした歴史の見方については、荒武賢一朗・太田光俊・木下光生編『日本史学のフロンティア1・2』（法政大学出版局、二〇一五年）の各序章、およびその『日本史学のフロンティア1　歴史の時空を問い直す』所収の拙稿「時代と構造論の超え方―日本の国家史を素材に」参照。
(35) 前近代ヨーロッパの貧困史を通覧する Robert Jütte, *Poverty and Deviance in Early Modern Europe*, Cambridge University Press, 1994の巻末附録（二〇一〜二〇三ページ）には、一四九五〜一七九五年のイングランド、スコットランド、ドイツ、ネーデルラント（Low Countries）、フランス、イタリア、スペイン、デンマーク、スウェーデン、フィンランド、スイスで出された救貧関連法の簡便な年表がある。なおイングランドでは、すでに一四世紀半ばには救貧関連法が発令されている（Marjorie Keniston McIntosh, *Poor Relief in England, 1350-1600*, Cambridge University Press, 2012, p. 43）。
(36) Jütte, *Poverty and Deviance in Early Modern Europe*, p. 56.
(37) Jütte, *Poverty and Deviance in Early Modern Europe*, pp. 54-56.

(38) 働ける体をしている(とみなされている)のに、他人の施しにあずかろうとする人びとは、特に「怠け者」として強く排除された。イングランドでは一三四九年、そうした労働可能とみなされた物乞いに対して、金品を施すことが国法で禁じられており、都市での物乞いの急増が問題視されるようになる一五三〇年には、自分の出身地外で物乞いをする「働ける乞食」がいた場合、彼らを逮捕して上半身を裸にし、鞭打ったうえで郷里に戻すことが定められた(McIntosh, *Poor Relief in England*, pp. 43, 121)。チューリッヒで一五二〇年に出された救貧関連法でも、労働と自活に意欲的な貧民を救済に値する者とする一方で、退廃的で分不相応な恰好をし、博打や浪費、あるいは淫らな男女関係に走る者を救済に値しない者としており、一五二五年の救貧法では、救済に値する者として物乞いが公認された住民に対して、それとわかるバッジ付けを命じた(Jütte, *Poverty and Deviance in Early Modern Europe*, p. 159)。イングランドでも一五三一年、物乞いのライセンス制が初めて全国規模で制度化され、物乞いの許可証をもたないまま自分の出身地外で物乞いをすることはもちろんのこと、たとえ許可証を身につけていたとしても、そこに記載された許可地域外で物乞いをすれば、罰せられることとなった(McIntosh, *Poor Relief in England*, p. 121)。

なお、一七九九年のアムステルダムで救貧寄付金が募られた際、約三万七五〇〇名の大人と子どもがその配分にあずかることができたが、実際には八万一〇八〇名もの人びとが受給を希望していたという。また、高齢や老衰状態であったとしても、必ずしも救いの手がさしのべられるとは限らず、一七八三年のトリノでは、慈善施設(Ospedale di Carità)からの救済を希望していた一五四名の単身高齢者のうち、三〇名がその要求を却下された(Jütte, *Poverty and Deviance in Early Modern Europe*, pp. 53-54)。救済に値する/しない者の選別と排除の過程で、いかに多くの生活困窮者が「蹴られて」しまうのか、その厳しさが知られようというものである。

(39) 一六七七~一七九〇年に、ロンドンやColchester、Norwichといった都市部のみならず、村落部も含む八八もの教区で、救貧費受給者のバッチ付けが取り決められていたことが、Steve Hindleの研究によって明らかにされている。Hindleも指摘するように、国法の次元では一六九七年に、すべての救貧費受給者はその妻子も含めて、「P」の一字と所属教区の頭文字が記された赤か青色の布製バッジを、外からひと目でわかるように、右袖の肩に付けるよう命じられたが、少なくとも二四教区では、この一六九七年法に先んじて、率先してバッジ取り付けを教区内で規則化していたのであった。なかには一六九四年のMiddlesex州のごとく、受給者がバッジ着用を拒否した場合、本人が態度を改めるまで、救貧費の支給を一時停止することを独自に取り決めたところさえある（Steve Hindle, *On the Parish? The Micro-Politics of Poor Relief in Rural England c.1550–1750*, Oxford University Press, 2004, pp. 433–445）。

（40）Hindle, *On the Parish?*, pp. 434–435.

（41）Hindle, *On the Parish?*, p. 436.

終章

第Ⅰ部では、個別世帯の動向に寄り添いながら、近世日本の村社会における貧困の実態に迫る目線と実証方法を鍛え上げ、第Ⅱ部では、村社会と公権力の次元から、貧困への向き合い方をめぐる近世日本社会の歴史的特質を、長期的、比較史的な目線も意識しながら考察してきた。

最後に、本書で明らかにしてきた諸事実を整理しながら、村の貧困史にこだわってきた結果、どのような新たな近世日本史像を提起できるにいたったかを論じる。そして、その新しい歴史像にもとづくと、日本史をどう長期的に見通すことができ、いかなる刺激を前後の時代の研究に対して与えることができるのか、検討していく。さらに、議論を一国史のなかに押し止めず、歴史学全体のなかで共有していくために、比較史の視点から、救貧をめぐる近世日本の歴史的特質をどのように議論できるのかも展望してみよう。そうした作業を通して、村の貧困史を主軸とした近世日本史研究が、歴史学全体において、時代と地域（国）をこえて有する存在意義を模索していきたい。

第一節　村の貧困史からみた近世日本社会

（1）個別世帯に寄り添った貧困史

村の貧困史をめぐって、従来の近世日本史研究が抱えてきた最も大きな実証的弱点とは、「貧農」や村の「困窮」という用語・表現を多用しつつも、結局、それを語るに一番不可欠な世帯収支の実情をほとんど追究してこなかった点にある（第一章）。本書では、こうした根本的な課題を克服するため、一八〇八年に大和国吉野郡田原村で作成された世帯収支報告書『去卯年御田畑出来作物書上帳』を用いて、個別世帯の収支構造という次元から、近世村民の生活実態と貧困の実相に接近した（第二・三章）。

その結果、①従来の研究が、貧富の指標として好んで使用してきた持高は、実質的な世帯年収を計るうえでまったく役に立たず、参考にすらならないこと、②税負担率は、世帯間で相当な落差があり、たとえ実質税率であったとしても、村単位のそれで、村の困窮度を計ろうとしてもあまり意味がないこと、③村人の家計を苦しめていたのは、年貢や借金という非消費支出というよりも、主食費や個人支出といった、自らの消費欲に左右される消費支出部分であり、しかも、たとえどれほど年間収支が赤字になろうとも、その消費支出に象徴される一般消費水準を決して下げようとはしなかったこと、④世帯間の経済格差や貧富差を計るうえで、もっとも客観的な数値と思われる等価可処分所得をもってしてもなお、どの世帯が「貧しい」のかはおろか、どの世帯が「普通」なのかすら判別が難しいこと、が明らかとなった。

①は、持高のもつ虚構性に注視してきたこれまでの貧農史観批判研究の成果を、世帯経営の次元から補強したものにすぎないが、②〜④は、そうした先行研究ですら論じられてこなかった新たな論点であ

る。④からは、近世日本において貧困線を引くことが、いかに難しいことなのかを学びとるべきであろうし、③からは、二一世紀日本でも「赤字を拡大しても生活水準を維持しようとする、最低生活の抵抗」がみられることをふまえると（第一章）、「なぜ年収に見合った消費をしようとしないのか」という一見真っ当に思える疑問が、いかに非歴史的なものの見方なのかが痛感される。収入にあわせて自由に消費をするという志向はおそらく、経済的な余裕があってこそ初めて可能となる発想なのであり、苦しい生活を送る人びとにとって最重要だったのは、消費水準を自動的に年収にあわせることではなく、そのときどきの時代において、自身の尊厳を保つうえで最低限必要だと認識されていた生活水準をいかに維持していくか――一九世紀初頭の田原村であれば、一人年間一石八斗の米・麦消費と、銀五〇匁の個人支出――ということであったに違いない。我々は、当時の村人たちがみせた、このような複雑な消費行動を直視しないと、いつまで経っても近世日本の村社会における貧困の実相にはたどり着けないであろう。

貧困線を引くことの困難さと、消費行動の複雑さと絡んで見えてきたのが、貧困への道を法則的、科学的に予測することの難しさである。第三章では、一八〇七年段階における田原村各戸の世帯収支を前提に、その後、どの世帯に破産がおとずれたのかという、これまでの研究ではまったく試みられたことのない分析を実行した。その結果判明したのは、可処分所得がマイナスになるほど超・大赤字世帯が破産をまぬがれて、平然と村内で生活し続けられた一方、等価可処分所得や経営健全度でみれば、とても没落しそうには見えない世帯が、破産や夜逃げの憂き目をみる、という没落・貧困への道をめぐる融通無碍さである。従来の研究は、村人の貧困化には、幕藩領主や高利貸しによる収奪など、何か特定の構造的、法則的な要因があると仮定して議論を進めてきたが、田原村が示す破産経緯の複雑さは、そうした前提、予想を見事に破壊してくれる。近世日本の村民世帯経営において、貧困にいたる科学的な法則性などない、と考えるべきなのであり、そうした法則性のなさにこそ、この時代の歴史的特質があらわされている。そして、眼前で破産や夜逃げが融通無碍におきていたからこそ、人びとの内面においてもまた、世帯経営、すなわち家の浮沈をめぐる自己責任観が深く根付いていったのであろう。一五〜一八世紀という長い年月をかけて立ち上がってくる家の世界は、(1)強烈な自己責任観を付随する宿命にあったのであり、ゆえに、家の浮沈を勤勉、倹約、孝行という自己責任(通俗道徳)の度合いと連動させて警鐘を鳴らすような家訓『河内屋可正旧記』が、早くも一七世紀末〜一八世紀初頭の河内国に登場してくるのであろう。(2)村で備蓄穀の貸付、安売り、施行を通して公的救済が実施される際、どの救済方法をどの程度利用するのかは、基本的に各世帯の個別判断に任されていたのも(第六章)、当時の人びとにとっては、自己責任の一つの表明方法であったに違いない。

個別世帯に寄り添うことで見えてきた、もう一つの歴史像とは、物乞いと夜逃げ(家出)をめぐる複雑な様相である(第四章)。物乞いと夜逃げは、一面ではわかりやすい貧困の指標ではあるが、近世の村社会におけるその実像は、一筋縄では解けぬものであった。

家族を居村に残しての家出、あるいは一家総出の夜逃げは、一見すると、悲惨な生活を予想させる。路頭に迷った末の行き倒れ死など、それもまた紛れもない事実であったが、一方で、たとえ帳外扱いにされようとも、夜逃げ人が新天地で再定住、再就職をはかる余地、あるいは自村に再び立ち帰ってやり直す道は、近世の村社会には残されており、村側にも、あかの他人すら受け入れる包容力があった。ただ、そのようなやり直しの機会を与える度量の広さは、彼らを見放す冷徹さとも紙一重の関係にあった。たとえ労働力として役に立たないとみなされたり、あまりにも身勝手な理由で家出したと判断されると、たとえ子どもであろうとも、村への受け入れや扶養は拒否されかねなかったのであり、そうした村側の判断には、公権力さえも口出しはできなかった。ここでも自己責任観が、村社会のなかで幅を利かしている様子がうかがえよう。しかも深刻なことに、夜逃げ人を見放す自己責任観は、当の本人たちもまた深く内面化しており、村の扶養を受け続けることに、あまりにもいたたまれなさを感じ始めると、村人たちは夜逃げした方がましだと考え、現に実行に移したのであった。

このことは、物乞いにおいても同様であった。古今東西そうであったように、近世日本の村社会においてもまた、物乞いは、生活が苦しくなったときの重要な生存選択肢の一つとして、村民の世帯経営のなかに位置づいていた[3]。だが村人たちにとって、物乞いを選択するということはそう易々とできることではなく、たとえどれほど生活が難渋していようとも、なるべく最後まで他人《ひと》の施しにあずかろうとはしない力学が、世帯経営のなかで強く働いた。とりわけ、施す―施されるという関係が個別的、私的な社会関係のなかではなく、村という公的な組織を介した場合、より強くその力は作用した。なぜなら、村から公的に施しをうけると、村社会に迷惑をかけたと認知され、強烈な社会的制裁を引き起こしかねなかったからである（第六章）。近世村民の世帯経営、および村社会の規範において、「買う／借りる」という市場的な救われ方と、「もらう／施される」という非市場的な救われた方との間には、そう簡単には乗り越えられない大きな壁が立ちはだかっていたのである。

（2）自己責任と臨時性を基盤とした貧困救済

個別世帯に寄り添って貧困に迫っていくと、村人たちに内面化された自己責任観の、深刻な影響力に気づかされる。では、村社会のなかでは、そうした個別世帯が背負う自己責任と、村民救済において村が公的に負った社会責任との間には、どのように折り合いがつけられたのであろうか。

従来、近世日本の村社会は相互扶助を基礎としていて、自己責任が社会のなかで強調されるようになるのは近代以降、と考えられてきた。しかし、実際に近世の村社会が貧困救済に対してみせた姿勢をつぶさに追っていくと、事態はそう単純ではないことが判明する（第五章）。村社会のなかで相互扶助が一つの柱となり、村が「溜め」の機能を果たしていたこと自体は確かであるが、一方でそうした村内の公的扶助は、無前提に発動されたのではなく、村民個々の自己責任との兼ね合いが、たえず問われていた。その結果、村人の救済にあたって、個別世帯の自己責任と村の社会責任との間で、救済責任の押し付け合いがなされたり、両者のすみ分けがはかられたりし、場合によっては村からの追放など、強烈な見放しが困窮者に突きつけられるときもあった。村社会のなかで、「小さな政府」路線と「大きな政府」路線がたえずせめぎ合っていたと言え、しかもそうした緊張関係は、一七世紀段階から確認されるものであった。相互扶助から自己責任へ、という単線的、二項対立的な歴史ではなく、両者の併存とせめぎ合いの持続こそ、近世日本の村社会が貧困救済に対してみせた歴史的特質だったのである。村人たちは一七世紀以来、自己責任観を強烈に内面化した家の世界を基盤としつつ、なおかつそこで、助け合いの精神に支えられた強靱な村社会を形成しようとしていたといえよう[4]。

自己責任が前提とされ、社会救済との線引きも一定しないために、村の公的救済の対象者もまた、たえず変動することとなった。生活困窮者一般が、社会救済の対象となることはまずなく、そのときどきの状況に応じて、ある特定の属性をもつ村人のみが「難渋人」と認定され、救済されるにすぎなかった（第六章）。したがって、日本全国の村々で一八世紀後半以降、大量につくられていく難渋人の調査・対策史料も、困窮者の生活実態そのものを把握する意思は極めて希薄であり、救済基準も一定しないために、そこにあらわれる人数が、生活困窮者の「実数」を示しているかどうかの保証はまったくない。ましてや、村内での「温情」や、日頃の行いに対する冷徹な価値判断によって、難渋人の認定人数や度合いは容易に操作され得るものであったから（第六・八章）、ますます貧困の実態を示す史料としては信用できないものだったのである（参考程度の数値にすら、おそらくならない）。しかし、だからといって右の難渋人調査・対策史料が使えないということではなく、むしろ前近代ヨーロッパの貧困史とは異なって、そうした史料から統計的な処理ができないところにこそ近世日本の特徴はある、とみなすべきなのであろう。ゆえに近世日本の場合、それだけ貧困救済の対象と方法は、村ごとに多様化する可能性も高まるわけである。

一方、村民の救済に対して、村社会が公的責任を負っていた事実は、貧困救済における公権力の立ち位置の問題とも密接に連関していく。第六章でも具体的に取り上げたように、近世日本の村社会は、村としての扶養限界を感じると、領主に御救を願い出ることがあり、領主もそれに応じることがあった。こうした公権力の御救をめぐっては従来、当初幕府も個別領主も御救にやる気をみせていたが、一八世紀以降、財政事情が悪化するにつれ、御救の発動を後退させるようになり、救済責任を民間に転嫁するようになる、と説かれてきた。ところが実際には、幕府も個別領主も初めから、村人の生活保障の根本的な責任は村社会にあるとしており、御救を実施するにしても、臨時的にしか発動しないという姿勢を、最後まで崩そうとはしなかった（第七章）。したがって、臨時性を基本としていた以上、そうした公権力の姿勢に対して「御救の後退」を云々しても不毛である。

しかもより重要なのは、村社会をはじめとする被治者側もまた、個別領主に対しても、幕府に対しても、恒常的な生活保障制度を求めようとはしなかった点である。それは、村内の公的扶助においても然りであり、自村の生活困窮者を恒常的に救済する制度を近世の村社会は、最後までつくろうとはしなかった。各家の自己責任が前提とされていた以上、村の公的救済も臨時的なもので良しとされ[5]、ゆえにそれが「タダで救う」ような施行という形式をとった場合、受給者は村に迷惑をかけた者としてあつかわれ、屈辱的な日常生活を強いるような厳しい制裁がくだされていったのである（第六章）。近世日本社会は、自己責任観を強烈に内面化していたがために、公権力も含めて社会全体として、生活困窮者の公的救済は臨時的、限定的なもので構わないとする歴史的特徴を帯びていたといえよう。

第二節　長期的、比較史的な展望

(1) 日本貧困史のなかの近世

家という形式をとる個別世帯経営の浮沈にまとわりつく融通無碍さと自己責任、村のなかでせめぎ合う社会責任と自己責任、臨時的な救済で良しとする社会全体の志向など、村の貧困史にこだわればこそ見えてきた新たな近世日本社会の歴史像を前提にすると、日本史の前後の時代に対して、どのような展望が拓け、どのような新しい研究課題が見えてくるであろうか。

まず、中世についていえば、年貢の村請を可能とする村の自治の展開と、個別の世帯経営に村として関与するようになる展開との、歴史的な絡み合いが重要な論点となろう。第五章でみたように、近世の村人たちにとって、村内のある世帯を村全体で助けることは、救済対象の世帯が抱えてきた滞納税（未進年貢）を、残りの村民で肩代わりすることと密接に絡んでいた。税金を一人一人の領民から徴するのではなく、村という組織に一手に請け負わせて納税させる制度＝村請は、早くも一四世紀前半には成立し、一六世紀には一般化していく(6)。それは、村という組織が、公的な機構として領主制のなかに位置づくようになることを意味していた。しかも、徴税実務の次元で考えるならば、徴税原理が「村」から「個人」へ移行した地租改正以後も、「近代版の村請制」が大きな影響力を有していたことをふまえると(7)、村請の誕生と普及は、支配制度も含む日本社会全体のありようを、大きく変える画期となったであろう。そうしたなか、村内で年貢未進が生じた場合、誰がそれを肩代わりするべきだと認識され、未進を生じさせた当事者に、どのような責任が負わされて然るべきだと考えられていくのか。とりわけ後者の問題は、個別世帯の経営に「自己責任」が社会的に問われるようになる過程とも連関しており、村請の広がりと同時併行で始まる家の成立、展開過程とどのように絡んでいくのか、大いに議論されるべきであろう。

村請の経験を積み重ねながら展開する村の自治をめぐって、いま一つ論点とすべきは、個別具体的な個に対する公的救済の誕生との関わり合いである。村の自治を基盤としていたという意味で、一七世紀以降の社会は、一四世紀以後のそれの延長線上にあったといえるが、第八章で整理したように、個の救済を「公にする」ことへの社会的関心では、明らかに両時代には温度差があった。この断絶は、何によってもたらされ、また逆に、何がきっかけとなって個の公的救済への関心が高まるのか。そう考えると、「国民」一人一人を把握しようとした住民登録制度、すなわち宗門改め制度の誕生は、それそのものは人びとの生活保障や救済とはまったく無関係に、別次元の理屈から立ち上がってきたものの、個別具体的な個に対する公的救済の社会的関心を高めるうえでは、やはり決定的な意味合いをもったに違いない。現代の救済制度までをも規定していく「個の救済」(targetism)という発想は、村の自治の内在的な発展、成熟だけではおそらく誕生し得ず、人びとの目を、個別具体的な個の救済に結果として向かわせるような、外在的な力が必要であったと想定される。第七章で展望したように、大局的にみれば日本の公権力は、古代から現代にいたるまで、生活保障面では「小さな政府」をその本質とし続けてきたといえようが、それでもなお中世の幕府、朝廷、荘園領主などと比べれば、近世の領主が、たとえそれがどれほど臨時的なものであろうとも、はるかに多くの救済費を領民に支給、貸与してきた事実は疑い得ない。国制の面では、領主制という同じ種別に属しながら、なぜ中世と近世でかくも大きな落差が生まれるにいたったのか、その歴史的背景についても、個の公的救済に対する全社会的な関心の浮上過程をふまえて探究していくべきであろう。

このほか、列島の人びとが一三世紀以来、貨幣経済に慣れ親しんできた歴史をふまえると、[8] 近世村民が、「もらう／施される」という非市場的な救われ方よりも、「買う／借りる」という市場的な救われ方を選好するようになる経緯、背景についても、中世以来の長期的な時間軸で検討していく必要がある。村の公的救済をうけるにあたって、金銭的な負担のない施しより、経済的な負担が多少なりともかかる安価・低利な救済金品の購入・借用をあえて選び、しかもそうした公的救済さえ臨時的なものでかまわないとされていたということは、それだけ生活保障とは、公的救済の発動／受給にいたる以前に、日常的な経済取引、とりわけ金銭の貸し借りや土地の売買・貸借のなかで──まさに自己責任的に──処理されて然るべきだと、近世の村社会で考えられていたということであろう。その点で、八世紀以来の長期的な目線で債権・債務の歴史研究を進める井原今朝男の発想は重要であり、近世史側で蓄積されてきた村内金融（融通）や土地の永代／年季売りの研究も、そうした長い時間軸のなかであらためてその歴史的位置を問い直し、それらが中近世社会で結果として有した生活保障機能の効力如何を検証していくべきであろう。[9] さすれば、なぜ近世の村人たちが、あれだけ「タダで助けられる」ことを忌避しようとし、なぜ公的救済の発動にあれだけ冷たい姿勢で臨めたのか、その背景をより深く、立体的にとらえられるようになるに違いない。

一方、救貧をめぐって近世社会で蓄積された歴史的経験は、近現代社会に対しては、いかなる影響力を有していたのであろうか。公権力の立ち位置からみれば、一八七四年に初めて全国統一的な救貧法＝恤救規則が制定されて、まがりなりにも恒常的な救済が可能となった前と後とでは、時代的に大きな「飛躍」があったことは間違いない。[10] だが序章で指摘した、貧困の公的救済に対する現代日本社会の異常な冷たさと、自己責任に対する異様な傾倒ぶりを念頭におくと、近世の家と村で培われた強い自己責任観と、臨時的な救済で良しとする発想、そして村に迷惑をかけた者に対する制裁志向など、一七～一九世紀の村社会で蓄積された苦悩、せめぎ合い、試行錯誤が、その後の時代と社会に与えた影響は、計り知れないものがあったのではないかと想定されてくる。

もちろん、近代の村社会が貧困にどう向き合い、それが戦後、そして現在の日本社会にどう具体的につながるのかは、それ自体、地道な実証研究を経なければならない。近世の場合、公的救済の主体は、村を主軸として、領主と村連合[11]がそこに付随する、という比較的単純な形式をとっていた。だが恤救規則以後の近代社会では、税金による公費救済だけでも、①国費による国主体の救恤費、②地方税による府県主体の救育費、③町村費による町村主体の救育費、④一八八〇年の備荒儲蓄法にもとづく府県主体の備荒儲蓄金、という複数の選択肢があり、それに輪をかけるように、旧近世村（部落）単位、あるいは複数村で独自に維持・運用される共有金穀による公的救済の世界[12]が広がっていて、近世よりはるかに公的救済の主体と財源が複雑化していた。それら一つ一つの選択肢が、（旧近世村単位の）村社会のなかでどのように利用、組み合わされ、どこまで生活困窮世帯を恒常的かつ「十分」に救おうとしていたのか、そしてそこに、近世の村社会がみせた、公的救済の受給者に対する社会的制裁がみられるのかどうか、具体的に検証していく必要がある。

現代日本を展望するとき、右のような基礎作業が必要であることは言うまでもない。ただ一方で、そうした課題をふまえつつも、本書で解明した近世日本の歴史的経験を前提とするならば、貧困救済をめぐる二一世紀日本の歴史的な立ち位置も、ある程度見通しやすくなるのではないか。すなわち、日本社会は、恒常的で十分な生活保障を良しとする歴史的訓練をまったく積み重ねてこなかったと想定される以上、二一世紀段階の人びとが貧困の公的救済の発動に冷たくなるのは当然であり、皮肉にも――そして悲しいことに――、生活保護の捕捉率が二割程度であろうが、保護費の水準が必要カロリー程度に過ぎなかろうが、それらをまったく問題視せず、逆に生活保護受給者を「怠け者」扱いし、ひたすらその監視に躍起になって、何とか保護費の支出を官民あげて抑制しようとするのは、歴史的にみるとむしろ「正しい」姿勢だとさえ言えるわけである。おそらく日本社会にとって、「健康で文化的な最低限度の生活」を国の責任として、全国民に対して無差別平等に保障した（新）生活保護法と、それを根本で支える日本国憲法第二五条の登場は、歴史的にみてあまりにも「画期的すぎた」のであり、歴史的伝統をほとんど有さないその画期性ゆえに、公布から六〇～七〇年経った今でも、同法と同条の法理と救済／生活保障観念は、いまだに社会のなかでまったくと言っていいほど根付かないのであろう。[13] 貧困の公的救済に対する極度の冷たさという、二一世紀日本が抱える問題を解決するということは、社会のなかで一七世紀以来、三〇〇～四〇〇年かけて蓄積されてきた歴史的伝統をひっくり返すという、絶望的な営みを意味すると自覚しなければならないのである。

（2）比較史への道

村の貧困史からみえる近世日本の歴史的特徴は、日本史のみならず、一国史をこえた比較史の議論においても重要な意義を有している。日本の貧困史を、国家の次元で救貧体制を整えた一七世紀以後のイングランド、あるいは一九世紀以降のドイツなどと比較する作業は、すでに池田敬正によって試みられているが、そこで日本側の比較対象とされてきたのは、もっぱら恤救規則以後の近代社会であった。[14] だが、村の自治にもとづく個別具体的な個に対する公的救済、そして臨時的な救済で良しとする発想のもと、公的救済の受給者に向けられる社会的制裁という、本書で注目してきた近世日本社会の諸特徴を指標とすると、第六～八章でも若干言及したように、恤救規則以前の近世日本もまた、貧困救済をめぐる比較史において、重要な位置を占めることが判明する。詳細は別稿に譲るとして、ここでは一七～一九世紀の日本、イングランド、プロイセン、中国（清）を素材に、展望を述べることとしよう。[15]

近世日本と一面で共通の性格を有していたのが、近世イングランドである。第七章でも簡単に整理したように、一六世紀後半以降のイングランドは、救貧法と救貧税に支えられた恒常的な救貧制度を、全国規模で統一的に導入した、ヨーロッパでも稀有な救貧体制をもった国家であった。そこだけをとらえると、国法次元の救貧法の制定に無関心で、臨時的な救済をまったく問題視しなかった近世日本社会との差は歴然としているかにみえる。だが、個の救済（targetism）と教区内自治に支えられた受給者制裁（バッジ付けの強要）という面では、むしろ近世イングランドの教区社会と、近世日本の村社会は共通していた（第八章）。恒常的な救済制度をつくりあげた社会と、臨時的な救済で良しとした社会との差を比較史的に考察することももちろん大事であるが（第七章）、住民自治による制裁[16]という観点を導入すると、受給者——とりわけ施し／給付型の——が、村や教区の「負担」とみなされてしまう社会の特質とは何だったのかという共通の土俵で、日本とイングランド双方の研究史を共有し得る道も拓けてくるわけである。

一方、プロイセンや清など、給付型の公的救済に際して、制裁が発動されない地域もあった。グーツヘルシャフト（農場領主制）のもとにあった近世プロイセン[17]では、領民の日常生活の保障は、領主の義務であったため（家屋・畜舎の建材を領民へ無償提供する「通常援助」は、領主—領民間で交わされる契約書に明記された）、領主から保護が提供されても、それが領民や村の「負担」とみなされることはなく、したがって社会のなかで制裁が発動されることもなかった[18]。同じく清についても、常平倉・社倉・義倉の三倉によって、全国規模で備荒貯蓄体制が敷かれ、そのなかで生活困窮者に対する備蓄穀の安売り、貸付、および無料提供もなされたが[19]、それでも近世日本の村社会とは異なって、「タダで助けてもらう」ことに対する社会的な忌避感もなければ、制裁もなかった。それはおそらく、近世日本の公的救済が、個別具体的な個に対して極めて制限主義的になされ、ゆえに誰が村に迷惑をかけたのかも明瞭にされたのに対し、中国の場合、三倉の利用が事実上、貧富に関係なく誰にでも開かれていたことが影響していよう。誰でも利用可であったがゆえに、誰が社会に負担／迷惑をかけているのかも追及されず、したがって制裁を生じさせる必要もなかったわけだが、同時にそうした「開放性」は、安価な備蓄穀を転売して儲けようとする商人による買い占めや、備蓄穀を管理する役人たちの不正によって、肝心要の生活困窮者へ備蓄穀が行き渡らないという別の問題を引き起こすことにもなった。右の問題を解決するため、地域によっては一七三〇～五〇年代に、備蓄穀を必要とする生活困窮者の登録簿をつくろうとしたが、そもそもきっちりとした住民登録制度を完備していなかった当時の中国では、結局それもうまくいかなかった。三倉の開放性は、受給者を「いたたまれなさ」と制裁から自由にするという利点もあったが、皮肉にもその利点ゆえに、救済制度としての効率性が落ちてしまうことになったのである。

このように、施し／給付型の公的救済に際し、制裁が社会的に発動されるか否かで近世日本とイングランド、プロイセン、中国を比較してみると、制裁の生まれる条件がある程度みえてくる。その一つは、個別具体的な個に対する救済になっているか否か、そしてそれを可能にする住民把握制度が整っているか否かという条件であり、これらが存在しなかった中国では、受給者は制裁に苛まされる必要はなかったものの、救済費の受給にうまくたどりつけない可能性もあった。

ただ、右の条件だけでは、領民が領主によって一人一人把握され、個別具体的な個に対する保護がなされたプロイセンで、なぜ制裁が生じなかったのかが説明できない。したがって、もう一つ大きな条件を考える必要がある。そしてそれは、救貧行為とその財源が「公共化」されていたか否か、という問題だったのではないかと想定される。

近世日本とイングランドでは、村と教区の自治にもとづいて公的救済が実施されたため、地域住民が拠出する救済費も公費（公共財源）扱いとなり、ゆえにその受給は地域の「負担」とみなされて、制裁が発動された。[20]一方プロイセンでは、生活保障が領主の義務とみなされ、保護が個別の領主―領民関係のなかに収斂し、保護財源が公共化されていなかった領主制の時代には、救済費をめぐる「負担感」は社会のなかで生まれなかった。[21]ところがそのプロイセンでも、一九世紀以降にグーツヘルシャフトが解体され、全国均質的な近代中央集権国家が誕生して、国と地方の財政が公共化され、国家次元での救貧法体制が目指されるようになると、途端に公的救済の受給者は社会の「負担」とみなされ、受給者を「依存者」扱いする発想が急浮上する。[22]同じく領主制の解体を一八六八年末以降に実施した日本の場合、すでに近世段階で公的救済の受給者を「負担」扱いし、制裁を食らわすのを良しとする経験を積んでいたため、今度は受給者（およびその予備軍となる生活困窮者）に対する社会的偏見を、村社会における自治という次元から、「国民感情」の次元へと展開させていったといえよう。

中国とプロイセンと比した場合、公共化された財源をもとにした個別具体的な個への救済は、領主との個別的な上下関係を前提にしないまま、救済費を「効率的」に該当者へ行き渡らせる力になり得たかもしれない。だがその効力は、受給に対する世間の厳しい目線を呼び起こす力とも隣り合わせだったのである。

以上、展望してきたように、村の貧困史からみえる新たな近世日本の歴史像は、近世日本史研究の研究段階を刷新させるだけでなく、長期的な日本史と世界史の議論を活発化させ、さらには二一世紀日本の歴史的位置を考察するうえで、大きな意義を有している。既述のごとく、一七世紀以来の人びとの苦悩と苦闘に支えられた分厚い歴史的伝統を目の前にすると、貧困の公的救済に対する現代日本社会の異様な冷たさと、根深い自己責任論を変えることなど果たして可能なのか、目眩がするような深い絶望感に襲われる。安易に「社会の進歩」に期待できる事態ではないが、もしこの社会にまだ多少なりとも

「光」が残されているとするならば、それは重苦しい歴史の直視、の先にしかないであろう。そのためにも一層、小さな史実に目配りをした基礎研究を、長期的、比較史的な視野のもと、地道に推し進めなければならない。希望はまだある、と信じたい。

註

(1) 坂田聡『日本中世の氏・家・村』(校倉書房、一九九七年)、『苗字と名前の歴史』(吉川弘文館、二〇〇六年)、渡辺尚志「村の世界」(『日本史講座』五、東京大学出版会、二〇〇四年)、坂根嘉弘『日本伝統社会と経済発展』(農山漁村文化協会、二〇一一年)。

(2) 『河内屋可正旧記』(清文堂出版、一九五五年)。同史料から、近世日本における通俗道徳を見抜いたのが、安丸良夫『日本の近代化と民衆思想』(青木書店、一九七四年)。

(3) ヨーロッパの貧困史研究では、生活困窮者の複合的な生存選択肢を「economy of makeshifts」という用語で総合的にとらえようとしており、物乞いもその一つとして注目されている(Olwen H. Hufton, *The Poor of Eighteenth-Century France 1750–1789*, Oxford University Press, 1974; Steven King and Alannah Tomkins eds., *The Poor in England 1700–1850: An Economy of Makeshifts*, Manchester University Press, 2003; 長谷川貴彦「近世化のなかのコモンウェルスーイギリス福祉国家の歴史的源流を求めて」高田実ほか編著『近代ヨーロッパの探究15 福祉』ミネルヴァ書房、二〇一二年)。

(4) 個別世帯と村社会を規定した自己責任観は、近世日本の身分社会の基盤ともなっており、とりわけ一八世紀後半以降になると、人びとの身分に対する意識を「生き生き」とさせ、賤民の立ち位置を大きく変える原動力となっていく(拙稿「働き方と自己責任を問われる賤民たち—近世後期、平人身分社会の稼働」荒武賢一朗編『近世史研究と現代社会—歴史研究から現代社会を考える』清文堂出版、二〇一一年、「自己を発見する賤民と百姓」『国立歴史民俗博物館研究報告』一六九、二〇一一年)。

（5）近世の村社会が、公的救済の期間と量を極めて限られたもので良しとしていたことの、より具体的な検証については、拙稿「近世日本の貧困救済と村社会」（荒武賢一朗編『シリーズ東北アジアの社会と環境3　一九世紀の社会と環境』古今書院、近刊予定）参照。

（6）稲葉継陽「戦国期の土地所有」（『新体系日本史3　土地所有史』山川出版社、二〇〇二年）、一三九ページ。

（7）坂根嘉弘「近代日本における徴税制度の特質」（勝部眞人編『近代東アジアにおける外来と在来』清文堂出版、二〇一一年）。

（8）桜井英治「中世の商品市場」（『新体系日本史12　流通経済史』山川出版社、二〇〇二年）。

（9）井原今朝男『中世の借金事情』（吉川弘文館、二〇〇九年）、『日本中世債務史の研究』（東京大学出版会、二〇一一年）。近世史で注目すべき研究としては、大塚英二『日本近世農村金融史の研究―村融通制の分析』（校倉書房、一九九六年）、荒木仁朗「日本近世農村における債務と証文類」（『歴史評論』七七三、二〇一四年）など。なお、大塚の仕事や森嘉兵衛『森嘉兵衛著作集第二巻　無尽金融史論』（法政大学出版局、一九八二年）といった近世史研究の成果は、近現代のマイクロクレジット研究でも注目されている（角崎洋平「日本におけるマイクロクレジットの形成と社会福祉政策―無尽から世帯更生資金貸付へ」佐藤順子編著『マイクロクレジットは金融格差を是正できるか』ミネルヴァ書房、二〇一六年）。

（10）極めて限られた対象に対してではあれ、一人あたり年間米一石八斗という「十分」な量の救済費を支給するようになった点でも、恤救規則は「画期的」であった（拙稿「近世と近代の交差と複合―一八七四年恤救規則の誕生過程」歴史学フォーラム二〇一六実行委員会『歴史学フォーラム二〇一六の記録　時代の転換と文化』同実行委員会、二〇一七年）。

（11）組合村など複数村による備荒貯蓄の維持と運用を念頭においている（田中薫「備荒貯蓄制度成立をめぐる基礎的研究―松本藩とその預領を事例として（上）（中）（下）」『信濃』六三―三～五、二〇一一年、「備荒貯蓄制度進展の基礎的研究―松本藩とその預領を事例として（上）（下）」『信濃』六四―二・三、二〇一二年、森谷圓人「近世後期、非領国地域の困窮百姓相続・村再建仕法―出羽国村山郡幕府東根代官所領を事例として」東北史学会『歴史』一二〇、二〇一三年、「近世後期、困窮救済をめぐる地域社会と幕府代官所―出羽国村山郡の幕領郡中備金を事例として」東北史学会『歴史』一二五、二〇一五年など）。

(12) 部落単位の共有金穀の維持・運用については、筒井正夫「部落共有金穀の運用と名望家支配―静岡県富士岡村竈地区の事例（1）（2）」（『彦根論叢』二三六・二三七、一九八六年）など参照。複数村の共有金穀による救済実態については、酒井一輔「明治期における地域共有金穀の維持と運用―愛媛県と「郡中貯え」を中心に」（近世史フォーラム例会報告、二〇一七年二月二五日）よりご教示を得た。

(13) その意味で、第八章註14で述べたように、国家責任にもとづく無差別平等の救貧原理が、ＧＨＱの指令によって初めて日本社会に持ち込まれるという事実は、象徴的である。

(14) 池田敬正『日本社会福祉史』（法律文化社、一九八六年）。

(15) 以下の叙述は、市場・経済社会に生きる人びとが、個人と市場の関係だけでは処理しきれない問題について、いかに社会的、政治的に対応していたのかという問題意識のもと、公共財供給の歴史を、村というミクロな視点（ヨーロッパ史でいうマイクロヒストリー）を重視しながら、長期的、比較史的に議論しようとする、国際的な共同研究の成果にもとづいている。その骨子は、二〇一五年八月六日に京都で開催されたXVIIth World Economic History Congressでのセッション“Public Goods Provision in the Early Modern Economy: Role of the Regional Society in Japan, China and Europe”において報告され（谷本雅之、相原佳之、青木健、荒武賢一朗、飯田恭、勘坂純市、木下光生、酒井一輔、Jonathan Healey, Heinrich Kaak, R. Bin Wong）、それにもとづく英語論集の刊行も予定している。別稿とは、その論集に掲載予定の拙稿“Sanctions, Targetism, and Village Autonomy: Poor Relief in Early Modern Rural Japan”を指す。

(16) 近世日本であれば、村落内自治の実態究明が重要になるのと同じく、近世イングランド史研究でもまた、救貧の実情を生々しくとらえるうえで、教区や州（county）ごとのmicro-politicsに注視することの重要性が説かれている（Steve Hindle, *On the Parish? The Micro-Politics of Poor Relief in Rural England c.1550-1750*, Oxford University Press, 2004）。

(17) プロイセンを含む近世東ヨーロッパの領主―領民関係については、飯田恭「「無能な」農民の強制立退―近世ブランデンブルクにおける封建領主制の一側面」（東京大学経済学会『経済学論集』六四―二、一九九八年）、

「ドイツ・東エルベの農民　一六四八〜一八〇六年―「ミクロの社会史」による多面的で多様な実像への接近」（『三田学会雑誌』九九―三、二〇〇六年）、「日本とプロイセンの土地制度史的比較をめぐる新たな論点―近世農民の土地所有に関する相違」（『歴史と経済』一九九、二〇〇八年）、Markus Cerman, *Villagers and Lords in Eastern Europe, 1300-1800*, Palgrave Macmillan, 2012; S. A. Eddie, *Freedom's Price: Serfdom, Subjection, and Reform in Prussia, 1648-1848*, Oxford University Press, 2013など参照。領主は土地を「所有」していたのかという観点から、中近世日本と近世東ヨーロッパの領主制を比較検討したのが、拙稿「領有すれども所有はせず―近世東ヨーロッパからみた中近世日本領主制の特質」（歴史学フォーラム二〇一五実行委員会『歴史学フォーラム二〇一五の記録　アジア史研究の現在』同実行委員会、二〇一六年）。

(18) 一方で、領主から農場経営主として「無能」と判断されれば、クビを申し渡され、最下層の村落身分である「間借り」層（アインリーガー *Einlieger*）に転落させられる可能性もあった（註17飯田前掲「「無能な」農民の強制立退」）。

(19) 星斌夫『中国社会福祉政策史の研究―清代の賑済倉を中心に』（国書刊行会、一九八五年）、Pierre-Étienne Will and R. Bin Wong, *Nourish the People: The State Civilian Granary System in China, 1650-1850*, The University of Michigan Center for Chinese Studies, 1991.

(20) 近世日本の場合、たとえ施し型の救済費の出資者が村内の一部の富裕層であったとしても、その救済が「村」の行為としてなされる限りは、救済費は公費扱いされ、ゆえに受給者は村の「お荷物」とされ、制裁も発動された。第六章でみた一八六七年における河内国若林村の事例は、その象徴である。逆に、同じ富裕者が個人的、私的に施行をおこなっても、村社会としての制裁が生じないのは、その財源が公共化されていないからである。

(21) 同じく領主制のもとにあった近世日本でも、領主が提供する施し型の御救をうけ、それを村の判断で村内の特定世帯に給付しても、村社会のなかで制裁が生じなかったのは（第六章）、領民が年貢納入によって負担しているはずの御救費、すなわち領主財政が、根源的には領主―領民間で公共化されていなかったからであろう。その意味で、領主御救は、公的（formal）な救済ではあったが、公共的（public）な救済ではなかったといえる。一三世紀以来、領主による年貢徴収は、領主―領民間の合意＝双方向的関係のもとになされてきたわけであるから

（勝山清次『中世年貢制成立史の研究』塙書房、一九九五年）、そこに事実上の租税共議権が成立しているとみなして、年貢を「税金」と解釈してもかまわないと著者は考える（少なくとも「地代」ではない。註17前掲拙稿参照）。だが、同じ給付型の公的救済でも、村内のそれでは制裁を発動させる一方、領主からの御救なら諸手をあげて喜ぶ近世日本の村人の姿をみると（第七章）、厳密な意味での租税共議権が存在して、国家・地方自治体の財政が制度的、公式に公共化されている近現代と、事実上の租税共議権と、事実上の税金であったにすぎない中近世との質的差異は、やはり大きいと言わざるを得ない。現代日本において、生活保護受給者に対する「怠け者／お荷物」批判が、近世のごとく顔見知りの範囲ではなく、それを超えた国の次元でなされるのも、生活保護財源が国の次元で公共化されているからであろう。

(22) 藤瀬浩司「プロシャ＝ドイツにおける救貧法と労働者保険制度の展開」（名古屋大学経済学部『経済科学』二〇―四、一九七四年）。

あとがき

前著『近世三昧聖と葬送文化』（塙書房、二〇一〇年）の刊行から七年、ようやく次作を世に問うことができた。この間、変わったことといえば、著者の研究内容と、妻からの経済的自立、そしてトンカツとアラ煮を瞬時に食い尽くしながら、立派なカギっ子として着実に自立してゆく子どもたちの成長、といったところであろうか。

前著のあとがきでは、研究テーマを賤民史から貧困史に大きく転換させることについて、「今は問題意識ばかりが先行して、これがちゃんとした研究になるのかどうかさっぱりわからない」と不安めいたことを吐露していたが、その後の七年間で、どうにかこうにか「ちゃんとした」本の出版にまでたどり着くことができたのは、直接的には、人文書院の編集担当松岡隆浩氏と、田原村の片岡彦左衛門家文書のおかげである。

松岡氏から、お手紙にて最初に出版を持ちかけられたのは、二〇一三年一二月のことであった。貧困史研究者としてはまだぽっと出の、しかもまったく初対面の著者の研究に対し、編集者として関心をもっていただいたことにいたく感動したが、話をうかがうと、著者の存在を知ることになった直接のきっかけは、本書第一章のもととなる拙稿を、ネット上で発見したことだという。著者は、根本的にはネットの可能性を信じないアナログ人間であり、査読付き学術誌の重要性も重々承知する研究者であるが、このときばかりは、ジャッジの目をあまり気にすることなく自由に伸び伸びと書ける学内雑誌のありがたさと、それが大学リポジトリを経て瞬時にネットで公開、共有されることの重みを感じずにはいられなかった。

本書は、多くの貴重な史料によって支えられているが、なかでも田原村の片岡彦左衛門家文書との出会いは決定的であった。とりわけ第二・三章で用いている一八〇八年の『去卯年御田畑出来作物書上帳』の存在は絶大であり、この史料とめぐり会わなければ、著者は貧困史研究を全うすることなど絶対にできなかったであろう。その世帯収支報告書を知ったのも、『新訂大宇陀町史』の史料編であったわけだから、この稀有な史料を見つけ出し、掲載する判断をくだした、谷山正道氏ら当時の町史編集委員の目の確かさには感謝するほかない。田原村の世帯収支報告書の重要性に気づいた二〇一一年六月以降、片岡家には何度も足を運んで、貴重な史料をたくさん拝見させていただいた。朝っぱらの九時から、夕方四時近くまで居座る著者の存在は、さぞかし迷惑千万だったに違いないが、ご当主の彦左衛門氏をはじめとするご家族の皆さんには本当によくしていただいた。完全なるペーパードライバーの著者が、大阪市内の自宅から片岡家までたどり着くためには、近鉄鶴橋駅から急行で榛原駅へ、そこから登校時間帯の大宇陀高校の生徒たちに完全包囲されながら奈良交通バスで終点の大宇陀まで、さらにそこから一日に三本しかない宇陀市のコミュニティバスにゆられながら田原村へ、という行程をふむ必要があり、帰りはバスもないので、一時間半ほどかけて大宇陀まで歩いた。だがそれでもその道のりがまったく苦でなかったのは、毎回充実した成果と、温かいおもてなしを得ることができたからであろう（彦左衛門氏の運転する軽トラで、大宇陀まで送っていただいたこともあった）。また幸いにも、片岡家にお邪魔していた頃、国と県の補助による片岡家文書の調査事業がちょうど始まり、リーダーの谷山正道氏のお声がけで、著者も調査員に加えていただくことができた。調査自体は大したお手伝いもできず、申し訳ない限りであったが、総計一万三千点をこえる片岡家文書には、貧困史を深めるうえで興味深い史料が多々あり、今後も研究で片岡家文書をフル活用して、片岡家、そして調査に誘っていただいた谷山氏ら調査団の皆さんのご恩に報いたい。

本書を実現させた直接的な契機は、以上のような幸運な出会いであるが、著者が「ちゃんとした」貧困史研究者になり得たのは、前著同様、やはり数々の研究会のおかげである。

序章では、さも貧困史の現代的意義を初めから考えていたかのようなえらそうなことを書いているが、この研究が「やらされ感」満載で始まったことは、素直に認めなければならない。著者が、最初に貧困史関係の論文を発表したのは二〇一〇年のことであるが（本書第四章に結実）、それに取り掛かることになったのは、世界人権問題研究センターの研究第2部前近代班が二〇〇三年から始めていた共同研究「前近代における救済の研究」に、二〇〇五年から参加したことがきっかけであった。その頃、まだ三昧聖と葬送文化の研究をしていた著者は、救済という問題群にまったく関心をもてないでいたが、報告を無理からにさせられるうちに、これが近世日本史研究のさまざまな成果をつなぎ合わせる媒介となり得、しかも救済・公益の責任所在論という極めて興味深い論点に行き着く研究課題であることに、徐々に気づくようになった。嫌々始めた研究から、本書の核心の一つが誕生するわけであるから、人生、どこに宝が落ちているか、わかったものではない。

序章で明らかなように、本書は現代的な問題意識を前面に押し出して、近世日本の貧困史研究に取り組んでいる。歴史学は、常に「現代」とともに存在する学問であるから、現代的な関心をもちながら研究を進めるのは、歴史学者としては当たり前のことであるが、それを胸の奥底ではなく、露骨に前に出すことの大切さと大変さを教えてくれたのは、二〇〇七年七月から研究者有志で自主的に始めた、「近世史から現代社会を考える研究会（現代研）」の存在であった（その成果は二〇一一年に、荒武賢一朗編

『近世史研究と現代社会』清文堂出版、として結実)。著者はそこで、賤民史研究の現代的意義に取り組むこととなったが、その作業は想像以上に辛く、苦しいものであった。だが、現代研に集った参加者たちとの真摯な議論を通して、その苦しさの向こうに、自己責任観の歴史分析という本書の核となる論点を自覚できるようになり、また、現代的な問題意識を前面に出した方が、結局は歴史上の研究課題を明瞭にできることにも気づかされた。このとき執筆した拙稿は本書には収録されていないが、現代研への参加は、著者がその後、自己責任をキーワードに貧困史研究に本格的に取り組む勇気を与えてくれた、大きな転換点となった。

田原村の世帯収支報告書の重要性に気づかせてくれたのも、自主的な研究会のおかげである。荒武賢一朗氏や平川新氏らとともに、二〇一〇年八月からスタートさせた「通説をとらえ直す研究会」で、著者は初めて真正面から貧困史に取り組んだが、開始当初は研究目線も基礎実証も定まらず、完全に研究は迷走していた。先行きのみえない非常に苦しい時期であったが、研究会でどん底まで苦しんだ結果、四の五の言わずに、いまある手持ちの史料で、貧困史にとって一番大事な基礎作業、すなわち村人の世帯収支の実情をできる限り明らかにするほかないと開き直ることができ、それならば、まずはそれが一番できそうな田原村の『去卯年御田畑出来作物書上帳』を徹底的に洗い直してみようと思えるようになった。同史料の存在自体は、すでに二〇〇九年には『新訂大宇陀町史』の史料編をみて知っていたが、その決定的な重みに気づくまでに、二年もかかったわけである。研究会さまさま、というほかない。

本書では、極めて不十分ながら、比較史の目線も意識している。それが可能となっているのは、二〇一二年末以来、谷本雅之氏のお声がけで始まった、公共財供給、および生活の存立構造の長期的、比較史的考察に関する共同研究のおかげである。コアメンバーである谷本氏、飯田恭氏、荒武賢一朗氏と毎月、朝から晩まで延々と議論する定例の研究会、および初めて英語で報告・討論をした、二〇一五年三月・東京でのワークショップと、八月・京都での国際学会からは、多大なる刺激を得ているが、とりわけ大きな収穫となっているのは、近世日本史研究のなかだけでみれば、あまりにも当たり前すぎる史実が、世界史的にみると実はいかに重たい意味をもつのか——その象徴が村請——、そして小さな史実にこだわることが、一国史の枠をこえて歴史学を活性化させるうえで、いかに重要なことなのかに気づかせてくれたところである。近世イングランドを筆頭として、数字による実証で迫ってくるヨーロッパ貧困史研究の成果を前にすると、このハイレベルな研究にいかに対等に張り合えるのか、いつも悶々とさせられるが、河内国若林村が一八六七年に施行受給者にくだした制裁の事実に、非・日本語圏研究者が食いついてくるところをみると、近世日本史研究が生きる道はここなのかと勇気づけられる。しかも著者が、若林村の史料を知ることになったのは、たまたま同村の真宗寺院立法寺《りゅうほうじ》の寺史を執筆することとなり、そのため二〇〇六〜〇七年に、荒武氏と大阪大学経済学部所蔵の若林村文書などを調査したことがきっかけであった（当然その頃は、制裁事実に気づいてなどいない）。打算抜きの細かい史料調査が、最終的には国際的な議論に寄与するという、両者の密接な関係を痛感せずにはいられない。

本書は、こうしたプロジェクト型の研究会だけでなく、恒常的に自主運営する研究会によっても支えられている。それが、荒武氏および太田光俊氏と長年企画してきた、近世史フォーラム、および歴史学フォーラム（旧・近世史サマーフォーラム）である。両研究会で培ってきた議論は、前著でも寄与するところ大であったが、本書ではより直接的に、研究会活動の成果が第六〜八章として結実している。いつも長期的、かつ幅広い刺激が得られるのも、荒武氏と太田氏、および研究会参加者との議論の賜物であり、これからもこの二つの研究会を地道に継続させて、自分の頭のなかをたえず鍛え上げていきたい。

思えば、田原村の世帯収支報告書に行き当たったのも、第五章を支える大和国の諸史料に出会えたのも、たまたま二〇〇九年に奈良教育大学に特任教員として着任する機会に恵まれ、それならば奈良県内の自治体史を全部チェックしようと思って、県立図書情報館にこもって、朝から晩までヤマのように史料編のコピーをしたことがきっかけであった。その意味で奈良で職を得られたのは、偶然とはいえ、著者の貧困史研究にとっては決定的な出来事であった。しかも幸いなことにその後、奈良大学で正規就職することができ、県内の面白い史料にふれる機会が、ますます多くなった。たくさんの幸運が積み重なったとしか言いようがないが、今後もこの幸運を手放さないよう、自覚的な研究会活動と文書整理、そして現代社会に対する感覚を研ぎ澄ましながら、影響力のある研究を目指していきたい。

二〇一七年七月吉日

木下光生

〈付記〉

本書は、二〇一三～一六年度科学研究費助成事業（科学研究費補助金）（基盤研究B）「近世・近代移行期における公共財供給と『地域社会』―比較史の視角から」（研究代表者・谷本雅之、課題番号25285104）、二〇一七年度同事業（同補助金）（基盤研究B）「比較史からみる生活の存立構造一六〇〇～二〇〇〇―家政・市場・財政」（研究代表者・谷本雅之、課題番号17H02548）による研究成果の一部である。

著者略歴

木下光生（きのした　みつお）

1973年生まれ。大阪大学大学院文学研究科博士後期課程修了。現在、奈良大学文学部准教授。博士（文学）。専門は近世日本史。著作に、『近世三昧聖と葬送文化』（塙書房、2010年）、『近世史研究と現代社会』（共著、清文堂出版、2011年）、『日本史学のフロンティア１・２』（共編著、法政大学出版局、2015年）、『通説を見直す―16～19世紀の日本』（共著、清文堂出版、2015年）、『今村家文書史料集』上下巻（共編著、思文閣出版、2015年）など。

JIMBUN SHOIN　Ptinted in Japan
ISBN978-4-409-52067-3 C3021

貧困と自己責任の近世日本史

二〇一七年一〇月一〇日　初版第一刷発行
二〇一九年　二月二〇日　初版第三刷発行

著　者　木下光生
発行者　渡辺博史
発行所　人文書院
〒六一二-八四四七
京都市伏見区竹田西内畑町九
電話　〇七五(六〇三)一三四四
振替　〇一〇〇〇-八-一一〇三

印刷　創栄図書印刷株式会社
装丁　上野かおる

「坂本龍馬」の誕生

船中八策と坂崎紫瀾

知野文哉　二六〇〇円

龍馬研究に画期をなす精緻を極めた実証的研究にして、一級の歴史エンタテイメント。第24回高知出版学術賞受賞。

老いと病でみる幕末維新

人びとはどのように生きたか

家近良樹　二六〇〇円

その歴史は人びとの体調のせいで変わったかもしれない。歴史学に新たな視野を切り拓く意欲作。

日本史学

ブックガイドシリーズ基本の30冊

保立道久　一九〇〇円

考古学から現代史まで、時代と分野を越えた画期的ガイド。歴史を学びたいすべての人へ。